SAINT BERNARD

ET LE

CHATEAU DE FONTAINES-LES-DIJON

SAINT BERNARD

ET LE

CHATEAU DE FONTAINES-LES-DIJON

ÉTUDE HISTORIQUE ET ARCHÉOLOGIQUE

PAR

L'Abbé CHOMTON

Chanoine honoraire de Dijon
AUMONIER DE L'HOSPICE SAINTE-ANNE

OUVRAGE ORNÉ DE NOMBREUSES PLANCHES ET FIGURES

TOME TROISIÈME

DIJON
UNION TYPOGRAPHIQUE, IMPRIMERIE DE L'ÉVÊCHÉ
40, Rue Saint-Philibert, 40

1895

TABLE DES MATIÈRES

	Pages
Préface.	1

VI

Le Monastère royal de Saint-Bernard.	3
Note sur la Congrégation des Feuillants.	3
§ 1. Établissement du prieuré de Fontaines ; constructions	8
Appendice. Inscriptions lapidaires de 1619.	51
Inscriptions de la cloche donnée par la ville de Dijon	58
§ 2. Fondations.	59
§ 3. Dévotion à saint Bernard	78
§ 4. Fin du prieuré. Démolition des bâtiments	106
Appendice. Rapport estimatif de l'architecte Nogaret sur le monastère des Feuillants.	119

VII

Les Missionnaires de Saint-Bernard.	125
Premier projet. Acquisition du berceau de saint Bernard.	127
Réouverture de la chapelle Saint-Bernard.	130
Première association. Pèlerinages.	136
Institution des missionnaires de Saint-Bernard.	138
Origine et nature des reliques acquises par le berceau de saint Bernard.	141
Description du reliquaire de saint Bernard.	147
Fêtes de la translation des reliques	152
Restauration de la maison natale de saint Bernard	161
Le centenaire de la naissance de saint Bernard	163
Monument commémoratif du centenaire.	178
Culte rendu à saint Bernard dans l'église paroissiale de Fontaines.	181

Appendice. Fragmenta Gaufridi	187
Errata.	199
Table analytique.	201
Table onomastique.	209

TABLE DES PLANCHES & DES FIGURES

	Pages
Pl. 14 F. — Frontispice de l'opuscule publié par Jean de S. Malachie, religieux feuillant, à l'occasion de la fondation du monastère royal de Saint-Bernard, à Fontaines	3
Pl. 14 G. — Plans du monastère de Fontaines en 1628	28
Pl. 15. — Vue de Fontaines-les-Dijon vers 1670	48
Pl. 16. — Le monastère des Feuillants vers 1700	64
Pl. 17. — Porte du cloître du monastère des Feuillants	96
Pl. 18. — Plans du clos et du monastère des Feuillants au xviiiᵉ siècle	112
Pl. 19. — Plan des restes de l'église des Feuillants après la restauration de 1882-1891	128
Pl. 20. — Etat de la maison natale de saint Bernard en 1891	160
Pl. 21. — Etat des travaux de la chapelle dite monument commémoratif du centenaire, en novembre 1894	180
Fig. 1. — Sceau du prieuré de Fontaines	70

SAINT BERNARD

ET

LE CHATEAU de FONTAINES-LES-DIJON

NOTES HISTORIQUES ET ARCHÉOLOGIQUES

L'OBJET du tome III de ces *Notes* est déterminé par les titres des deux articles qu'il renferme : VI. *Le monastère royal de Saint-Bernard.* — VII. *Les missionnaires de Saint-Bernard.*

En parcourant l'un et l'autre article, surtout le premier, le lecteur retrouvera quelques faits déjà signalés et sera tenté de nous reprocher des redites. Il a été nécessaire en effet, à l'article II, de donner un aperçu historique des diverses phases qu'a traversées la « Chambre natale » de saint Bernard. On ne pouvait le faire sans parler des constructions des Feuillants et des travaux de restauration accomplis à notre époque. Mais, à part la description de la chapelle, qui est complète et sur laquelle nous ne reviendrons pas, le reste n'a été touché que d'une façon très sommaire. Il y a donc place encore pour un récit plus détaillé, accompagné de la reproduction ou de l'indication des documents.

Le dernier article est de l'histoire contemporaine. L'œuvre qu'il fait connaître ne compte pas vingt ans d'existence.

Sauf une exception, tous les hommes qui en ont eu l'initiative, sont vivants. Ce fut toujours une tâche délicate de parler de ses contemporains. Aussi serons-nous sobre d'appréciations. Nous avions cependant beaucoup à louer. Mais le bon goût permet-il que l'on vante ses amis? Et si la modestie chrétienne craint tellement d'être vue ou écoutée que, suivant le proverbe rappelé par saint Bernard, elle redoute jusqu'aux yeux de la campagne et aux oreilles de la forêt, siérait-il de soulever le voile sous lequel elle se dérobe? Ici donc les choses seront mises en lumière, mais les personnes, laissées dans l'ombre.

Le tirage du tome III s'effectuant immédiatement après le tirage du tome II, nous ne pouvons faire bénéficier le lecteur des observations auxquelles donneront lieu les articles IV et V. Cependant nous avons prié plusieurs compétences de lire rapidement ces articles, et, peut-être, des *Addenda et corrigenda* paraîtront-ils à la fin de l'ouvrage. Nous avertissons le lecteur de s'assurer si ce dessein a pu être réalisé.

Les trois volumes réunis présentent un ensemble considérable de Notes sur la maison paternelle de l'abbé de Clairvaux. L'histoire de cette maison étant mieux connue, le sanctuaire natal du saint sera plus fréquenté encore, et ainsi se manifestera de plus en plus la prédestination de ce lieu à être pour nous « ce que les astres sont au firmament, une source de lumière, de chaleur et de vie. » C'est le mot que le P. Lacordaire applique aux lieux saints, et si l'on se demande, ajoute-t-il, pourquoi cette élection providentielle, « pourquoi Dieu a consacré telle montagne ou telle vallée, autant vaudrait se demander pourquoi il a jeté au sommet du ciel l'étoile immobile qui guide nos fils et nos frères sur les flots de l'océan. »

VI

LE MONASTÈRE ROYAL DE SAINT BERNARD

Jean de la Barrière, né à Saint-Céré en Quercy, fut nommé, l'an 1565, abbé commendataire de l'abbaye cistercienne de Feuillant en Languedoc. Dès qu'il eut conscience des devoirs de sa charge, il embrassa l'état religieux, et prit en mains la direction de son monastère. La vieille abbaye était de la filiation de Morimond. Fondée au XIIe siècle, elle avait subi la loi fatale de la décadence de l'ordre de Cîteaux. Le nouvel abbé n'y trouva qu'un petit nombre de moines, vivant dans le relâchement le plus déplorable. Il entreprit aussitôt d'y rétablir la stricte observance, et travailla activement à la réforme. Des obstacles de toute nature se dressèrent devant lui, mais sa ferme ténacité sut les vaincre, et l'œuvre qu'il avait conçue, fut enfin réalisée. Toutefois cette œuvre fut moins une réforme cistercienne qu'un institut nouveau, qui reçut le nom de Congrégation des Feuillants, et fut affranchi de l'obédience de Cîteaux peu après sa naissance.

En dehors des offices liturgiques et des exercices de pur ascétisme, les Feuillants s'adonnèrent plus à l'étude qu'aux travaux manuels. Ils n'éprouvèrent donc pas le besoin de s'ensevelir dans les déserts, au fond des vallées : les cités, les capitales répondirent aussi bien à leur vocation, et dès l'origine on les voit s'établir à Turin, à Bordeaux, à Rome, à Paris.

L'an 1587, Henri III manda à Jean de la Barrière qu'il voulait avoir de ses religieux près de lui. Le roi, en effet, fit construire un monastère, à cette destination, dans le voisinage de la cour, et l'austère réformateur y amena quarante de ses disciples. Ils sortirent en procession de l'abbaye de Feuillant, traversèrent ainsi toute la France, attirant sur leur passage les foules émerveillées, et c'est dans cet ordre qu'ils arrivèrent à Paris. Là, au seuil des palais somptueux, où retentissait l'écho de leur psalmodie, ils menèrent une vie excessivement pauvre et pénitente, à la grande admiration d'un siècle dont la foi profonde comprenait la nécessité de l'expiation.

Malheureusement le bruit des guerres de religion attira trop souvent hors de leur cloître les moines de Saint-Bernard de Paris. Jean de la Barrière envisagea ces luttes sanglantes avec beaucoup de calme. Mais deux choses vinrent soustraire ses disciples à son influence modératrice. L'éloignement d'abord, car il était retourné dans son abbaye de Feuillant, et, s'il l'abandonna en 1589, ce fut pour se retirer à Bordeaux, dans leur nouvelle maison de Saint-Antoine. Ensuite il perdit tout à coup la confiance de la congrégation. Il lui fut donc impossible de mettre un frein à la fougue de quelques religieux, tels que le célèbre Bernard de Montgaillard, qui se fit surnommer *le laquais de la Ligue*.

Bernard de Montgaillard a le mérite d'avoir servi la bonne cause en contribuant à écarter du trône le parti huguenot, mais il le fit avec passion. D'ailleurs, ses confrères eux-mêmes eurent beaucoup à souffrir de son naturel excessif et violent. Jean de la Barrière trouva en lui l'antagoniste le plus obstiné. Le vertueux abbé, victime d'odieuses accusations, fut déposé de sa charge.

Le *Petit Feuillant* lui-même — c'était le nom donné encore à Bernard de Montgaillard — dut quitter la congrégation et passer à l'obédience de Cîteaux. Il devint abbé d'Orval, où il mourut, après avoir réformé le monastère. Pour être juste à son égard, on doit reconnaître que, malgré tout, il joignait à des talents remarquables de grandes vertus. Mais, hélas! où ne s'égare pas la vertu même avec le défaut de mesure?

Quand, après de longues années, on eut dissipé d'injustes soupçons, Jean de la Barrière fut réhabilité. Dieu avait permis cette grande épreuve pour faire éclater son humilité et sa patience. Sa mort fut celle d'un saint, et la congrégation n'a cessé de vénérer sa mémoire.

L'apaisement qui se produisit, l'an 1600, au décès du fondateur, fut de courte durée : il y avait chez les Feuillants un levain de discorde qui fermentait toujours, et faisait renaître perpétuellement les conflits. La rivalité existait entre les maisons de France et celles d'Italie. Les sentiments différaient sur plusieurs points, de religieux à religieux. En 1622, le pape Grégoire XV leur donna pour conciliateur saint François de Sales, qu'il chargea de présider en son nom le chapitre général assemblé à Pignerol (1). La douceur et la sagesse de l'évêque de Genève obtinrent un résultat heureux, mais transitoire ; le saint prélat ne fit que retarder une scission inévitable. En 1628, la séparation fut consommée entre les maisons de France et celles d'Italie, les Feuillants formèrent deux congrégations.

Les Feuillants furent assez longtemps fidèles au rigo-

---

1. Non-seulement saint François de Sales connaissait les Feuillants pour les avoir rencontrés à Paris et en Savoie, mais il avait pour eux plus d'inclination parce que ces religieux professaient une grande dévotion envers saint Bernard, qu'il honorait lui-même extrêmement. Avant de quitter le chapitre de Pignerol, il demanda et obtint d'être affilié à l'ordre, s'estimant heureux de devenir le fils de saint Bernard et le frère des Feuillants. Lorsque, sa mission terminée, il se rendit à Turin, ce fut au monastère des Pères Feuillants qu'il voulut demeurer, bien que les religieux n'eussent à lui offrir qu'une petite cellule, fort incommode. Comme ses hôtes le pressaient d'accepter de beaux logements qu'on lui offrait : « Voulez-vous par vos civilités, répondait-il, me chasser de chez vous et de la maison de notre père saint Bernard? »

risme mitigé auquel ils se fixèrent après tous leurs débats. Mais au XVIII° siècle le relâchement finit par les atteindre.

L'Ordre est complètement éteint, en Italie comme en France, depuis la Révolution. La tourmente passée, les religieux survivants de quelques monastères d'Italie ont été réunis, sous Pie VII, mais avec d'autres constitutions et un nouveau titre : *Congrégation de Saint-Bernard d'Italie*. On ne peut voir en eux les continuateurs des Feuillants.

Les Feuillantes ont également disparu.

Un caractère particulier de Jean de la Barrière et de ses disciples fut une ardente dévotion envers saint Bernard. C'est sous le titre de « Saint-Bernard de la pénitence de l'ordre de Cîteaux » que Sixte-Quint approuva cette réforme. Les Feuillants étudièrent avec soin les exemples et la doctrine de leur saint patriarche, ils publièrent plusieurs éditions de sa vie en langue vulgaire, et traduisirent ses œuvres. Ils se plurent à donner à leurs monastères le nom de Saint-Bernard.

Il n'est donc pas étonnant que ces religieux se soient sentis poussés vers la Bourgogne, spécialement vers Fontaines et Châtillon, où les souvenirs de l'enfance et de la jeunesse de l'abbé de Clairvaux étaient restés si vivaces. La Providence ne semblait-elle pas leur avoir réservé ce double séjour, les Cisterciens n'y ayant point fondé de maison ? Le prieuré de Fontaines date de 1614 et celui de Châtillon de 1621. Grâce à ces deux établissements, les Feuillants eurent une province dite de Bourgogne ou de Saint-Bernard.

L'histoire de la fondation du prieuré de Fontaines n'est pas sans intérêt. Nous employons cependant à dessein le mot de fondation. Il résume en effet toute l'œuvre des Feuillants sur la colline natale de leur saint patriarche. A part les efforts accomplis pour bâtir le monastère et en assurer l'avenir, pour maintenir et accroître la dévotion témoignée à saint Bernard en sa maison paternelle, on ne voit rien qui mérite une attention particulière. Aucun membre de la communauté de Fontaines n'eut un rôle accentué dans la religion ni dans la politique. Le couvent ne fut le théâtre d'aucun événement important. Parmi les prieurs, Jean de Saint-Malachie se fit remarquer, dès le début de la fondation, mais pour sa dévotion à saint Bernard, et son zèle dans la direction des constructions. Sur la fin du XVIIIe siècle, un religieux, Louis Gellain dit frère Louis des Anges, mit en ordre les titres du prieuré, et rédigea l'*Inventaire des Archives du monastère royal de Saint-Bernard de Fontaines-lez-Dijon* (1). Ce manuscrit, in-folio de près de 500 pages, portant la date de 1770, contient tous les documents ayant rapport au temporel du monastère, et çà et là quelques notes historiques sur la maison. On surprend chez l'auteur un grand zèle pour la prospérité du couvent et pour le culte de saint Bernard. Mais rien autre chose ne se révèle.

Ce que nous connaissons du prieuré de Fontaines sera distribué en quatre paragraphes, où il sera successivement parlé de l'établissement du monastère et des constructions, — des fondations, — des témoignages de dévotion envers saint Bernard, — enfin de l'expulsion des religieux en 1792, et de la démolition des bâtiments.

1. Biblioth. de la maison de Saint-Bernard, à Fontaines-lès-Dijon.

§ I

ÉTABLISSEMENT DU PRIEURÉ
CONSTRUCTIONS

L'an 1613, au monastère des Feuillants de Paris, vivait un jeune religieux, nommé Frère Charles de Saint-Bernard. Dans le monde il s'appelait Charles du Tixier. Son père était Amos du Tixier (1), seigneur de Maisons, dans le voisinage de Paris, chevalier et gentilhomme ordinaire de la chambre du roi Henri IV. Sa mère, Françoise Hurault, appartenait à la noble famille de ce nom, qui a donné deux archevêques à Aix, un évêque à Autun, deux à Orléans, un à Chartres. Les Hurault étaient alliés à d'illustres familles, celle des Chabot entre autres (2).

Charles du Tixier eut le bonheur d'avoir pour mère une femme vraiment vertueuse, une sainte. Elle mérite d'être connue. Son nom d'ailleurs, comme celui de son fils, est intimement lié à la fondation du prieuré de Fontaines.

Née, l'an 1566, à Paris, en la paroisse Saint-Eustache,

---

1. Nous désignons le père de Charles de Saint-Bernard sous le nom d'*Amos*, qui lui est donné dans la *Vie de Madame de Maisons*, son épouse. Mais il reçoit le nom de « Anne » dans plusieurs documents.

2. Les détails que nous rapportons sur Françoise Hurault et ses enfants sont empruntés à l'ouvrage intitulé : *La Vie de la Vénérable Mère Françoise de Saint-Bernard, religieuse de Sainte-Claire à Verdun, nommée dans le monde Madame de Maisons*, par un religieux du Tiers-Ordre de Saint-François, Paris, chez Mathieu Colombel, MDCLVII : Bibl. nt. L. 27, n° 13243. — L'auteur est le P. Jean-Marie de Vernon.

Françoise Hurault fut donnée en mariage à Amos du Tixier. Celui-ci était de la secte des huguenots. La jeune épouse, catholique fervente, en conçut un vif chagrin. Mais par un zèle discret, par une fidélité exemplaire à tous ses devoirs, elle entreprit de ramener son mari dans le sein de l'Eglise. Elle y réussit : Amos du Tixier finit par abjurer.

Peu de temps après, le seigneur de Maisons laissait Françoise veuve et enceinte de son neuvième enfant.

Modèle achevé des mères chrétiennes, madame de Maisons se donna tout entière à l'éducation de ses enfants. Quatre d'entre eux, un fils et trois filles, moururent en bas âge ou fort jeunes. Elle éleva si admirablement les cinq autres qu'ils ont tous porté, dit l'auteur de sa *Vie*, le caractère de la sainteté.

Une de ses filles, Elisabeth, prit le voile à Sainte-Claire de Verdun, et fut la R[de] Mère Marie de Saint-Denis.

Une autre, Marie, épousa d'abord Charles Ripault, vicomte de Veuilly, puis, veuve, elle reçut l'habit du Tiers-Ordre de Saint-François, au cloître de Sainte-Elisabeth de Paris, et devint la R[de] Mère Marie de Saint-Charles. C'est à son fils, Charles Ripault, vicomte de Veuilly et Hautevesnes, qu'est dédiée la *Vie de Madame de Maisons*.

Deux autres filles, mariées l'une et l'autre, vécurent et moururent dans le siècle, qu'elles édifièrent par leur grande vertu : Anne du Tixier, épouse de Michel Ferrand, sieur de Beaufort, conseiller au parlement de Paris ; Madeleine du Tixier, épouse en premières noces de Christophe-Suzanne de Cardaillac et en secondes noces du marquis d'Ampierre. La *Vie de Madame Anne du Tixier* a été écrite par le R. P. Antoine de Saint-Martin de la Porte, carme réformé.

Mais c'est surtout le fils de madame de Maisons, Charles du Tixier, qui excite l'intérêt. Sa mère lui fit suivre les leçons du collège de Boncourt, l'un des plus fréquentés de l'Université de Paris. A la direction des maîtres, elle ne cessa de joindre la sienne. Elle veillait avec sollicitude sur la vocation du jeune gentilhomme. Un jour, Charles fit cette confidence à madame de Maisons : « Je ne vous celeray pas davantage la grâce que j'ay receue du ciel, comme je croy par vostre entremise ; j'ay résolu de servir Dieu le reste de mes jours dans l'Ordre des Pères Feuillans, choisissant leur Père saint Bernard pour le mien, et pour le modelle que je veux imiter, vivant dans l'observation de ses règles. » La généreuse mère rendit grâces à Dieu, et aida son fils à promptement quitter le siècle.

Elle-même d'ailleurs ne devait pas beaucoup tarder à accomplir un vœu secret, depuis longtemps caressé : le cloître était l'objet de ses continuelles aspirations. Elle multiplia d'abord ses œuvres pies : elle fit rebâtir l'église de Briis que les hérétiques avaient ruinée ; elle dota plusieurs communautés religieuses, contribua à la fondation de plusieurs hôpitaux.

Les Feuillants s'inquiétaient alors de trouver des ressources pour acquérir le château de Fontaines. Le 5 août 1613, Dom Jean-Jacques de Sainte-Scolastique, provincial de la congrégation en France, avait reçu la procuration du supérieur général, Dom Martial de Saint-Bernard, à l'effet de procéder à cette acquisition (1). Pour faciliter l'accomplissement de ce pieux dessein, madame de Maisons, agissant de concert avec son fils Frère Charles de Saint-Bernard, donna à la congrégation dix-huit mille livres, somme plus que suffisante.

Nous reproduisons dans sa teneur exacte le codicile de madame de Maisons (2).

1. *S. B. et le Château de Fontaines*, tome I. p. 37, note 3.
2. Archives de la Côte-d'Or, H. 996, prieuré de Fontaines, layette Fondations, n° 1.

†

Jesus Maria

Jay soussigné Françoise Hurault, considérant que mon fils Charles du Tixier avoit pour l'amour de Dieu laissé tous ses biens et s'estoit retiré en une très pauvre congrégation pour y pouvoir plus fidèlement servir notre Dieu et plus assurément opérer son salut, jay par mon testament laissé, légué et donné sur tous et un chacun mes biens la somme de dix huit mille livres à cette congrégation de Notre-Dame de Feuillant, pour estre cette dite somme emploiée à l'achapt de la terre et seigneurie de Fontaines lieu de la naissance de leur grant patriarche saint Bernard, en Bourgongne, à cette fin qu'ils y puissent bastir un monastayre de leur ordre pour y louer et glorifier Dieu en ce grand saint, lequel parce que jay tousiours honoré et révéré d'une particulière dévotion, et par ce aussy que mon fils porte à présent son nom, je seray extrêmement contente que par nostre moyen cette sainte maison qui iusques à présent a esté possédée par gens séculiers serve maintenant d'habitation aux serviteurs de Dieu et soit consacrée à sa majesté sous le nom de ce grand patriarche, par les prières duquel j'espère que Dieu me faira miséricorde et à tous mes enfans, je veux donc de rechef et ordonne que cette somme de dix-huit mille livres que jay léguée par mon testament et ay désia donnée et livrée entre les mains de Dom Jehan de Saint-Séverin, prestre relligieux de cette congrégation, auquel le très révérend Père général a donné commission expresse de la recevoir, soit appliquée à l'achapt de cette terre et seigneurie de Fontaines, laquelle toutesfois si l'on peut avoir à douse ou trese mille livres de celuy qui la possède, je veux en ce cas que les cinq ou six mille livres qui resteront soient données ou envoiées en l'abbaye de Notre Dame de Feuillant, pour estre emploiées à l'achapt de la terre de Sainctaraille que l'on m'a dit qu'ils ont vendue pour le temporel, et au cas que ce qui restera des dix-huit mille livres après la terre de Fontaines acheitée monte à moins de cinq mille livres près, je veux en tel cas que ce qui restera soit emploié au bastiment de l'église de Feuillant laquelle, sans quelques secours des aumosnes des gens de bien difficilement à ce que jay sceu au vray se pourra elle parachever. Que si les Pères Feuillants ne peuvent recouvrer la terre de Fontaines, soit parce que le seigneur ne s'en veuille défaire ou la veuille vendre plus de dix-huit mille livres ou pour quelque autre sujet, en tout tel cas je donne et lègue douze mille livres pour ayder à faire bastir un novitiat de leur ordre en un lieu dépendant de leur monastaire Saint-Antoine de Bordeaux, qui se nomme saint-Martin, situé au faubourg Saint-Surin, et six mille livres au monastaire de Notre-Dame de Feuillant pour retirer la terre de Sainctaraille ; et pour toutes charges je supplie le Père Dom Jehan de Saint-Séverin d'avoir le soing de faire dire sept annuels tant pour feu mon mari que pour mes feus père et mère, moy et mes enfans, aux monastaires de leur ordre où le très révérend Père général jugera estre le plus comode, suppliant tous les Pères de cette congrégation tant en général qu'en particulier d'avoir souvenance de moy en leurs saintes prières et sacrifices, et *de procurer le plus charitablement qu'il leur sera possible que Frère Charles de Saint Bernard mon fils s'advance à la vertu et devienne grand serviteur de Dieu* ; et faisant fin je prie Monsieur de Beaufort et luy recommande autant qu'il m'est possible de prendre garde et avoir soing que cette donation que jay faitte à la congrégation de Notre-Dame de Feuillant soit appliquée et employée ainsy que je le veux et ordonne par ce présent codicille comme étant ma dernière volonté. Fait à Paris ce iiij^e septembre mil six cent trese,

Hurault.

Le 24 du même mois, Dom Jean-Jacques de Sainte-Scolastique, Dom Jean de Saint-Séverin étaient l'un et l'autre au château du Rousset, près d'Arnay-le-Duc, résidence de Joachim de Damas, seigneur de Fontaines. Celui-ci avait reçu les demandes des Feuillants le suppliant de leur vendre « la terre et seigneurie de Fontaines, ou du moins la place, châtel et pourpris avec les dépendances dudit pourpris, où est la très sainte et très recommandable chapelle en laquelle est né saint Bernard ». Le provincial de la congrégation en France et le futur prieur du monastère projeté étaient venus conclure l'affaire, munis chacun d'une procuration du supérieur général, Dom Martial de Saint-Bernard. La prière des Feuillants ne fut pas repoussée. Joachim de Damas leur vendit le château avec tout le terrain compris dans la double enceinte des murs et des fossés ; mais il conserva la seigneurie. Le prix fut réglé à cinq mille quatre cents livres, plus la charge à perpétuité d'une messe mensuelle à l'intention du sieur vendeur.

Les cinq mille quatre cents livres furent soldées à Joachim de Damas le 1ᵉʳ décembre 1613 (1).

Le surplus de la somme léguée par Françoise Hurault fut employé partie à doter le prieuré de Fontaines, partie à réparer l'église de Feuillant et à racheter la terre de Sainte-Araille, selon l'intention de la donatrice (2).

L'année 1613 n'était pas achevée que madame de Maisons entrait comme novice chez les religieuses de Sainte-Claire de Verdun, où elle reçut le nom de sœur Françoise de Saint-Bernard. C'est là que lui parvint le témoignage authentique de la reconnaissance des Feuillants, dans un acte du 13 janvier 1618. Cet acte, daté du couvent de Sainte-Pudentienne, à Rome, émanait du supérieur général de la congrégation, Dom Sans de Sainte-Catherine (3). On y déclarait « première fondatrice du monastère de Saint-Bernard de Fontaines-lès-Dijon et insigne bienfaitrice de l'abbaye de Notre-Dame de Feuillant, très honorable et vénérable sœur Françoise de Saint-Bernard, nommée jadis au siècle dame Françoise Hurault (4) ».

Les vertus de sœur Françoise ont fait l'admiration de

1. Invent. de L. Gellain, p. 10.
2. Ibid. p. 8.
3. Sainte-Pudentienne est le premier monastère que les Feuillants fondèrent à Rome, un peu avant de s'établir à Paris. Dans la suite, on leur bâtit, aux Thermes de Dioclétien, une seconde maison sous le titre de Saint-Bernard.
4. Archiv. de la Côte-d'Or, H. 996, layette Fondations. La copie de cet acte, que l'on trouve dans les titres du prieuré, fut envoyée aux Feuillants en janvier 1657, par un gendre de madame de Maisons, Michel Ferrand, sieur de Beaufort, conseiller au Parlement de Paris.

son monastère. Ce zèle, industrieux et ferme, qu'elle avait mis à convertir son époux, à élever saintement ses enfants, elle le consacra désormais à l'étude et à la pratique de la vie intérieure. Un jour, son fils, Charles de Saint-Bernard, et sa fille, madame de Beaufort, vinrent ensemble lui rendre visite au cloître de Verdun. En se dirigeant vers le parloir, la fervente religieuse eut soin de se prémunir contre un retour trop violent des tendresses maternelles : « Souviens-toy, se dit-elle, que tu es sœur Françoise aussi bien que mère de Frère Charles et d'Anne du Tixier. »

Avant de l'appeler à la récompense, Dieu lui réservait un nouveau deuil, mais un de ces deuils où des chants d'actions de grâces tempèrent l'amertume des larmes. On se souvient du vœu exprimé par madame de Maisons dans son acte de donation en faveur du prieuré de Fontaines : elle avait désiré avec ardeur que son fils devînt un grand serviteur de Dieu. L'héroïque mère fut exaucée.

Charles de Saint-Bernard, en effet, est l'un de ceux dont il a été écrit : *consummatus in brevi explevit tempora multa*. Sa carrière fut aussi courte que laborieuse et méritoire. Il fut un ange de pureté et un modèle de patience. Après avoir été éprouvé par de cruelles maladies, il mourut en odeur de sainteté, au monastère de Paris, le 14 mars 1621, âgé de 24 ans (1). Sa vie a été publiée en 1622. Le volume fut orné d'une gravure où le jeune religieux est représenté en buste, ayant devant lui le Crucifix et tous les instruments de la Passion, à sa droite la maison natale de saint Bernard, à sa gauche le portail

1. Bucelin (*Benedictus redivivus*, p. 197-198) lui consacre une notice peu précise au point de vue historique, où il célèbre ainsi sa sainteté : « Fuit nulli secundus in sacra regulæ observatione et mirabili illo vitæ rigore; vir angelicæ puritatis, in corporis infirmitatibus, quibus ob delicatissimam naturam obnoxius erat, patientissimus ; vitamque adeo innocentem vixit ut post auditam ejus totius vitæ confessionem nullum omnino peccatum mortale apparuerit. Post cujus obitum non defuerunt signa miraculosa quibus sanctitatem ejus Deus declaravit et commendavit. »

de l'église abbatiale de Feuillant. On lit en bas cette légende :

*Enfant de sainct Bernard j'acquis son héritage
Et son faisseau de myrrhe eschent en mon partage* (1).

Madame de Maisons mourut au couvent de Verdun, le 23 décembre 1632, dans la soixante-sixième année de son âge.

Telle est l'origine du prieuré de Fontaines, telle la famille qui contribua la première, par ses offrandes, à la création de cet établissement.

Le 18 mars 1614, Dom Jean de Saint-Séverin prit possession du château de Fontaines. La reprise de fief eut lieu le même jour (2).

Un petit nombre de religieux accompagnaient Jean de Saint-Séverin, car l'habitation féodale était fort peu spacieuse, et l'on n'avait élevé encore aucune nouvelle construction. D'ailleurs, le prieuré de Fontaines ne forma point une maison considérable ; le nombre des religieux prêtres ne fut jamais supérieur à neuf ou dix.

Afin de pouvoir prendre possession de la maison natale de saint Bernard, le prieur de Fontaines, muni d'un brevet du roi Louis XIII en date du 31 janvier 1614, avait demandé l'autorisation nécessaire auprès de la chambre des comptes de Dijon. Cette autorisation lui avait été sans peine accordée, par arrêt rendu le 18 mars, à charge d'obtenir de Sa Majesté les Lettres Patentes d'amortissement. Déjà ces Lettres étaient signées, mais non parvenues aux destinataires (3).

---

1. La maison de S. B. à Fontaines possède un exemplaire de cette petite gravure, qui porte le nom de *Firens*. Pierre Firens, graveur au burin et éditeur, né au commencement du XVIIe siècle, travaillait à Paris. On cite de lui un portrait d'Henri IV, en buste. Voir Ch. Le Blanc, *Manuel de l'amateur d'estampes*, tome II, Paris, Jannet, 1856, p. 234.

2. *S. B. et le Château de Fontaines*, tome I, p. 38.

3. Toutes les pièces analysées dans cette page et les suivantes se trouvent, les unes intégralement, les autres en résumé, dans l'Inventaire de Louis Gellain, et, aux Archives de la Côte-d'Or, H. 996.

Lorsque le fait fut accompli, il y eut émoi à Cîteaux et à la mairie de Dijon.

Une requête fut adressée au parlement, fin d'avril 1614, par Nicolas II Boucherat, abbé de Cîteaux. Il suppliait humblement la cour de considérer que les religieux de son Ordre avaient toujours eu soin que personne ne s'appropriât ni le nom de Bernardins, ni les restes du patrimoine de saint Bernard ; que cependant, sans avertissement préalable, les Feuillants venaient d'acquérir le château de Fontaines, ce qui constituait une grave injure à leur égard ; qu'ils désiraient rembourser aux acquéreurs leurs frais et dépens, afin d'unir à l'abbaye de Cîteaux le lieu où saint Bernard est né. En conséquence il priait la cour d'ordonner aux Feuillants de présenter leur contrat d'acquisition et de recevoir le remboursement offert : sentence d'autant plus juste qu'une part de la terre de Fontaines avait jadis été donnée à l'abbaye par Bernard de Marey et que le duc n'avait point voulu amortir la donation.

En même temps une autre requête était aussi adressée au parlement par le maire et les échevins de Dijon. Ils suppliaient humblement la cour de considérer qu'il y avait déjà trop de religieux que l'on était obligé de soutenir par des offrandes ; que les Feuillants, en rebâtissant le château de Fontaines, si proche de Dijon, au lendemain de la démolition de celui de Talant, allaient inspirer une véritable crainte ; qu'autrefois les moines de Cîteaux n'avaient pas été tolérés dans cette maison seigneuriale ; que les représentants de la ville, en qualité de haut justiciers de Fontaines, étaient intéressés à vérifier si la haute justice ne serait pas comprise dans le contrat de vente. En conséquence ils priaient la cour de défendre aux Feuillants d'élever aucun édifice à Fontaines et de rien toucher au château, avant d'avoir communiqué leur titre d'acquisition.

Les Feuillants, dans leur réponse, n'eurent pas de peine à réduire à néant tous ces griefs. Ils n'avaient pas empêché l'abbé de Cîteaux ni ses religieux d'acheter, s'ils l'eussent voulu, la terre patrimoniale de saint Bernard. En prenant le titre de fils de saint Bernard, ils ne faisaient que s'approprier un nom que le pape lui-même leur avait reconnu. D'autre part, en quoi seraient-ils tant à charge au public, leur maison étant payée et déjà rentée? Comment pouvait-on craindre qu'ils songeassent à rétablir la forteresse de Fontaines, lorsqu'on les voyait s'appliquer à combler les fossés? En conséquence ils suppliaient la cour de rejeter les accusations ou préventions sans fondement dont ils étaient l'objet, et de les maintenir en possession du château.

Le 14 mai 1614, le parlement rendit un arrêt pleinement favorable aux Feuillants. Le maire et les échevins n'avaient pas même attendu jusque-là pour se désister de leur opposition. L'abbé de Cîteaux attendit la décision du parlement, mais ensuite il ne fit aucune instance.

L'abbaye de Cîteaux voyait sans doute avec dépit les disciples de Jean de la Barrière s'établir aux portes de Dijon et dans un lieu de pèlerinage qui devait encore les mettre plus en évidence. Leur présence à Fontaines était, non une injure au chef d'ordre, comme on le disait dans la requête, mais une censure de la vie molle et relâchée contre laquelle Cîteaux n'avait pas su jusqu'ici réagir. Les religieux éprouvaient probablement aussi comme un remords d'avoir négligé d'acquérir eux-mêmes le berceau de saint Bernard. Ils professaient en effet la plus grande vénération pour le saint abbé, bien qu'ils eussent cessé de suivre ses exemples. Nicolas Boucherat avait donné récemment une nouvelle preuve de ce culte traditionnel. L'abbaye possédait près de Gilly la grange de Rolanges. Un village y fut créé sous le nom de Saint-Bernard; en voici la charte de fondation :

Au nom de Dieu, Amen. L'an 1608, le dernier jour du mois d'octobre, après midi, au lieu de Citeaux, par devant Pierre Coquille résidant à Flagey et Jacques François résidant à Gilly, notaires au tabellionnage de Nuits, fut présent en sa personne RR. père en Dieu Dom Nicolas Boucherat, docteur en sainte théologie, conseiller de Sa Majesté au parlement de Bourgogne, abbé et général dudit Citeaux, lequel pour lui et l'abbaye cède (suivent les noms d'un grand nombre de particuliers appartenant à plusieurs pays, même éloignés) un climat et contrée, tant en terres, prés, bois que charmes, proche les villages de Gilly et grange de Bretigny, afin d'y fonder un village, *lequel par ledit sieur abbé a été présentement nommé Saint-Bernard*. (Il fut stipulé que Messieurs de Citeaux resteraient seigneurs du lieu) (1).

Les Feuillants demeurèrent désormais tranquilles possesseurs du château de Fontaines. Au reste, avant la fin du mois de mai, ils reçurent les Lettres d'amortissement du roi Louis XIII. En voici la teneur :

Lettres patentes de Louis XIII, 1614.

Louis par la grace de Dieu roy de France et de Navarre à tous présents et à venir salut. Nos chers et bien amés orateurs les religieux de la congrégation des Feuillans, Ordre de Cysteaux, nous ont humblement remonstré et faict entendre que, portés d'ung saint zèle et ardente dévotion à l'honneur et mémoire dudict saint Bernard leur patron, ils auroyent acquis le lieu de sa naissance appelé Fontaines-les-Dijon, consistant en chastel, jardin et pourpris, avec intention d'y faire bastir et edifier une église et monastaire de leurdict ordre, comme de tout appert par le contret cy attaché sous nostre contrescel, et d'autant que lesdits chastel, jardin et pourpris sont tenus et mouvans de nous, ils nous ont très humblement supplyé et requis les leur admortir et leur en octroyer nos Lettres sur ce nécessaires. A ces causes, de l'advis de la Royne régente notre très honorée Dame et mère, et affin de participer au louable désir et intention des-

---

1. Archives de la Côte-d'Or, H. 487, Citeaux, layette St-Bernard, etc.

dicts religieux, comme aussy à leurs prières, Nous leur avons, de grace specialle, plaine puissance et auctorité royalle, admorty, et admortissons par ces présentes signées de notre main, lesdits chastel, jardin et pourpris, ainsy qu'ils sont plus particulièrement spéciffiés et déclarés par ledict contract cy attaché ; et de tous et chacuns les droicts seigneuriaux et féodaux qu'ils nous pourroyent debvoir à cause de ce, leur avons faict et faisons don et remise par cesdites présentes, sans que pour iceulx droicts tant du passé que pour l'advenir ils puissent estre autrement recherchés, troublés ou empeschés en ladite jouissance par qui et en quelque sorte et manière que ce soyt, imposant sur ce sillence à nos procureurs généraux, leurs substituts présents et advenir et tous autres. Si donnons en mandement à nos amés et féaulx conseillers les gens de nos comptes à Dijon, présidents, trésoriers généraux de France audict lieu et à tous autres nos justiciers et officiers qu'il appartiendra, que de celluy notre admortissement et contenu en ces présentes ils facent, souffrent et laissent lesdict religieux jouyr et user plainement, paisiblement et perpétuellement, sans en ce leur faire, mettre ou donner, ny souffrir leur estre faict, mis ou donné autrement trouble ou empeschement, lesquels si faicts, mys ou donné leur estoyent, ils facent incontinant réparer et remettre au premier estat et deu. Car tel est notre plaisir ; et affin que ce soyt chose ferme et stable à tousiours, nous avons fait mettre notre scel à ces présentes, sauf en autres choses notre droict et l'autruy en toutes. Donné à Paris au moys de febvrier l'an de grâce mil six cens quatorze et de notre règne le quatrième,

    Louis.

Par le Roy, la Royne régente sa mère présente
  De Loménie (1).

Le 2 juin 1614 eut lieu l'enregistrement de ces Lettres patentes à la chambre des comptes. Comme le roi n'avait imposé aucune prière déterminée, à son intention, les conseillers spécifièrent que les Feuillants seraient « tenus de dire et célébrer par chacung an le vingt cinquième

---

1. Ibid., H. 996, layette B.

d'aoust, jour de la feste de sainct Louis, une grande messe solennelle pour et à l'intention de la prospérité de Sa Majesté ».

Les mêmes Lettres furent également enregistrées au bureau des finances, le 3 juin.

Le premier prieur, Jean de Saint-Séverin, ne fit que passer à Fontaines; au mois d'août il avait un successeur. Nous avons trouvé l'attestation suivante délivrée par lui et datée du mois d'avril 1614.

Jesus † Maria

Je soussigné frère Jean de Sainct Séverin, supérieur quoique indigne de ceste tres saincte maison de la naissance de notre tres dévot père sainct Bernard, certifie et confesse avoir tiré de la sacristie du monastaire Sainct Bernard lez Paris, par le consentement et volonté du Révérend Dom Jean de Sainct-François, prieur du mesme monastaire, ces présentes reliques, toutes lesquelles nous avons aportées en ce lieu pour y estre honorablement gardées et religieusement vénérées à perpétuité. En tesmoignage et vérité de quoy nous avons signé la présente de nostre main et scelé de nostre cachet, ce 28 avril 1614,

frère Jean de Sainct Séverin (1).

Les reliques dont il s'agissait n'étaient point de saint Bernard, mais de plusieurs martyrs. Plus tard les Feuillants parvinrent à enrichir leur trésor de deux fragments d'une ceinture de leur saint patriarche, fragments que l'on vénère de nos jours en l'église paroissiale de Fontaines.

Au mois d'août 1614, la « maison paternelle de saint Bernard » avait pour prieur Jean de Saint-Malachie. C'était l'un des religieux les plus éminents de la con-

---

1. Archives de la paroisse de Fontaines.

grégation. Lorsque, au chapitre de 1611, il fut statué que la dignité d'abbé de Feuillant serait désormais triennale, Jean de Saint-Malachie fut le premier abbé élu dans ces nouvelles conditions (1). C'est donc au sortir de cette charge qu'il fut envoyé à Fontaines, avec mission spéciale d'élever les constructions nécessaires et d'assurer l'avenir du prieuré.

Saint François de Sales était en rapport d'intimité avec le second prieur de Fontaines. Ecrivant, le 22 août 1614, à Mgr Camus, sur le point de se rendre aux Etats de Bourgogne : « Vous verrez, lui disait-il, le Père Dom Jean de Saint-Malachie, à Saint-Bernard. Si vous le hantez, vous trouverez en lui une veine féconde de piété, de sagesse et d'amitié pour moi, qui l'honore réciproquement bien fort » (2). Le 5 mai de l'année suivante, le saint évêque de Genève, dans une lettre directement adressée à Jean de Saint-Malachie, lui disait : « J'ai mille remerciements à vous faire des deux lettres que j'ai reçues de vous, et que j'ai lues avec une incroyable consolation, selon l'inclination que Dieu m'a donnée à l'honneur du glorieux saint duquel vous habitez le lieu natal, et l'affection que j'ai à vos mérites... Saluez quelquefois le fils de la maison en laquelle vous êtes et lui demandez son intercession pour la pureté de mon misérable esprit, le suppliant qu'il implore la miséricorde de sa chère maîtresse et mère de Dieu sur ma vie et sur ma mort » (3).

Le premier soin de Jean de Saint-Malachie fut d'agrandir l'oratoire primitif dédié à saint Bernard, en sa chambre natale. Cet oratoire occupait le cellier septentrional de la grosse tour. Le cellier voisin lui fut d'abord an-

---

1. D'après Louis Gellain, *Invent.*, p. 4, on nomma tous les trois ans un supérieur général et un abbé de Feuillant, à partir de 1611 jusqu'en 1628, époque de la séparation des maisons d'Italie, où il fut décidé, dans le chapitre tenu à Paris, que le supérieur général serait désormais *ipso facto* abbé de Feuillant. Dom Charles de Saint-Paul réunit le premier les deux titres.

2. Migne, Œuvres de S. François de Sales, tome V, p. 925.

3. Ibid, tome VI, p. 823.

nexé, et devint dans la suite la chapelle de la Sainte-Vierge. En outre, Jean de Saint-Malachie fit construire, attenant et au Nord de l'oratoire, une troisième chapelle avec le chœur des religieux, en forme d'exèdre.

Le prieuré avait ainsi son église ; mais il y avait à pourvoir à d'autres services. Afin d'établir un réfectoire, on éleva à la suite du chœur une petite construction d'une superficie d'environ trente mètres carrés. Elle se reliait à un ancien bâtiment du château, situé plus au Nord et adossé au mur d'enceinte. Ce bâtiment servit pour la cuisine et ses dépendances. Un clocher, ornement obligé de tout monastère, fut posé sur une vieille tour de flanquement voisine de la chapelle Saint-Bernard, ou plutôt à la place de cette tour, qui, sans doute, aura été reprise dès les fondations pour pouvoir être surélevée et chargée d'un beffroi. La statue du du saint fut placée au sommet du campanile (1).

La première pierre de ces nouveaux édifices fut posée, le 6 mai 1615, par Catherine Chabot-Mirebeau (2). Il semble qu'en déférant cet honneur à Catherine Chabot, les Feuillants aient eu une délicate inspiration de reconnaissance à l'égard de leur fondatrice, Françoise Hurault; Catherine était en effet sa parente.

Cependant les religieux de Fontaines, malgré leur nombre restreint, étaient fort à l'étroit dans les logis à demi-ruinés de la vieille habitation féodale. Que leur restait-il, en effet, en dehors de la grosse tour, dont le rez-de-chaussée était dédié au culte, et la partie supérieure consacrée sans doute à former une salle capitulaire ? Il leur restait la tour d'entrée, qu'ils appelaient la grande tour; son annexe, située au midi, nommée la petite tour; un petit bâtiment entre la grande tour et l'église; enfin les constructions du Nord, anciennes et

---

1. L'érection de cette statue fut certainement l'œuvre de Jean de Saint-Malachie, car dans la gravure de 1622, représentant Charles de Saint-Bernard et le monastère de Fontaines à côté de lui, la statue apparaît sur le clocher.

2. *S. B. et le Château de Fontaines*, tome I, p. 63-64.

nouvelles, fort peu spacieuses les unes comme les autres.

C'est alors que l'on conçut le dessein de faire du monastère de Fontaines une fondation royale. Ainsi, à l'attrait qu'offrait ce lieu à raison des souvenirs, s'ajouterait l'éclat dont le couvrirait la majesté de la couronne. Les offrandes afflueraient sans doute. Un grand monument pourrait être élevé à la gloire de saint Bernard. Une habitation neuve et bien aménagée serait construite pour les religieux.

Le projet fut présenté au jeune roi qui l'accueillit avec faveur, et d'une manière si empressée que Jean de Saint-Malachie ne savait dire si c'était la joie ou l'admiration qui débordait le plus dans les cœurs à cette heureuse nouvelle (1).

En conséquence, des plans furent dressés. D'abord, celui d'une vaste église, à bâtir sur l'esplanade en avant du château. Le monument devait avoir quatorze chapelles latérales, établies peut-être à des niveaux différents, car il en est que les documents qualifient « chapelle haute ». Celles qui étaient érigées dans les celliers de la grosse tour, devaient former comme une petite église, sorte d'appendice ou d'annexe de l'église nouvelle (2).

On dressa en même temps le plan du bâtiment destiné à la communauté, et l'on choisit, pour asseoir ce bâtiment, l'espace qui s'étendait, dans le pourpris des anciens fossés, au Nord-Est de l'enceinte des murailles, au-dessus d'un jardin clos lui-même par des murs. Des extraits de deux dessins de l'époque, reproduits *Planche 14 G*, comparés soit à d'autres plans ou dessins, donnés *Planches 15, 16 et 18*, soit à ceux de Martellange parus dans le tome I, fourniront au lecteur l'expli-

---

1. Nunquam gratitudini tuæ excidat quod cum Regi ipsi ut vere altero sancti Ludovici nepoti allatum fuit hoc de subjecto verbum, non solum huic operi se libenti animo assentire, sed vere hoc ex corde amplecti protestatus est, unde difficile dictu est an majorem lætitiam quam animis adstantium plurimorum admirationem incusserit. — Opuscule de Jean de Saint-Malachie, *D. O. M. et S. B.*, etc.

2. Invent. de L. Gellain, p. 12.

cation la plus claire de tous les détails de cet aménagement (1).

Un troisième plan concernait la décoration de l'oratoire primitif ou chapelle Saint-Bernard, ainsi que de la chapelle attenante, formée du cellier méridional de la grosse tour, et qui fut dédiée à la sainte Vierge, sous le titre de *Notre-Dame de Toutes Grâces*.

Rien n'était oublié dans ce que les Feuillants appelèrent la seconde fondation de l'église et monastère de Saint-Bernard de Fontaines. Heureux projet si les ressources avaient répondu aux espérances de Jean de Saint-Malachie et de toute la congrégation. Hélas! nous allons le redire, après de longs efforts, il fallut renoncer à la partie la plus belle et la plus désirée du plan si bien dressé, il fallut abandonner la construction du monument grandiose que l'on voulait élever et consacrer au culte de saint Bernard.

Cependant Louis XIII faisait délivrer aux Feuillants des Lettres patentes par lesquelles il se déclarait fondateur de leur monastère, et donnait trois mille livres pour la décoration projetée de la chapelle Saint-Bernard.

LETTRES PATENTES DE LOUIS XIII, 1618.

†

Louis par la grace de Dieu Roy de France et de Navarre à tous présens et à venir, salut. Nos chers et bien amés dévots orateurs les religieux de la Congrégation Nostre-Dame des Feuillans, ordre de Cisteaux, militans sous le bienheureux saint Bernard, ayant acquis le chasteau de Fontaines près de nostre ville de Dijon dès le commencement de nostre Regne, auquel comme estant sa maison paternelle nasquit le bienheureux saint, ladite acquisition nous auroit tellement agréée qu'aurions amorti cette place en leur faveur. Or estant deüement

---

1. Dans la *Planche* 14 G, on aperçoit en avant du monastère le tracé de la grande église en construction; à droite, le jardin fermé de murs, qui est mentionné dans le contrat d'acquisition de 1613 et d'autres titres subséquents; à gauche, deux édifices religieux dont le plus rapproché du monastère est l'église paroissiale, et le plus éloigné la chapelle Saint-Denis qui tenait à la maison de la Confrérie. — Les dessins d'où sont pris les extraits, existent Bibl. nat. Estamp., V a 33.

informés qu'audit lieu de Fontaines, l'endroit où nasquit le mesme saint, a esté depuis dédié et appliqué à l'usage d'une chapelle qui a esté et est encor vénérée et fréquentée par grand concours de peuple, et qu'en icelle plusieurs obtiennent des graces et faveurs d'en haut, très singulières et extraordinaires, par les intercessions de ce glorieux saint ; Meüs d'un désir fervent de faire chose pour laquelle avec le bon plaisir de la divine bonté nous puissions participer aux mérites d'icelui saint, et par iceux soyons protégés durant le cours de nostre vie, assistés et bien-heurés en nos sincères intentions d'establir et maintenir une bonne paix, et de faire fleurir la piété et iustice en nostre Royaume, de sorte que Dieu en soit dignement exalté ; Davantage affectionnans de promouvoir l'honneur et l'ornement de nostre province de Bourgongne, considérant ce qu'elle a autrefois apporté de bonheur à la France, quand d'icelle le Roi Clovis nostre prédécesseur à la suasion de Clotilde son espouse fille de Bourgongne fut fait le premier Roi chrestien, et désirans pour ce suiet que la fondation que nous desseignons faire en un lieu si remarquable et choisi dans ladite Province, soit à icelle un tesmoignage perpétuel de gratitude pour un bénéfice si signalé conféré à cette couronne ; Voulans aussi continuer, voire augmenter de plus en plus les faveurs dont avons iusques-icy assisté la congrégation des susdits religieux, commencée en nostre dit Royaume, approuvée du Saint-Siége, et ornée de plusieurs graces et priviléges Apostoliques par iceluy, et qui fructifie à l'édification des ames (ainsi que chacun sçait) ayant esté dilatée et fomentée par les bienfaits de feu de très haute et loüable mémoire le Roy Henri-le-Grand, nostre très honoré Seigneur et père (qui soit en la gloire de Dieu) notamment en ce qu'il se seroit rendu fondateur de l'Eglise et monastère des Feuillans scituée au faubourg saint Honoré de nostre bonne ville de Paris, laquelle ayant esté édifiée à l'honneur dudit bienheureux saint Bernard : et ce sous le vœu et invocation qu'il pleust à la divine bonté d'octroyer heureuse lignée à nostre dit feu très honoré Seigneur et père, et à la Reyne nostre très honorée Dame et mère, dont depuis et avant l'année expirée estant ensuivie nostre naissance et de la Reyne nostre très chère compagne et espouse : cecy mesme nous incite davantage d'embrasser l'occasion présente (comme venant par divine faveur) d'honorer ce saint en son lieu natal ; Pour les causes et considérations susdites à la gloire de celuy qui, admirable en ses saints, a illustré les Provinces de la terre (qui font le firmament de son Eglise militante) chacune de ses astres particuliers, et a voulu décorer et enrichir nostre dit Royaume de la splendeur de ce grand et fameux confesseur, Père et Docteur de l'Eglise, réformateur de peuples, pacificateur de schismes et dissensions, Patriarche des religieux, opérateur de merveilles, le dévot et favori de la Vierge sa Mère ; reconnaissant ce lieu pour un des plus vénérables de ce royaume, autant digne d'estre illustré d'une Eglise et maison religieuse, qu'il a apporté de bénédiction à tout l'univers, et que ladite Congrégation a sujet d'en priser la iouissance et possession ; Avons voulu par ces présentes, signées de nostre main, nous rendre et déclarer, nous rendons et déclarons Fondateur de l'Eglise et monastère qui se doit édiffier audit lieu de Fontaines, avec résolution d'y estendre nos libéralités et bienfaits selon les occurrences. Voulans à cet effet que ladite maison d'ores et déjà iouisse de tous les priviléges et immunités dont usent et iouissent les autres maisons de fondation Royale qui sont en nostre dit Royaume quels qu'ils soient, et pour donner moyen que quelque nombre de religieux soit de présent entretenu audit lieu pour y faire le service divin (attendant la perfection dudit bastiment et qu'il soit réduit en sa pleine forme et façon régulière) leur avons donné et octroyé, donnons et octroyons par ces présentes mil livres de pension annuelle assignées sur la recepte générale de nostre pays de Bourgongne, et pour le bastiment qui est à faire, nommément pour la décoration proiettée de la chapelle saint Bernard, trois mil livres pour une fois payables au courant de cette année, attendant que venant à vacquer un bénéfice de nostre nomination capable d'entretenir audit lieu un nombre compétent de religieux, afin que Dieu y soit aussi honorablement servy que la prérogative spirituelle d'iceluy est grande, Nous leur affections (comme nous leur avons promis et promettons par ces dites présentes) qui demeurera uni et incorporé à la dite maison, quoy faisant la dite rente de mil livres sera supprimée. A la charge que les religieux qui habiteront ledit monastère dédieront par exprès leurs prières et bonnes œuvres tant publiques que particulières à nostre bien, salut, et pour l'utilité de tout le royaume ; aussi que le jour de saint Bernard avant la grand messe pour l'intention susdite et afin que Dieu au temps de son bon plaisir nous donne par le mérite de ce glorieux saint une prospère lignée et postérité et la conserve à nos successeurs roys de France, soit faicte une procession solennelle par le cloistre à laquelle tous les religieux assisteront ayant chaqun un cierge à la main, psalmodiant et disans les oraisons convenables ; En outre le dimanche dans l'octave du sainct soit dict l'office entier avec la messe haute solennellement comme le jour propre d'iceluy, et aux autres jours dans la mesme octave et dès la veille de ladite feste sera chaqun d'iceux célébré une messe basse avec quatre cierges allumés sur l'autel pour faire une neufvaine complette pour l'intention susdite, et ce d'autant que ledict sainct bienheureux est d'ordinaire invoqué pour avoir telles faveurs de la divine maiesté. — Pour les autres jours de l'année nous laissons aux supérieurs de la congrégation à establir telles prières qu'ils jugeront oportunes à mesme fin. Et pour ce qu'en ladite octave eschet la feste de sainct Louis (duquel à si juste titre nous avons la mémoire en singulière révérence comme estant l'honneur du sceptre français et de nostre royale race) ce monastère de Fontaines estant de nostre fondation, nous voulons l'office propre audit sainct Louis y estre solennellement célébré avec la messe haute pour la prospérité de notre personne et de la royale famille. Et afin que les Provinces, contrées, villes et communautés, ou lieux qui ont esté illustrés par les faits merveilleux dudit saint Bernard, singulièrement nostre province de Bourgongne et la ville de Dijon, à laquelle cet heur regarde particulièrement d'avoir porté une si grande lumière de l'Eglise, les prélats, grands, seigneurs ou autres particuliers qui auront dévotion de tesmoigner en cette occurence leur vénération à l'endroit dudit bienheureux saint pour s'acquérir le suffrage de ses intercessions envers Dieu, puissent sans difficulté produire des effets de leurs pieux zèles, Nous n'entendons empescher, ains exhortons toutes personnes d'appliquer leurs vœux et conférer leurs bienfaits pour accélérer et amplifier la structure dudict monastère, à ce qu'à la consolation de plusieurs le lieu soit plutôt mis en sa perfection et à la décoration qu'il mérite. Si donnons en mandement à nos amés et féaulx conseillers les gens tenans nos cour de parlement et chambre de nos comptes à Dijon, et à tous nos justiciers et officiers qu'il appartiendra que ces présentes ils facent lire, publier et registrer, et du contenu en icelles jouir et user pleinement et paisiblement ledit monastère et religieux de Fontaines doresnavant et perpétuellement, cessans et faisant cesser tous troubles et empeschement au contraire. Mandons en outre à nos aussi amés et féaulx conseillers et trésoriers généraux de France au bureau de nos finances establi audit lieu que par nos receveurs generaux d'icelles présents et à venir ils facent payer, bailler et délivrer par chaqun an à commencer du jour et datte de cesdites présentes ladite somme de mil livres par quartier et égale portion chaqun en l'année de leur exercice, et à tous gens de nosdits comptes la passer et alouer en la despense de leurs comptes sans difficulté. Car tel est nostre plaisir et afin que ce soit chose ferme et stable a tousiours nous avons faict mettre nostre scel à cesdites présentes, sauf en autre chose nostre droict et l'autruy en toutes. Donné à Saint Germain en Laye au mois de juillet l'an de grace mil six cens dix-huit, et de nostre Regne le neufvième,

    Louis
  Par le roy
    Poitiers. (1)

En lisant ces Lettres on voit que Louis XIII pourvoyait non seulement aux frais des constructions, mais encore à l'entretien des religieux.

Toutefois le bénéfice promis n'arriva jamais. « On est sans doute surpris, écrivait Louis Gellain en 1770, que le bénéfice soit encore à venir, et peut-être croit-on qu'il y a eu négligence de notre part ; je peux assurer du contraire. Le bénéfice a été constamment demandé, tant sous le règne de Louis XIII que sous ceux de Louis XIV et de Louis XV ; mais il est toujours à désirer. Heureux même d'avoir jusqu'à présent touché la pension ; car nous pouvons bien dire que nous sommes dans un siècle où le vent du bureau ne nous est guère favorable (2). »

1. Archiv. de la Côte-d'Or, H. 996, layette B, n° 5.
2. Invent. de Louis Gellain, p. 55.

PL. 14 G.

Extrait d'un plan de « Digion » et ses environs.
signé : I. Laurus fecit 1628

Extrait d'un plan intitulé : DESCRIPTION DE LA VILLE DE DIION SIÈGE DU PARLEMENT DE BOURGONGNE (s.d.)

Les mille livres assignées sur la recette générale de Bourgogne leur étaient donc servies encore en 1770 : ils ne cessèrent de les percevoir que quelques années plus tard, au moment de la suppression des pensions de l'Etat. Mais déjà l'on pouvait pressentir qu'elles leur seraient bientôt retirées. Aussi Louis Gellain ajoutait-il : « Il y déjà du temps qu'on ne paie plus que par demie année, et nous serions fort mal venus de vouloir y trouver à redire (1). »

Dans les Lettres de juillet 1618, Louis XIII n'avait pas omis de préciser les charges imposées annuellement aux religieux du monastère de Fontaines : trois messes solennelles, une le jour de Saint-Bernard, la deuxième le dimanche dans l'octave, la troisième le jour de Saint-Louis ; — une neuvaine de messes basses, à commencer la veille de la fête de Saint-Bernard ; — une procession, le jour même.

De plus les supérieurs de la congrégation devaient, à leur choix, ordonner d'autres prières pour le cours de l'année. Ces prières furent l'*Exaudiat*, qui se chantait aux trois grandes messes de l'octave, après l'offertoire, et tous les dimanches de l'année, après les vêpres (2).

Les Lettres royales furent enregistrées au parlement, le 12 décembre 1618 ; à la chambre des comptes, le 14 ; au bureau des finances, le 23 janvier 1619.

Comme le roi demandait une messe pour la fête de Saint-Louis, les membres de la chambre des comptes qui, de leur chef, en 1614, en avaient ordonné une le même jour, ne supprimèrent point cette charge, mais la transférèrent au jour de l'octave de Saint-Louis.

Cependant Jean de Saint-Malachie s'était empressé de profiter des faveurs obtenues. A la fin de l'année 1618, les fondations de la grande église étaient creusées, et avaient reçu les assises destinées à porter l'édifice. Tout était préparé pour la pose solennelle de la première

1. Ibid., p. 59.
2. Ibid., p. 309.

pierre. On choisit le jour de l'Epiphanie, afin que le monument élevé par le Roi très chrétien en l'honneur de saint Bernard, au lieu même qui fut son berceau, commençât à être construit en l'anniversaire du jour où les Rois déposèrent leurs présents au pied du berceau de Jésus-Christ. Le 6 janvier 1619, la pierre fut posée au nom de Louis XIII, par un mandataire spécial, Roger de Bellegarde, duc et pair, grand écuyer de France, gouverneur de Bourgogne et Bresse. Un parent du gouverneur, Octave de Bellegarde, évêque de Conserans, la bénit selon le rit liturgique. La musique de la Sainte-Chapelle du roi fut présente à la fête, et « la jubilation de multitude de personnes de toute condition, qui y abordèrent, nobles, sénateurs, magistrats et autres y fut aussi très évidente et remarquable (1). »

Jean de Saint-Malachie a décrit avec soin la forme et l'ornementation de la première pierre.

Elle avait trois pieds et demi de long et deux pieds de large. A la partie supérieure étaient gravées « d'une forme ample et auguste, les armes de Sa Majesté Très chrétienne, puis tant au dessus qu'à l'entour, en lettres majuscules, les vœux sacrés conceus en ces termes : *Christo Iesu annuente, meritis S. Bernardi, inclitus rex vival, vincal, regnet, pius, potens, fœlix.* » Dessous venait l'inscription. Jean de Saint-Malachie la rapporte presque entière. « Puis en la mesme pierre, vers le bas estoient gravées les armes de Mgr l'I. I. gouverneur, ornées des coliers des deux ordres de Sa Majesté et des espées royales qui les accompagnent ordinairement, et y estoient les mots ensuivans, insérés un à chaque coing : *Deo et regi carus vigeat* (2). »

D'après les détails qui précèdent, telle devait être, à peu près, la disposition des armoiries et inscriptions qui ornaient la surface de cette pierre :

---

1. Opuscule de Jean de Saint-Malachie.
2 Ibid.

CHRISTO . IESV . ANNVENTE . MERITIS . S . BERNARDI

INCLITVS   REX

Armoiries

VIVAT   VINCAT

du

REGNET   PIVS

Roi

POTENS   FOELIX

LVDOVICI XIII . FRANCORVM . ET . NAVARRÆ . REGIS . CHRISTIA-
NISSIMI . MANDATO . ET . NOMINE . SERENISSIMÆQVE . EIVS . CONIVGIS
ANNÆ AVSTRIACÆ . ÆDIS . SACRÆ . D . O . M . IN . HONOREM
S. BERNARDI . CVIVS . FOELICI . ORTV . SIGNISQVE . PATENTIBVS
HVNC . SIBI . DIVINA . CLEMENTIA . COLLEM . SANCTIFICAVIT
CONSTRVENDÆ . D . D . ROGERIVS DE BELLEGARDE . TOTIVS
BVRGVNDIÆ . A . REGE . MODERATOR . MERITISSIMVS . GALLIARVM
HIPPARCHVS . . . HVNC . CAPITALEM . LAPIDEM . DEVOTISSIMVS
POSVIT . DIE . SEXTA . IANVARII . ANNO . SALVTIS . 1619

DEO   ET REGI

Armoiries

du

Duc de Bellegarde

CARVS   VIGEAT

Jean de Saint-Malachie n'explique pas si les « armes de Sa Majesté très chrétienne » gravées sur la pierre étaient seulement celles de France, *d'azur à trois fleurs de lys d'or posées 2 et 1*, ou bien un double écusson portant, à dextre les armes de France, à sénestre les armes de Navarre, *de gueules aux chaînes d'or posées en orle, en croix et en sautoir*.

Les armoiries de Roger de Bellegarde, d'après le dessin qui en est donné dans un « terrier du marquisat de La Perrière pour Monseigneur le duc de Bellegarde, 1623 » (1), étaient : écartelé — *au 1 d'azur au lion d'or, armé et lampassé de gueules*, qui est Saint-Lary; — *au 2 d'or à trois pals de gueules*, qui est La Barthe ; — *au 3 de gueules au vase d'or*, qui est Orbessan ; — *au 4 d'azur à trois flammes d'argent, mouvantes de la pointe*, qui est Fumel : *sur le tout d'azur à une cloche d'argent, bataillée de sable*, qui est Bellegarde. Les mêmes armoiries, sculptées, se trouvent au musée de Dijon : au 1, le lion est couronné ; au 2, les pals sont au nombre de cinq ; au 4, les flammes sont au nombre de cinq et mouvantes du chef. L'on rencontre de semblables variantes dans la reproduction de maintes armoiries.

Sur la pierre qui vient d'être décrite, en fut posée une autre de dimension égale, face contre face, isolée par une lame de plomb. Elle portait une longue inscription publiée dans l'Appendice au présent paragraphe. Mais ce n'était point assez pour la dévotion enthousiaste des Feuillants. Jean de Saint-Malachie convia pour ainsi dire le ciel et la terre à rendre un solennel hommage à saint Bernard dans l'édification de la nouvelle église. Il s'était fait l'interprète des sentiments que devait éprouver, pensait-il, tout l'univers chrétien. Et comme s'il en eût reçu le mandat exprès, il avait composé des inscriptions très dévotes, au nom des père, mère, frères et sœur du saint abbé, au nom de toutes les autorités

---

1. Archiv. de la Côte-d'Or. E, 1072.

et de toutes les grandeurs terrestres, et les avait fait graver sur une quantité de pierres. Lors donc que les deux pierres principales « furent agencées et arrêtées, ainsi qu'il le fallait pour la solidité de l'édifice, soubs le premier pilier d'iceluy du costé dextre, on rangea tout à l'entour » les autres, où se déroulaient comme les strophes d'un hymne magnifique entonné du ciel même par la famille de saint Bernard, et continué sur la terre par le souverain Pontife, la maison de France, les princes de l'Europe, les villes, les provinces, les royaumes, le clergé séculier, les ordres religieux, les universités, toutes les puissances du monde (1).

La même année 1619, eut lieu encore, mais avec moins de solennité, la pose de deux pierres dans les chapelles de la grosse tour. On les plaça sous les constructions décoratives.

Dans la chapelle Saint-Bernard, la pierre fut posée probablement par Roger de Bellegarde, représentant le roi. Dans la chapelle de Notre-Dame de Toutes Grâces, elle fut certainement posée — le jour de l'octave de l'Assomption — par l'évêque de Langres, Sébastien Zamet, représentant la reine. L'évêque, huit jours auparavant, avait fait la dédicace de l'église du collège des Godrans, sous le double vocable de la Sainte-Vierge et de Saint-Bernard.

Les inscriptions de ces deux pierres sont reproduites à l'article II de cet ouvrage, dans le tome I.

Nous renvoyons le lecteur au même article, pour la description des travaux exécutés dans les chapelles.

L'année suivante, 1620, Jean de Saint-Malachie fit commencer le bâtiment destiné à la communauté.

Les supérieurs des maisons des Feuillants étaient nommés pour trois ans, au chapitre général. Jean de

---

1. Voir toutes ces inscriptions dans l'Appendice au § 1.

Saint-Malachie fut maintenu, durant six années, dans sa charge de prieur de Fontaines; et lorsqu'il cessa d'être prieur, il conserva toujours la direction des travaux. Afin de solliciter des offrandes nécessaires, il publia un opuscule où, après avoir célébré la munificence de Louis XIII envers le prieuré de Fontaines, il donnait le récit de la pose des pierres fondamentales des nouveaux édifices, et le texte de toutes les inscriptions qu'il y avait fait graver.

Il y eut plusieurs éditions de cet opuscule, deux en latin, une en français.

La première édition latine fut imprimée à Dijon, chez Claude Guyot, en 1620. La bibliothèque de la ville de Troyes en possède un exemplaire, grand in-8°, 24 pages, catalogué n° 1376. Le volume a pour titre : DEO. OPT. MAX. *et* S. BERNARDO *pro nova Basilicæ Fontanensis instauratione sacrum*. Sous ce titre, au milieu de la page, on voit une petite vignette représentant la sainte Vierge et saint Bernard, scène de la lactation. Détail particulier : saint Bernard présente à la sainte Vierge une église, qui figure évidemment l'église, alors en construction, du monastère de Fontaines. Dans le dessus de l'image paraissent les armes de France. De plus, les quatre angles ont reçu une décoration spéciale : en haut, à dextre le chiffre de Louis XIII entre les syllabes du mot *vivat*, à sénestre le chiffre d'Anne d'Autriche au milieu du mot *gaudeat*; en bas, à dextre les armes de Roger de Bellegarde au milieu du mot *vigeat*, à sénestre les armes de Dijon au milieu du mot *floreat*. Sous la vignette cette strophe, non distribuée :

> *Caritate vulneratus,*
> *Castitate dealbatus,*
> *Verbo vitæ laureatus,*
> *Est Bernardus sublimatus*
> *In gloria.*

La seconde édition latine fut imprimée à Paris, en 1623. Elle contient un charmant frontispice que reproduit la *Planche 14 E*, placée en tête de ce tome III. On retrouve dans cette gravure une partie du texte des inscriptions de la pierre posée le 6 janvier 1619. La *Planche* donne un format plus grand que l'original : le volume en effet est un petit in-8°, de xvi, 50 pages, dont il existe plusieurs exemplaires à Dijon, soit à la bibliothèque de la ville, soit en des bibliothèques particulières.

L'édition française fut également publiée à Paris. Le seul exemplaire que nous ayons rencontré, dans une bibliothèque particulière de la ville, porte une date à demi effacée : « 16.. » Le volume petit in-8° de 100 p., est orné de la même gravure que l'édition latine de 1623. On lit pour titre : *Gloire et honneur à Dieu tout bon et souverain, et à sainct Bernard, sur le subiect de la nouvelle fondation de l'église et monastère de Fontaines, lieu natal dudict saint.*

Le style de cet opuscule se ressent du goût de l'époque ; la recherche et l'hyperbole le déparent. Mais l'auteur témoigne pour saint Bernard une dévotion filiale si tendre, si ardente, qu'on le lit avec intérêt. Ces sentiments devaient se manifester, d'une façon très communicative, dans toutes les paroles et démarches de Jean de Saint-Malachie en faveur de son œuvre. Cet avantage joint à sa vertu, célébrée par saint François de Sales, lui donnait un grand crédit. Il fallait bien qu'il sût conquérir les sympathies, puisqu'il obtint de l'abbé de Cîteaux lui-même, une recommandation adressée à toutes les maisons de l'ordre, pour les engager à fournir des subsides aux Feuillants de Fontaines. Ce n'est pas cependant que la circulaire de Nicolas Boucherat ait valu beaucoup d'argent à la maison paternelle de saint Bernard. Le Feuillant Louis Gellain, toujours malin à l'endroit de Cîteaux, n'a pas omis d'en faire la remarque, en son Inventaire. « S'il a fallu, dit-il, l'arrêt du parlement pour arrêter les poursuites de M. l'abbé de Cîteaux, il a aussi, quelques années après, prouvé la sincérité de son désistement, par une lettre circulaire en date du 20 août 1624, dans laquelle il exhortait toutes et chacunes communautés de l'ordre à nous aider de tout leur pouvoir dans notre établissement. Je ne vois pas, il est vrai, que cette lettre ait fait beaucoup d'effet, ni même que M. de Cîteaux ait donné l'exemple ; mais, si nous ne pouvons réputer la bonne volonté pour le fait, sachons lui bon gré, au moins des apparences. (1) » Toutefois les rapports entre Cîteaux et Fontaines étaient devenus faciles et bienveillants de la part de la grande abbaye. Vers la même époque, dans un procès entre la Fabrique de Fontaines et les Feuillants, ceux-ci eurent l'appui de l'abbé de Cîteaux.

N'étant plus prieur, Jean de Saint-Malachie trouva du temps pour voyager, suivant le besoin de l'entreprise qui lui était confiée. Le 8 octobre 1623, nous le trouvons chez Messire Louis-Antoine de Senoncourt, seigneur de Marolles et bailli de Bar-sur-Seine. Son hôte lui remit, pour le monastère de Fontaines, des reliques de saint Victor. Il attesta qu'il les tenait du grand prieur de Montieramey, « et, ajoutait-il, nous les avons toujours chèrement gardées jusques à présent que le R. Père Dom Jean de Saint-Malachie, ayant charge de la construction de la maison de Sainct-Bernard de Fontaines-lez-Dijon lieu natal dudict sainct Bernard, qui fait très honnorable mention par ses écrits dudict saint Victor, nous ayant faict l'honneur de passer en notre maison, nous a requis lui en faire part, ce que nous lui avons accordé avec grand contentement, pour l'assurance que nous avons que ne les pouvons mettre en nulle main où elles soient plus vénérées et honnorées que ès siennes, et croy que ladite partie des reliques est un ossement du col dudit saint Victor. » (2)

1. Invent. de Louis Gellain, p. 22.
2. Archiv. paroissiales de Fontaines.

Le zèle du directeur des travaux, l'ardente dévotion que l'on avait alors communément pour saint Bernard, suscitèrent des offrandes et des fondations. Bien que les fondations soient l'objet spécial du paragraphe suivant, il en est une cependant dont l'acte contient certains détails relatifs aux constructions, qu'il est bon de rapporter immédiatement.

Le 7 décembre 1624, par devant Blanche, notaire à Dijon, « noble homme Nicolas de Cuigy, conseiller du roy, receveur général des bois et des Estats en Bourgongne et Bresse, et, de son aucthorité, damoiselle Anne Massol, sa femme, » établirent diverses conventions avec « les Révérends pères en Dieu Dom Jean de Sainct Benoist, prieur, Dom Jean de Sainct-Malachie, etc., tous prestres vocaulx et faisant le corps du chapitre de l'esglise et monastère Sainct Bernard Notre Dame de Feuillant, ordre de Cîteaux, sciz à Fontaines-les-Dijon. En témoignage, dit le notaire, de la dévotion que de longtemps » Nicolas de Cuigy et sa femme « ont au glorieux père et docteur de l'esglise sainct Bernard et mehus d'une particulière dévotion qu'ils jugent son lieu natal de Fontaine mériter ; et comme par cy devant ils auroyent achepté de leurs deniers le champt et enclos joignant le dict monastère, dans lequel a esté faict le puits, auquel s'est rencontré une source d'eau vive qui appourte autant de commodité audict monastère que de profit et advancement aux bastiments qui s'y font et sont à faire ; duquel champ et enclos ils auroyent faict donation irrévocable entre vifs auxdicts Révérends pères prieurs et religieux ; et pour contribuer de plus en plus tant à l'utilité dudict couvent qu'au progrès du bastiment de l'esglise fondée audict lieu de Fontaine à l'honneur de sainct Bernard, auroyent désiré avoyr une chapelle en la dicte esglise, et y faire, moyennant la volonté de Dieu et du chapitre général de l'ordre, leur sépulture ; et de plus fonder en mesme temps à la gloire de Dieu éternel et pour le salut de leurs âmes, de celles de leurs enfants et de leurs prédécesseurs et successeurs certaines messes, services et annuels » ; ils règlent tout ce qui concerne ces messes, soit comme offrandes de leur part, soit comme obligations de la part des religieux. « Et oultre ce, ledict sieur de Cuigy et, de son aucthorité, ladicte damoiselle Anne Massol sa femme, d'une part, et ledict Révérend Dom Jehan de Sainct Malachie, ayant la charge et surintendance générale du bastiment de l'esglise et monastère qui se faict de nouveau audict lieu de Fontaine, du Révérend père en Dieu Dom Jehan de Sainct-François, supérieur général de toute la congrégation Notre Dame de Feuillant, d'autre part, ont traicté et accordé que pour la construction d'une chapelle haulte, dans la grand nef de l'esglise qui se bastit comme dict est à l'honneur de Dieu et de sainct Bernard, audevant du chasteau ancien dudict Fontayne, qui sera la troisième en ordre du cousté dudict chasteau ; en laquelle chapelle ledict sieur de Cuigy et ladicte damoiselle Anne Massol sa femme ont dès à présent esleu leur sépulture, tant pour eux que pour leurs enfants ; iceulx seront tenus payer la somme de deux mil quatre cens livres tournois, sur laquelle somme ledict Dom Jean de Sainct-Malachie a confessé avoyr cy devant receu contant dudict sieur de Cuigy et de ladicte damoiselle sa femme, lorsqu'il estoyt en charge de supérieur audict monastère, la somme de douze cens livres tournois, qu'il a déclaré avoir employée aux fondements jà faicts de ladicte esglise, et encore la somme de huit cens livres tournois contant réellement et de faict, en la présence de moy ledict notaire et des tesmoings soubscripts, en pièces de seize sols, dont ledict Dom Jean de Sainct-Malachie est contant et en a quitté et quitte ledict sieur de Cuigy, ladicte damoiselle sa femme et tous aultres ; moyennant quoy ledict Dom Jean de Sainct Malachie a promis et promet de faire construire et édifier ladicte chapelle en la plus grande diligence qu'il luy sera possible. Et après ladicte construction faicte d'icelle chapelle, ledict sieur de Cuigy et, de son auctorité, ladicte damoiselle Anne Massol sa femme seront tenus, comme ils promettent, luy payer le surplus estant de quatre cens livres parfaisant l'entier payement desdictes deux mil quatre cens livres, pour estre employées à l'ornement et perfection d'icelle... Ces présentes furent faictes, leues et passées audict couvent dudict Fontaine en présence de Symon le Rupt, tailleur de pierres de la ville de Dolle, et Pierre Vyard, aussy tailleur de pierres demeurant en la ville de Dijon, temoings apellés et requis (1). »

La teneur de cet acte aide à comprendre la marche et les difficultés particulières des travaux. La bâtisse souffrait du manque d'eau, dans un pays sans rivière, où les sources étaient déjà devenues moins abondantes ; de là, des frais plus considérables. L'argent destiné à l'édifice venait péniblement : depuis six ans que la première pierre était posée, c'est à peine si les murs s'élevaient un peu audessus du sol. Cependant les ouvriers étaient toujours au chantier, puisque deux d'entre eux furent témoins du contrat (2).

---

1. Titres de propriété de M. Gérard, à Fontaines.
2. Par « le champ et enclos joignant le monastère », dont il est parlé dans l'acte du notaire Blanche, il faut entendre, d'après Louis Gellain, « de petits jardins situés proche et derrière l'église paroissiale, lieudit la petite pelouse. » S'ils sont dits « joignant le monastère », c'est qu'au jour de la donation de ces jardins par le sieur de Cuigy, 29 avril 1617, le monastère possédait déjà au même endroit un petit terrain, donné le 22 mars par Jean Brechillet, maire de Fontaines.

Il s'agit donc des terrains situés au chevet de l'église, au-dessus de la fontaine, comme on le voit par un incident, que raconte ainsi Louis Gellain.

« M. de Cuigy avait acheté ces petits jardins et nous les avait donnés dans l'espérance qu'en un d'eux on pourrait construire un puits qui nous serait d'un grand secours, tant pour la maison que pour la bâtisse projetée. On l'y construisit en effet, aux frais du donateur. Mais à peine était-il achevé que les habitants se plaignirent que notre puits attaquait leur fontaine et la perdrait insensiblement. On voulut bien, pour les contenter, se charger de tout événement et leur répondre de leur source. Mais cette proposition ne plut pas également à tous, et un entre autres crut pouvoir trancher net et prévenir tout inconvénient en sapant notre puits par les fondements. Si secrètement qu'il le fît, on en fut néanmoins averti ; nous l'attaquâmes, et il fut condamné à répa-

Le notaire Blanche dit un mot du plan de cette église monumentale, démolie avant d'être achevée. Mais ce mot est bien insuffisant pour satisfaire notre curiosité.

La totalité des offrandes ne pouvait être employée aux bâtiments. L'acquit des charges imposées par les fondateurs, les nécessités de l'entretien des religieux obligeaient à des réserves, auxquelles pourvoyaient sagement les supérieurs. Pendant ses deux triennats, Jean de Saint-Malachie avait acheté dix parcelles de terre, derrière le couvent, et plusieurs autres ailleurs. Il avait acquis, des héritiers Charpy, « la maison dite de sainte Alette, proche les Puits, avec un jardin derrière icelle (1). »

Ce n'est pas que les religieux aient eu alors à beaucoup dépenser pour la table, leur vestiaire, le mobilier de leurs cellules. Ils ne mangeaient jamais de viande, jeûnaient souvent, dormaient sur des paillasses ou des planches. Leurs vêtements, de serge grossière, consistaient en une robe blanche, un grand capuce de même couleur, terminé en rond par devant, en pointe par derrière; une ceinture de même étoffe que la robe; pas de scapulaire; point d'habit de chœur. Leurs chaussures étaient des sandales de bois. Les convers étaient habillés comme les prêtres, à l'exception de la ceinture, qui était de corde. Pour le travail manuel, les uns comme les autres se servaient d'une sorte de scapulaire de toile.

rer le tout. Mais alors on prit un autre moyen, le plus court et le plus facile : ce fut de combler notre puits, et, les grands comme les petits, tous agirent et réussirent. Pour le bien de la paix, nos confrères aimèrent mieux abandonner l'affaire. Le proverbe eut cependant lieu : qui veut mal, mal lui vient. Car après la perte de notre puits, les habitants perdirent aussi leur fontaine, et ne pouvant plus avoir recours sur nous, ils se déterminèrent à notre exemple à n'y plus penser. Plus tard s'étant avisés de vouloir la recouvrer, ils firent d'abord bien des dépenses inutiles, puis, désespérant de réussir, ils décomblèrent tout simplement notre puits, dans lequel on a encore trouvé le filet d'eau qui y était lors de sa construction, et qui sert présentement de source.» Invent. p. 131.

1. Archiv. de la Côte-d'Or, H. 996, layette C, Maisons. — Titres de propriété de M. Gérard, à Fontaines. — Invent. de Louis Gellain, p 115, 118-153.

Ces vrais pauvres usaient donc avec parcimonie des biens de ce monde, et si quelque industrie propre leur eût valu des ressources, la tâche de Jean de Saint-Malachie eût été plus facile. Mais, leur petit nombre, les conditions peu favorables du site, le soin de leurs constructions ne leur permirent point d'installer chez eux quelque métier lucratif, à l'exemple de leur fondateur, Jean de la Barrière. Jamais d'ailleurs ils ne furent habiles à s'enrichir.

Il fallut donc compter presque uniquement sur les offrandes, et, comme elles furent peu abondantes, se résigner à mener avec une extrême lenteur les travaux entrepris.

Au chapitre de 1632, Jean de Saint-Malachie dut être nommé prieur du couvent de Châtillon : on le trouve du moins à Châtillon avec cette charge en 1634, et il paraît être resté membre de cette communauté jusqu'à sa mort, qui arriva vers 1654 (1).

En quittant Fontaines, il laissait deux édifices inachevés : l'église nouvelle et le bâtiment destiné aux religieux. Il emportait cependant une consolation, celle d'avoir exécuté la meilleure partie du plan général dressé en 1618 : les deux chapelles vénérables qui formaient le vrai sanctuaire de Fontaines, et toute la Tour Monsieur saint Bernard avaient reçu la décoration projetée. Par ses soins, et grâce à la pieuse munificence du roi et de la reine, la dévotion populaire était satisfaite en considérant le donjon natal, si richement orné. Il avait vu les pèlerins accourir plus nombreux à ce sanctuaire et y laisser, comme le marquis d'Effyat, des ex-voto de prix.

1. *S. B. et le château de Fontaines*, tome I. p. 42, note 2. — On croit que le religieux du couvent de Châtillon nommé Jean de Saint-Malachie est le même que celui qui passa 15 années à Fontaines. Mais alors il atteignit l'âge d'environ 90 ans, car il comptait 32 ans de profession religieuse en 1620, selon qu'il l'apprend lui-même dans son opuscule.

Le don du marquis d'Effyat consistait en une lampe d'argent, avec un revenu annuel, pour « la tenir ardente jour et nuict devant le sainct Sacrement et les ymages de Nostre-Dame et de sainct Bernard. » Ces mots empruntés au texte de l'acte de fondation et que nous répétons à dessein, sont une preuve que le tableau placé au centre du retable de l'autel de la chapelle de Saint-Bernard représentait la scène de la lactation. C'est d'ailleurs ce que dit assez nettement Violet, chantre de la Sainte-Chapelle, dans ses notes datées de 1789 : « Sur le dernier autel (celui de Saint-Bernard) est un tableau qui représente la Vierge apparaissant à saint Bernard et lui présentant l'enfant Jésus (1). »

Un fait à signaler encore à l'honneur de Jean de Saint-Malachie est l'aménagement d'un magnifique beffroi dans le clocher. La tour et l'escalier avaient été construits en 1618. De 1621 à 1631 on monta quatre cloches.

Nous citons Louis Gellain.

« En 1621, on monta la première cloche, qui est actuellement la troisième. Elle fut refondue l'année suivante 1622 et pour la troisième fois en 1735, présentée chaque fois par messieurs les vicomtes mayeurs de la ville de Dijon, scavoir par M. Venot en 1621, par M. le Compasseur en 1622, et par M. Burteur en 1735. Elle a été cette dernière fois nommée Pierre-Anne, et a eu pour parrain M. Burteur, et pour marraine madame de Maizière épouse de M. Chartraire, comte de Bierre et de Montigny.

« En 1622, on bénit également la seconde et la quatrième. La seconde, nommée Marie, a eu pour parrain Monseigneur le duc de Bellegarde, et pour marraine madame Brulart, épouse du premier président. La quatrième, nommée Benoit, a eu pour parrain M. Piget,

---

1. Biblioth. de la ville de Dijon, ms. F. B. 142, p. 81-83.

et pour marraine madame Ardier, épouse de M. Legendre.

« Enfin; en 1631, on a monté la dernière, qui est actuellement la première et la plus forte. Elle a eu Louis XIII pour parrain, et pour marraine madame la comtesse de Comar de la famille de Dompré, et a été nommée Louise, le sieur Blondeau, aumônier du roi, assistant à la cérémonie de la part de Sa Majesté (1). »

On le voit par ces détails, la ville de Dijon se montrait, non moins que le roi, bienveillante et généreuse à l'égard des Feuillants.

Après le départ de Jean de Saint-Malachie, les religieux de Fontaines continuèrent à s'occuper de leurs constructions, mais surtout du bâtiment de la communauté. Ils adressèrent une nouvelle requête à Louis XIII pour le supplier de leur accorder cent pieds d'arbres, bois de chêne, afin d'établir la charpente de ce bâtiment. Le roi, par des Lettres du 13 octobre 1634, manda au grand maître des eaux et forêts en Bourgogne de délivrer les arbres demandés, et de les prendre dans les chatellenies d'Argilly et de Rouvres (2). Avec ce don royal et six mille livres qu'ils ajoutèrent, les Feuillants parvinrent à poser, en 1658, la charpente et la toiture du bâtiment neuf. Mais ils virent s'écouler encore de nombreuses années, avant de pouvoir complètement aménager l'intérieur.

Durant la période de 1640 à 1645, un des religieux nommé Bertrand de Sainte-Alette, remplissant l'office de cellerier, avait déployé beaucoup de zèle pour mettre le prieuré dans un état plus prospère. Il acquit spécialement plusieurs terrains derrière le couvent, attenant de ceux qu'ils possédaient déjà, afin de les enfermer, « dans

1. Invent. de Louis Gellain, p. 44.
2. Ibid. p. 71.

leur clos qui se construit à présent audit lieu », lit-on dans un titre du 14 novembre 1643 (1).

En 1653, les Feuillants, toujours en quête de nouvelles ressources, adressèrent une supplique à Louis XIV afin d'obtenir leur franc salé. Le roi leur accorda « quatre minots de sel, à prendre chaque année et à perpétuité au grenier de Dijon, sans pour ce payer autres droits que le prix du marchand ; à la charge et condition expresse que les religieux, aussi annuellement et à perpétuité, chanteraient en leur église le jour de l'Assomption de la Sainte Vierge après vêpres, les Litanies faites sous son nom et en son honneur, avec l'antienne *Sub tuum præsidium* et l'oraison du vœu de Louis XIII ».

Comme les prières prescrites étaient déjà en usage au monastère royal de Fontaines et généralement dans toutes les églises de France, « j'ignore, dit Louis Gellain, par quel motif Louis XIV nous en a fait ici une obligation expresse, si ce n'est que Sa Majesté prévoyait qu'à ce défaut nous serions bientôt frustrés du don qu'elle nous faisait.

« En effet, deux ans après les Lettres du roi, sur les plaintes qu'on lui fit de la quantité de privilégiés et exempts des droits des gabelles, Sa Majesté donna un arrêt en date du 7 avril 1655, par lequel, obligeant tous les privilégiés jusqu'au 1er janvier 1645 à représenter leurs titres pour être vérifiés par les commissaires à ce députés, elle supprime en même temps et révoque toute concession faite depuis le dit 1er janvier 1645 jusqu'au 7 avril 1655. On voit que nous étions du nombre de ceux qui perdaient leur privilège. Mais sur d'autres représentations faites à Sa Majesté, que parmi les exemptions qu'elle avait accordées, il s'en trouvait qui avaient des charges, services ou autres prières, elle donna un

---

1. Titres de propriété de M. Gérard, à Fontaines.

nouvel arrêt en date du 3 avril 1658 où elle révoque quant à ce son arrêt de 1655.

« C'est ainsi que nos Litanies nous ont mis à l'abri, et nous ont conservé notre franc salé (1) ».

Le prieur de Fontaines était alors Jean de Saint-Lazare. Ce fut lui qui eut la douleur de voir la congrégation prendre à l'égard de son monastère une décision qui eût arraché des larmes à Jean de Saint-Malachie, si Dieu ne l'eût auparavant rappelé de ce monde. Au chapitre général tenu à Bordeaux, l'an 1654, il fut statué, vu le manque absolu de ressources pour pouvoir continuer et achever la basilique de Saint-Bernard à Fontaines, que l'entreprise serait abandonnée et l'ouvrage détruit.

En relatant ce fait, Louis Gellain ne peut s'empêcher de jeter un blâme à sa congrégation. « Il ne reste, dit-il, d'une si grande entreprise que les fondations et bien de l'argent perdu. Autant ce me semble, eût-il valu finir puisqu'on avait commencé et qu'on était même fort avancé. » Plus loin, ayant à parler encore de la basilique : « On a vu, dit-il, la triste fin de cette entreprise que je n'ai garde de rapporter ici de nouveau, puisque la pensée seule me révolte (2). »

A partir de 1654, on se mit donc à démolir ce que l'on avait si solennellement inauguré en 1619 et élevé depuis lors avec tant de soin et de peine. Après quoi, dit Louis Gellain, « nous avons fait de la pelouse un pré qu'on a régulièrement fauché jusqu'en 1746. Nous y avions aussi planté trois allées d'arbres, dont deux se voient encore, et la troisième qui était au bas de l'escalier, n'a été coupée qu'en 1739, parce qu'elle donnait trop d'humidité au bâtiment (3). »

1. Invent. de Louis Gellain, p. 75.
2. Ibid, p. 12 et 312.
3. Ibid, p. 12.

De 1658 à 1671 les efforts et les ressources furent concentrés sur le bâtiment de la communauté.

Çà et là l'on était touché de la gêne au sein de laquelle se trouvaient les Feuillants. Les habitants de Saint-Seine entre autres leur envoyèrent un secours, ce qui motiva cette lettre du duc d'Epernon aux Elus des Etats de Bourgogne (1).

A Messieurs les Eleus des Estats de Bourgongne.
Veue le xxi mars 1659.

MESSIEURS

Les habitants de Saint-Seyne ayant accordé aux bons pères Feuillans de Fontayne pour les aider à advancer leur bastiment quelque gratification, dont ces religieux ne peuvent ressentir l'effet que par le consentement et la facilité que vous y apporterés, je vous conjure de ne leur refuser pas l'expédition des ordres qu'ils ont besoing de retirer de vous pour pouvoir toucher la partie que l'on leur a cédée. J'ay eu de tout temps une vénération particulière pour le grand saint Bernard que je regarde comme mon patron et l'un des principaux protecteurs de la province. Je vous auray obligation de ce que vous contribuerés aux édifices et à l'honneur de la maison qu'il a habitée sur la terre. Je me promets que la prière que je vous ai fait fortifiera l'inclination que je présume que vous y avés, et me procurera une nouvelle marque de la considération que vous faites sur les choses qui vous sont recommandées,

Messieurs

De Paris ce 14 febvrier 1659 par vostre tres fidelle serviteur
Le duc d'Espernon.

En 1670 ou 1671, les religieux s'installèrent enfin dans le bâtiment neuf, comprenant au rez-de-chaussée le cloître, la salle capitulaire, le réfectoire et la cuisine ; à l'étage supérieur, le dortoir, distribué en cellules, sur moitié de sa largeur. Cependant ils conservèrent, pour

---

1. Archiv. de la Côte-d'Or. Correspondance des Etats.

le réfectoire et la cuisine, l'installation précédente. « En 1671, dit Louis Gellain, on a fait le nouveau parloir, je dis nouveau, parce qu'auparavant on se servait pour cet usage de l'appartement qui est au bas de la grande tour, et de même, pour les chambres, on se logeait comme on pouvait dans le vieux château (1). »

C'est vers cette époque qu'un dessin de « Fontaine S. Bernard près Dijon » levé par Israel Silvestre, fut gravé par Perelle. Cette petite gravure devient de plus en plus rare, et nous l'avons fait reproduire en lithographie, *Planche 15*. Ceux qui pourront confronter la planche avec l'original, seront frappés de la fidélité de la reproduction.

En cette gravure le monastère des Feuillants apparaît dans son ensemble, un peu masqué par l'église paroissiale. De gauche à droite, au sommet de la colline, on aperçoit d'abord un jardin que les religieux avaient créé sur l'ancien terre-plein du château, puis la petite tour, — la grande tour, ancienne tour d'entrée, — la grosse tour renfermant au rez de chaussée les deux coupoles, — la tour du clocher, surmontée de la statue de saint Bernard, — enfin le grand bâtiment neuf. — A l'extrémité de ce bâtiment se dessine, mais à un plan beaucoup moins éloigné, en avant même du chevet de l'église, la tour d'un moulin à vent que les Feuillants avaient fait construire en 1653, dans les petits terrains qu'ils possédaient au-dessus de la fontaine.

Du reste, une interprétation exacte du dessin d'Israel Silvestre a permis de représenter sous meilleur format, *Planche 16*, la vue, entièrement démasquée, du monastère à cette époque.

Si l'on rapproche ce dessin de ceux de Martellange, on reconnaîtra que les Feuillants avaient jusque là conservé tout ce qu'ils avaient pû de l'ancien château. Un peu plus tard, ils regardèrent moins à démolir.

---

1. Invent. de Louis Gellain, p. 45.

Leur bâtiment neuf avait dû être construit avec goût. Il n'en reste que la porte extérieure, représentée *Planche 17*. Le *Rapport de l'architecte Nogaret*, donné en appendice au paragraphe 4, en indique la distribution et les annexes.

Nous avons fini d'exposer ce qui concerne les constructions des Feuillants. Il n'y eut plus désormais que des remaniements, dont quelques-uns s'expliquent par la vétusté de plusieurs constructions ou les accidents survenus, mais les autres furent tout à fait regrettables.

Un remaniement de ce second caractère s'effectua en 1724.

Le prieuré de Fontaines possédait quelques maisons à Dijon. L'une d'elle était située rue Porte aux lions, à l'angle de la rue Condé compris maintenant dans le palais des Etats. Au commencement de l'année 1724, quand furent dressés les alignements de la rue Condé, la ville abandonna aux religieux le terrain contigu à leur maison, pour la prolonger, mais, à la charge de bâtir selon la forme et les plans arrêtés par les commissaires. Les Feuillants, qui ne furent jamais riches, eurent vite épuisé dans cette construction leurs ressources disponibles. Pour diminuer les dépenses nécessaires à l'achèvement de l'ouvrage, « on s'avisa, dit Louis Gellain, de faire démolir, au monastère, une partie de la grande tour et d'en transporter les pierres à Dijon (1) ». C'est alors que la grande tour prit la forme sous laquelle elle est représentée, Tome I, *Figure 1*, forme qu'elle a conservée jusqu'à la restauration de la maison natale de saint Bernard, entreprise en 1881. La tourelle, ancienne guette du château féodal, qui liait cette grande tour d'entrée à la grosse tour, perdit alors ses étages les plus élevés, si même elle ne les avait déjà perdus auparavant.

Vers 1750 eut lieu un autre remaniement plus malheureux encore. Louis Gellain n'en dit mot, par discré-

---

1. Invent. de Louis Gellain, p. 109.

PL. 15

tion peut-être, car à l'époque où il rédigeait son inventaire, les auteurs du fait devaient être survivants ; puis probablement aussi parce que l'aménagement nouveau pouvait être appréciable au point de vue utilitaire, et Louis Gellain se place généralement à ce point de vue pour juger des hommes et des choses. Les *Etats du temporel* du monastère (1) et le monument lui-même bien étudié ont livré le secret.

Au Sud du logis des coupoles, entre la grande et la grosse tour, appuyé à l'intérieur contre la tourelle de la guette, existait un petit bâtiment appelé dans les chartes du XV° siècle la petite maison. Il avait fourni quelques chambres aux religieux pendant les premiers temps de leur installation. Une fois logés dans le bâtiment neuf, on eut l'idée d'utiliser l'ancienne petite maison pour agrandir l'église. La bâtisse fut donc reprise et transformée de façon à former un sanctuaire en face du chœur des religieux, qui se trouvait à l'autre extrémité, au Nord de l'édifice. Jusque là le maître autel occupait la chapelle la plus rapprochée du chœur, puis venaient successivement la chapelle de Saint-Bernard, et celle de la Sainte-Vierge. Les trois autels étaient adossés au mur occidental de l'église, et celui de Saint-Bernard était au milieu des deux autres. Par suite du remaniement de 1750, le maître autel fut reporté dans le nouveau sanctuaire, et placé en regard du chœur ; l'autel de la Sainte-Vierge devint le deuxième, et celui de Saint-Bernard le troisième et dernier.

Cette désorientation de l'église des Feuillants a été la principale cause de l'erreur commise au commencement de ce siècle, quand on voulut reconnaître la chapelle Saint-Bernard ou chambre natale, dans les restes de cette église échappés au vandalisme de 1793.

Le prolongement donné à l'édifice n'eut d'ailleurs

---

1. Archiv. de la Côte-d'Or, H. 996, layette Etats du temporel : voir année 1758.

aucun caractère architectural, et ne s'harmonisait nullement avec les charmantes coupoles élevées de 1619 à 1626.

Par suite du changement apporté dans l'ordonnance de l'église, la sacristie, qui paraît avoir occupé primitivement le rez-de-chaussée de la tour du clocher, fut transférée au bas de la grande tour, dans l'appartement qui avait longtemps servi de parloir (1).

Un peu avant le regrettable remaniement dont il vient d'être parlé, les Feuillants avaient relevé le bâtiment de l'ancien château dont on avait fait la cuisine du monastère. On lit en effet dans l'*Etat du temporel* de 1740 : « La communauté étant obligée de se chauffer à la cuisine, faute de chambre à cheminée qu'on put habiter, et ladite cuisine étant insupportable, autant à cause de sa construction affreuse que par rapport aux incommodités qu'il y a à souffrir ordinairement, nous avons été dans la nécessité de nous faire une demeure plus logeable. Pour cet effet, nous avons fait, sur le même lieu et les mêmes fondements, un bâtiment dans lequel nous avons renfermé le réfectoire, la cuisine, et la dépense. En même temps nous avons fait de l'ancien réfectoire une salle propre à recevoir les séculiers et à nous chauffer (2). »

Les dernières constructions furent, vers 1780, la reprise à neuf du bâtiment du Sud, appelé par les Feuillants la petite tour. Il fut agrandi sur la façade du Levant, et mis presque à l'alignement de la grande tour.

1. Etats du temporel.
2. Ibid.

APPENDICE

INSCRIPTIONS LAPIDAIRES
de 1619

Sur la pierre qui recouvrait la première :

Quo fonte (Deo dante benignitatem), ortu melliflui Doctoris et Cytharistæ Mariæ, S. Bernardi, Benedictionum cœlestium effluxit orbem inundans consolatio, eodem merito refluente totius orbis gratitudine, Maximus Iustitiæ cultor Ludovicus XIII, Francorum et Navarræ Rex Christianissimus, Pietatis suæ erga Deum, et Venerationis in Sanctum, tanto fulgore Regnum ejus decorantem, solemne et æternum erigere monumentum statuens, ædem sacram D. O. M. in honorem dicti Sancti mansionemque religiosam humillimis ac devotis oratoribus Monachis Fuliensibus, Munificentiis Regiis extruxit, fidens (uti supplici voto a Deo expostulat) patrocinio S. Bernardi et precibus electissimo hoc ejusdem S. Nativitatis loco institutis et fundendis, se cum Serenissima et Charissima Conjuge Anna Austriaca et sospitate et prole optanda donandum, atque ita vigorem Liliis Gallicis, odorem et venustatem additurum, ut Liliis cœlestibus tandem immisceri, et sicut Lilium germinare, et florere in æternum valeat, ante Dominum. (1)

---

1. Le texte de toutes ces inscriptions lapidaires est emprunté à l'opuscule de Jean de Saint-Malachie. Elles ont déjà été réproduites plusieurs fois, notamment par Chrysostome Henriquez, *Menolog.*, 20 août, et par M. Guignard, Migne, col. 1648 et suiv. — Les pierres arrachées des murs, au moment de la démolition de la basilique, en 1654, furent inévitablement dispersées. Il s'en est retrouvé plusieurs, éparses dans le village, les unes intactes, les autres mutilées. Etaient intactes celles des Princes et des Grands, n° V, — de la province de Bourgogne, n° VII, — des provinces Belges, n° XXV. On a reconnu des fragments des pierres de la province de France, n° X, de la province des Allobroges, n° XIX, et de tous les ordres religieux, n° XXIX. Deux autres fragments se rapportent à des inscriptions que J. de S. Malachie n'a pas publiées.

Sur les autres pierres :

I.

PII PATRIS THESSELINI, BEATAE ALETH MATRIS, BEATORVM QVIN-
QVE FRATRVM ET SORORIS DIVI BERNARDI, pro tanto huic loco,
in quo sancta Mater beate vixit et obdormivit, cæteri primi-
tias spiritus susceperunt, eorumque charissimo Nato et Fratri S. Bernardo meritis toto Orbe conspicuo novissimo tri-
buto honore, Dulcis in Deo jubilus Regiæque pietati devota
congratulatio.

II.

SANCTAE SEDIS APOSTOLICAE, quam D. Bernardus, potenti zelo,
in rebus procellosis pro virtute sibi a Deo data opportune
fulcivit, in eundem Divum Bernardum Summa devotio.

III.

SERENISSIMAE REGINAE MARIÆ MEDICIS, MATRIS CHRISTIANISSIMI
REGIS LVDOVICI XIII, in S. Bernardum, eo quod, cum ab ad-
ventu suo ad Regium thalamum (uti coniux gloriosæ memo-
riæ HENRICI MAGNI), sub voto prolis meritis dicti Sancti obti-
nendæ, eidem Parisiis cum Rege ipso solemnem impendis-
set honorem, consequenter sibi fœcunditas, qua nulla fœli-
cior desiderari potuit, concessa fuerit, Augusta et munifica
devotio.

IV.

SERENISSIMORVM PRINCIPVM, REGIS CHRISTIANISSIMI LVDOVICI XIII
GERMANI FRATRIS, ET SORORIS CONIVGIS PRINCIPIS HISPANIARVM,
SORORIS QVOQVE PRINCIPIS PEDEMONTIVM, ET SORORIS ALTERIVS
IVNIORIS in S. Bernardum cuius meritis et precibus suas ful-
cire cupiunt sublimitates, suoque tempore, Deo volente, so-
bolem impetrare, Regalis et honorifica devotio.

V.

PRINCIPVM ET PROCERVM ORBIS, Galliæ maxime Regni, nobi-
liumque et Aulicorum, pietatis Regiæ sequacium, in S. Bernardum, quem ut vas a Deo electum, et qui nomen ejus et

verbum salutis fructuosissime coram Regibus, Principibus et Populis portavit, omnes magnificant et honorificant, Serena et sincera devotio.

VI.

ALMAE VRBIS ROMAE Orthodoxæ fidei matris in S. Bernardum, in qua tam gloriose mirificavit Dominus Sanctum suum, ut sedatis non semel intestinis eius tumultibus, paceque Ecclesiæ per eum reddita, Pater Patriæ acclamatus fuerit, Firma et famosa devotio.

VII.

PROVINCIAE BVRGVNDIAE, in suum totius decoris et sanctitatis solem S. Bernardum, cuius pietatis et doctrinæ radiis toto orbe honorifica splendet, Pretiosa teneraque devotio (1).

VIII.

ALMAE DIVIONIS, totius provinciæ Metropoleos, in S. Bernardum, quem suum continuo aspicit, colit, et invocat tutelarem, Familiaris et medullita devotio.

IX.

PROVINCIAE CAMPANIAE, in sibi a Deo datum et Præcipuo favore commendatum insignem pietatis thesaurum S. Bernardum, Ardens et solemnis devotio.

X.

PROVINCIAE FRANCIAE, Lutetiæ maxime Regiæ civitatis, in S. Bernardum, quem magnalia Dei loquentem et operibus exhibentem, Spiritu Sancto cooperante, sæpius videre meruit, Decora et suavis devotio.

---

1. Jean de S. Malachie n'a pas reproduit exactement les textes gravés, comme on peut le voir en confrontant celui-ci avec le texte relevé par nous sur la pierre. Voir *S. B. et le Château de Fontaines*, tome II, p. 5. De même pour le texte n° V, celui que porte la pierre est moins développé : « Principum et procerum orbis. Galliæ maxime Regni nobilium et aulicorum in S. Bernardum, quem ut vas a Deo electum ut nomen ejus portaret coram regibus et principibus et populis, omnes magnificant et honorificant, serena et sincera devotio. » — Sur la pierre des provinces Belges, n° XXV, l'inscription ne diffère que dans la conclusion ; on lit seulement : « sancta devotio ».

XI.

PROVINCIAE PICARDIAE, in S. Bernardum, quem opere et sermone potentem, multa pietate amplexata et venerata est, Efficax devotio.

XII.

PROVINCIAE NORMANIAE, in S. Bernardum, quem ministrum salutis fidelem, et beneficum insignem, habuit, Eximia devotio.

XIII.

PROVINCIAE PICTAVORVM in S. Bernardum, quem virum totum Apostolicum, miraculis undique coruscantibus, admirata est, Profusa devotio.

XIV.

PROVINCIAE AQVITANIAE in S. Bernardum, cui, præter alia beneficia, Guillelmi Ducis acceptam refert utilissimam et mirandam Orbi conversionem, Sollicita et grata devotio.

XV.

PROVINCIAE BRITANNIAE in S. Bernardum, quem de principe tenebrarum in Dei brachio gloriose triumphantem, honore prosequuta est, Exquisita devotio.

XVI.

PROVINCIAE THOLOSANAE in S. Bernardum, quem profusis e cœlo signis insignem se gloriatur Religionis reparatorem habuisse, Gratiosa et sedula devotio.

XVII.

PROVINCIAE PROVINCIAE in S. Bernardum, quem Cœli Clavigerum comitantem dum ex Italia Gallias accederet, ac in tam celebri curia et frequentia, mirabili fretum Spiritus ac Pontificiæ benevolentiæ authoritate, negocia regni Dei pertractantem iocunda conspexit, Integra et fragrans devotio.

XVIII.

Provinciae Delphinatvs in S. Bernardum, quem virtutibus micantem, obstupescens et lætabunda intuita est, Religiosa devotio.

XIX.

Provinciae Allobrogvm in S. Bernardum, qui eam amabili sua præsentia, et desiderata benedictione, necnon magnarum virtutem operatione, sæpius exhilaravit, Vigens et accensa devotio.

XX.

Provinciae Lotharingiae in S. Bernardum, quem illa usque ad vitæ extrema, de suo bono sollicitum, et manum pro se ad fortia mittentem, Deo signis sequentibus cooperante, fœliciter experta est, Pia devotio.

XXI.

Comitatvs Bvrgvndiae in S. Bernardum, quem charismatibus supernis mirifice ornatum, et gratia sanitatum illustrem, multa alacritate comprobavit, Chara et germana devotio.

XXII.

Regnorvm, Provinciarvm et mvltarvm inclitarvm civitatvm Italiae in S. Bernardum, quem ut Angelum Dei, mirabilia pro sua subventione et consolatione facientem et immutantem, intimis viceribus susceperunt et honorarunt, Perpetua et insignis devotio.

XXIII.

Regnorvm et provinciarvm Germaniae a S. Bernardo perlustratarum, et innumeris miraculis in fervore fidei erectarum et corroboratarum, in eundem D. Bernardum Ingens et universalis devotio.

XXIV.

Regnorvm Hispaniae D. Bernardi miraculis et beati Nivardi, ex germanis ejus natu minoris, a S. Bernardo eo ad fundandum Ordinem suum missi, præclaris gestis et fœlici obitu illustratorum, In eosdem sanctos celebris devotio.

XXV.

Provinciarvm Belgicarvm in S. Bernardum, quem veluti alterum Apostolum, prædas dæmoni ubique diripientem, Christoque animas aggregantem, in signis atque portentis, summo iubilo aspexerunt, Sancta et notabilis devotio (1).

XXVI.

Regnorvm Angliae et Hiberniae, pro quorum antiqua Pietate tuenda et firmanda mirifica D. Bernardus præstitit, apud eundem Divum Bernardum, veluti denuo Ecclesiæ bono in domo sua paterna renascentem, auxilii erga Deum super eorum desolatione, quo mitius cum eis agatur seu ex toto vertatur in gaudium, Instans expostulatio.

XXVII.

Totivs sacri ecclesiastici ordinis in S. Bernardum, quem devotissimum Parentem, puritatis scilicet et sanctitatis eius erga Deum, dignitatis quoque erga homines, insignem promotorem fatetur et colit, Splendida devotio.

XXVIII.

Doctorvm et professorvm theologorvm omnium Academiarum in S. Bernardum, Parisiensis maxime celeberrimæ, quæ ei sæpius pretiosa lucra Christo offerenda tradidit, quem tanquam Theodidactum, et qui ad divinorum saporem studia eorum valde alliciat, omnes venerantur, Venusta et laudabilis devotio.

XXIX.

Omnivm ordinvm religiosorvm in S. Bernardum, quem ut appositum et rutilans in Domo Dei vitæ Christi exemplar, fidelemque et tenerum incipientium, et proficientium, et perfectorum, in semita spirituali Ducem et Patrem, lac et soli-

---

1. Voir p. 53, note.

dum cibum ministrantem, unanimiter agnoscunt et colunt, Accurata et fervens devotio.

XXX.

OMNIVM ORDINVM MILITANTIVM EQVITVM in S. Bernardum, quem ut in Militia spirituali ducem ita de Militia temporali in Deum ordinanda præcepta et regulas dantem omnes religiose audiunt et suscipiunt, Strenua devotio.

XXXI.

INCLYTI MONASTERII CISTERCII universique ex eo defluxi ordinis Cisterciensis in electum totius splendoris et sanctimoniæ eius Principem, S. Bernardum, Clarevallensium maxime filiorum in tam amabilem et meritis excelsum Parentem, Intima et præcipua devotio.

XXXII.

ADMODVM REVERENDI PATRIS SVPERIORIS TOTIVS CONGREGATIONIS B. MARIAE Fuliensis, ordinis Cisterciensis, omnium Monasteriorum, singulorumque religiosorum eiusdem Congregationis in S. Bernardum Patrem eorum suspiciendum, eo quod publicæ consolationi, et eorum usibus construi domum suam paternam, pia dignatione a Deo obtinuerit, et bono odore Christi, quem spirat totus, Regiam Maiestatem Christianissimam Orbem post se ad opus trahentem, hoc aggredi fecerit, Humilis gratitudo et hilaris devotio.

XXXIII.

OMNIVM QVI PRO SACRA AEDE D. O. M. in Sanctis suis mirabili, in honorem Divi Bernardi spectabili hoc eius nativitatis loco construenda, divina gratia inspirante, et eis cœlestes thesauros pro terrenis, et Amicum potentem, qui eos in æterna recipiat tabernacula, præparente, sua contulerunt, aut collaturi sunt beneficia, Ingenua et provida devotio.

INSCRIPTIONS DE LA CLOCHE
DONNÉE PAR LA VILLE DE DIJON (1)

######## Fonte de 1622.

Sous les anses :

Novit religiosa Divionensis civitas quia magnificavit Dominvs misericordiam suam cum illa, dum ei fidelem destinavit patronvm et tvtelarem quem magnum universæ Ecclesiae constituit doctorem et propugnatorem sanctvm Bernardvm; hujus dati optimi grates donis refert piis, divinvm ipsum numen meritis ejusdem sancti peroptans semper habere placatum. †

Et plus bas autour de la cloche :

In benedictione sancta Bernardvs dicta sum Benigno Compassore, baroni de Covrtivron et Divionensivm vice comiti majore, et Clavdia Dorge nobilissimi quondam baronis de Thiange vidua svsceptoribus gratissimis. Anno 1622.

######## Fonte de 1735.

In benedictione sancta Petrus Anna dicta sum, Joanne Petro Burteur in suprema Burgundiæ curia senatore ac divionensium vice comite majore, et Anna de Maisières uxore nobilissimi Marci Antonii Chartraire comitis de Biaire et de Montigny, domini de Marcelois, ordinum Burgundiæ ærario præfecti, et Semurii urbis, et artium regii præfecti, susceptoribus gratissimis. Anno 1735. — Boier et les Gillots m'ont fait.

1. Archiv. de la Côte-d'Or, H. 996, layette F.

§ 2

FONDATIONS

L'objet de ce paragraphe n'est pas d'enregistrer les prières, messes, services fondés dans l'église du prieuré de Fontaines — cette liste offrirait peu d'intérêt — mais de faire connaître les fondateurs eux-mêmes, l'importance de leurs dons, ainsi que les intentions et les charges où il y aurait quelque particularité vraiment digne d'être signalée (1).

1. Fondation Françoise Hurault, 1613. Cette fondation a été notifiée au paragraphe précédent. Louis Gellain, en faisant le recensement des titres et actes capitulaires conservés dans les archives du prieuré, n'en trouva aucun, émanant directement des religieux de Fontaines, qui fît preuve de leur reconnaissance envers leur première fondatrice. L'on s'était acquitté des charges imposées, sans y rien ajouter. Ce fut sans doute à l'instigation de l'auteur de l'*Inventaire* que, dans un acte capitulaire daté du 4 janvier 1770, les religieux

---

1. Voir Invent. de L. Gellain, et Archiv. de la Côte-d'Or, H. 996.
Sur plusieurs des fondateurs dont les noms suivent, ou du moins sur leurs familles, on trouve des renseignements dans : *Le Parlement,* — *Armorial de la chambre des comptes,* — *La noblesse aux États de Bourgogne,* — *Galerie bourguignonne* ; également dans les grands ouvrages généalogiques ou biographiques. Pour ceux-là, il suffit donc de renvoyer aux sources indiquées. Quant aux autres, d'une notoriété moindre ou nulle, il n'a pas été possible de leur composer une notice.

s'obligèrent spontanément à dire, à perpétuité, une grande messe de *Requiem* le 23 décembre, anniversaire du décès de madame de Maisons.

2. FONDATION JOACHIM DAMAS, 1613. Notifiée au paragraphe précédent.

3. FONDATION PIERRE BOUHIER, avant 1616. Pierre Bouhier, conseiller au parlement et commissaire aux requêtes, légua aux Feuillants la somme de 800 livres. Ses héritiers testamentaires furent le conseiller Jean Bouhier et Jacques Venot, élu vicomte mayeur en 1619. L'acte de fondation n'existe plus; Louis Gellain lui-même n'a pu le découvrir; mais deux contrats de 1616 rappellent la donation précédemment faite par Pierre Bouhier.

4. FONDATION PIERRE ODEBERT, *prima vice*, 1616. Pierre Odebert, conseiller au parlement et président aux requêtes, donna aux Feuillants, par contrat du 14 juin 1616, la somme de trois cents livres. Cette somme avait été promise auparavant, comme le prouve une autorisation donnée le 6 janvier 1616 par le supérieur général, Dom Sans de Sainte-Catherine, qui était venu visiter Fontaines. Voici le texte de cette autorisation :

Nos frater Sancius a Sancta Catharina, congregationis beatæ Mariæ Fuliensis ordinis cisterciensis superior generalis, licentiam impertimur reverendo domino Joanni a Sancto Malachia, superiori hujus monasterii Fontanensis paternæ domus divi Bernardi, et fratribus ejusdem loci, contrahendi cum nobilissimo domino Odeberto preside, pro fundatione unius missæ singulis hebdomadis anni in perpetuum privatim dicendæ, ea lege ut centum illi nummi quos predictus dominus Odebertus pro ejusmodi fundatione offert, emptioni alicujus fundi terræ monasterio vicinæ quæ ad majorem monasterii utilitatem cedat, applicentur. In quorum fidem presentes manu nostra subscriptas et officii nostri sigillo munitas dedimus in predicto monasterio Fontanensi, die 6 januarii 1616.

Frater Sancius a Sancta Catharina superior prefatus.

Pierre Odebert fit du bien à beaucoup d'autres établissements religieux, et fonda l'hospice Sainte-Anne, le 2 janvier 1633, pour y recueillir des enfants orphelins.

5. Fondation de S. M. Louis XIII, 1618. Notifiée au paragraphe précédent.

6. Fondation de Villeneuve, vers 1620. Madame de Villeneuve, veuve de M. de Vellepelle, avocat général au parlement de Bourgogne, légua aux Feuillants, vers l'an 1620, la somme de 3200 livres, qui fut effectivement versée par « la très noble marquise de Trenel, héritière » de la donatrice. Cependant, vingt ans plus tard, les religieux ne trouvèrent dans leurs archives aucun titre spécial rappelant cette donation avec ses charges. C'est pourquoi, à leur demande, le chapitre général tenu à l'abbaye du Val en 1640 reconnut cette fondation par un acte capitulaire.

7. Fondation Nicolas de Cuigy, 1617 et 1624. Notifiée au paragraphe précédent, et, tome I, p. 49. Nicolas de Cuigy, receveur général des bois et des Etats, et Anne Massol, sa femme, firent don au prieuré de Fontaines de quelques pièces de terre, et d'une somme de 4000 livres. Mention est faite, dans l'acte de fondation, de Roger de Cuigy leur fils.

8. Fondation Bernarde Caillet, 1623 et 1627. Le 30 décembre 1623, par devant Jean Tardy notaire à Dijon, « honorable homme François Fleutelot, marchand audit lieu, et dame Bernarde Caillet, sa femme, pour le bon zèle et dévotion qu'ils ont à Monsieur sainct Bernard, en l'esglise de Fontene, ont faict donation aux révérends pères religieux du monastère de la dicte esglise

(de moitié) d'une pièce de terre labourable, scise au finage dudict Fontene, au lieu dict derrière le château ». Cette pièce de terre devait appartenir en propre à Bernarde Caillet, car dans son testament dicté le 11 décembre 1627, du vivant de son mari, elle donne le tout aux religieux.

Maître Jean Caillet, procureur au parlement, possédait au même lieudit trois quartiers de terre, qu'il céda aux Feuillants par contrat d'échange, le 10 avril 1634.

9. FONDATION ELISABETH DE SERNEY, 1628. Le 18 août 1628, par acte reçu Béruchot, notaire à Dijon, « madame Elisabeth de Serney, dame d'Arbois et Germaine, veuve de messire André de Porcelet, chevalier, seigneur de Malianne, Vallez, Ville-Sainte-Marie, » donna au prieuré la somme de 1600 livres. Mention est faite de Jean de Porcelet, fils de la donatrice.

10. FONDATION ANTOINE RUZÉ, 1631. Notifiée, tome I p. 50. Contrat reçu Béruchot. Par l'acte de dévotion qu'il accomplit au sanctuaire de saint Bernard le 31 mars 1631, Antoine Coeffier dit Ruzé, marquis d'Effyat et de Lonjumeau, recommandait en quelque sorte son âme à Dieu, car il mourut le 27 juillet de l'année suivante. Au sujet de la lampe qu'il avait donnée, « il y a déjà du temps, disait Louis Gellain, en 1770, que pour se conformer aux intentions de Sa Majesté elle a été, avec beaucoup d'autres choses, portée à la monnoye ».

11. FONDATION CATHERINE JACOTOT, 1639. Le 5 février 1639, par contrat reçu Béruchot, Catherine Jacotot, « veuve de noble Jean Dugay conseiller du roi et contrôleur général du taillon en Bourgogne et Bresse », donna cinq journaux de terre, situés au village de Pluvet. Ces terres furent vendues plus tard par les religieux qui, avec le produit, en achetèrent d'autres plus à leur portée.

12. Fondation Noel Danon, 1647. Le 21 septembre 1647, par contrat reçu Bouhier, en exécution du testament en date du 28 janvier 1644 de Noel Danon, bourgeois de Dijon, fut donnée la somme de 300 livres par les soins de dame Elisabeth — *alias* Marguerite — de Gouvenain, veuve dudit Noel Danon.

13. Fondation Bénigne Jacotot, 1649. Le 22 avril 1649, par contrat reçu Béruchot, noble Bénigne Jacotot, aumônier du roi, doyen de Saint-Etienne de Dijon et prieur de Léry, donna la somme de 300 livres.

14. Fondation Anne du Tixier, 1651. Par acte du 12 juillet 1651 reçu Huart, notaire à Paris, messire Michel Ferrand, sieur de Beaufort, conseiller au parlement de Paris, remit aux Feuillants de Fontaines la somme de 2000 livres, au nom de son épouse madame Anne du Tixier. La donatrice était fille de madame de Maisons, comme on l'a vu au paragraphe 1.

15. Fondation de S. M. Louis XIV, 1653. Notifiée au paragraphe précédent.

16. Fondation Pierre Odebert, *secunda vice*, **1661.** Le président Pierre Odebert, qui en 1616 avait donné 300 livres aux religieux de Fontaines, ajouta, en l'année de sa mort, le 11 avril 1661, la somme de 3000 livres. Cette donation fut faite par devant Regnault, notaire à Dijon, et acceptée « par Dom Nicolas de Saint-Pierre, prieur du monastère de Saint-Bernard de Fontaines-lez-Dijon establyen la maison paternelle dudict glorieux saint-Bernard, autorisé du R. P. Dom Jean de Saint-Joseph, provincial de la congrégation de N. D. des Feuillants dans la province de Bourgogne dite de Saint-Bernard ». Jean de Saint-Joseph était prieur de Châtillon. Une lettre autographe qu'il écrivit au président Odebert, le 9 avril 1661, existe encore au dépôt des Archives départementales.

17. Fondation Claude Besancenot, 1663. Par acte du 16 mars 1663 reçu Colin, madame Jacquette Boulenot, veuve de maître Claude Besancenot procureur au parlement, remit aux Feuillants, au nom de son mari défunt, la somme de 400 livres.

18. Fondation Louise Porcelet, 1667. Le 4 mai 1667, par contrat reçu Houdaille, madame Louise Porcelet, épouse de noble Jean Borot conseiller secrétaire du roi et contrôleur en la chancellerie de Bourgogne, donna cinq quartiers de terre et deux maisons, le tout situé à Fontaines. La messe anniversaire qu'elle imposa comme charge fut fixée, dans le contrat, au jour de la fête de saint Bernard.

19. Fondation Ravart, 1675. Par acte capitulaire du 13 avril 1675, les Feuillants reconnaissent avoir reçu de Mr Ravart, prêtre mépartiste de Notre-Dame de Dijon, la somme de 99 livres, pour une messe tous les ans pendant l'octave de Saint-Bernard.

20. Fondation Marie Robelin, 1675. Par quittance du 14 octobre 1675 reçue Bryois, les Feuillants reconnaissent avoir reçu eux-mêmes de Mr Jean-Baptiste de Chaumelier, conseiller au parlement de Bourgogne, la somme de 500 livres, au nom de défunte dame Marie Robelin, son épouse.

21. Fondation Pierrette Gauthier, 1676. Par acte du 27 novembre 1676 reçu Bryois, madame Pierrette Gauthier, veuve de messire Jean de Clugny, conseiller du Roi, lieutenant général au baillage de Dijon, a donné cinq journaux de terre sur le finage de Fontaines.

22. Fondation Gestet, 1682. Par acte du 3 octobre 1682, le sieur Gestet, sergent en la mairie, a donné la moitié d'une pièce de terre située à Fontaines.

MONASTÈRE DES FEUILLANTS VERS 1700

23. Fondation Bonne Chouard, 1686. Par acte du 13 décembre 1686 reçu Haguenier, Antoinette Chouard veuve de Denis Brelinquet, marchand huilier à Dijon, reconnaît devoir aux Feuillants la somme de 600 livres à eux léguée en son testament par la veuve Bonne Chouard sa sœur.

24. Fondation Françoise Magnien, 1687. Par acte du 6 décembre 1687 reçu Clerget, demoiselle Françoise Magnien, demeurant à Dijon, a donné la somme de 100 livres.

25. Fondation Jeanne et Catherine Guillot, 1688, 1690, 1691, 1692. Par quatre contrats passés aux dates indiquées, demoiselles Jeanne et Catherine Guillot, maîtresses d'école à Dijon, donnèrent aux Feuillants la somme totale de 940 livres, à charge, outre les services religieux, d'envoyer chez le maître d'école de Fontaines six enfants du village, que les donataires désigneraient à leur gré.

A propos de cette charge particulière, Louis Gellain trace un programme que lui envierait presque la pédagogie contemporaine ; malheureusement il reproche à tout le monde de l'avoir fort mal observé.

« Il n'y a jamais eu, dit-il, et il n'y a pas encore de prix fixe et arrêté avec le maître de Fontaines, on lui a jusqu'à présent donné 9 francs par an. Il est visible que pour une somme aussi modique un maître ne peut se charger d'apprendre à lire, à écrire, et les principes de la religion à six enfans à la fois, et cependant nous y sommes obligés par la fondation. Je souhaiterais donc qu'on doublât même la somme, s'il était nécessaire, mais que ce fût un prix fixe et arrêté tant pour le maître actuel que pour ses successeurs, et qu'on eût l'œil à ce que les enfans fussent instruits. Pour cet effet, je n'en nommerais pas qui n'eussent huit ans accomplis, et je les y laisserais jusqu'à quatorze ; et pour m'assurer de leur travail je voudrais que chaque année, plutôt deux fois qu'une, ils vinssent tous ensemble faire preuve de leur avancement: cette exactitude à examiner leurs progrès ferait qu'ils s'appliqueraient davantage, empêcherait les parents de les distraire de l'école, et rendrait le maître attentif à les instruire de son mieux ; j'y joindrais même la menace de renvoyer ceux dont on ne serait pas satisfait. Il me semble qu'alors on pourrait se flatter de répondre à l'intention des fondatrices, et de ne pas, comme on a fait jusqu'à présent, donner son argent à pure perte ; car j'en ai vu qui après sept ou huit années de nomination ne sçavaient seulement pas lire, et cela par négligence de leur part, peu de soin du maître, aucune attention du côté des parents, et de notre part nulle vigilance. »

26. FONDATION ELISABETH GIGOT, 1690. Par acte capitulaire du 23 septembre 1690, les religieux de Fontaines reconnaissent avoir reçu des mains de Mr Filzjan secrétaire du roi, la somme de 100 livres léguée à leur maison par demoiselle Elisabeth Gigot demeurant à Dijon.

27. FONDATION MARGUERITE TONNELIER, 1692 et 1699. Par deux actes différents, l'un du 10 septembre 1692 et l'autre du 31 mars 1699, demoiselle Marguerite Tonnelier, demeurant à Dijon, donna aux Feuillants la somme de 1000 livres.

28. FONDATION CLAUDE SAVOT, 1693. Par son testament de janvier 1693, madame Claude Savot, épouse de messire Etienne Bossuet, conseiller au parlement de Bourgogne, légua aux Feuillants la somme de 100 livres. Deux mois après, le 7 mars 1693, l'argent fut versé par messire Jacques Savot, écuyer, seigneur d'Ogny, neveu de la donatrice, dont acte reçu Haguenier.

29. FONDATION CLAUDE MATHEY, 1699. Le 26 avril 1699, Claude Mathey, marchand à Hauteville, et Prudence Morel, sa femme, donnèrent la somme de 50 livres. Pour cette modique offrande, les religieux s'étaient chargés de deux messes à dire tous les ans dans l'église d'Hauteville ; ils obtinrent plus tard de les dire à l'église paroissiale de Fontaines et enfin dans leur propre église.

30. FONDATION BÉNIGNE SOUSSELIER, 1701. Par acte capitulaire du 12 février 1701, les Feuillants reconnaissent avoir reçu, à titre de fondation, la somme de 200 livres, legs testamentaire fait à leur maison le 8 novembre 1700 par madame Bénigne Sousselier, femme du sieur Gabriel Noriot, seigneur de Beauvernois.

31. FONDATION ANDRÉ FLEUTELOT, 1702. André Fleutelot, fils de François Fleutelot et de Bernarde Caillet, auteurs de la fondation cotée n° 8, donna un tiers de journal sur le finage de Fontaines, lieudit Côtes d'Ahuy. Cette donation, à charge de messes, est attestée par un acte capitulaire du 28 janvier 1702.

32. FONDATION BERNARD GONTHIER, 1703. Par acte du 22 août 1703, reçu Thoizon, Bernard Gonthier, écuyer, seigneur du Sauvement, demeurant à Dijon, s'engagea à donner 450 livres, par lui ou ses héritiers, et en attendant le versement de la somme, à en payer la rente, moyennant l'observation immédiate des charges. « Le versement, dit Louis Gellain, s'est fait en 1720 en cinq billets de banque, au moment pour ainsi dire qu'ils allaient être déclarés sans valeur, ce qui a empêché d'acquérir un fonds pour assurer la fondation. On n'a pu mieux faire alors que de placer sur le roi au denier cinquante, qui depuis a été réduit au denier cent ; cette somme fait partie de celle de 1390 livres que nous avons fournie à Mʳ Guibaudet pour le contrat de rente sur les tailles de la province. » (1)

1. Voir à la fin de ce paragraphe 2, p. 76.

33. Fondation Marthe de la Michodière, 1704. Par acte testamentaire du 11 avril 1704, reçu Fyot, Madame Marthe de la Michodière, épouse de messire Lazare Baillet, conseiller au parlement, légua la somme de 600 livres, qui fut versée sitôt après son décès, arrivé le 9 novembre, même année.

34. Fondation Souvert, 1714. Madame la présidente de Souvert avait légué la somme de 500 livres, mais ses héritiers n'en versèrent que 200 : attesté par un acte du 23 janvier 1714.

35. Fondation Etienne Filzjan, 1725. Messire Etienne Filzjan, seigneur de Talmay, conseiller au parlement et commissaire aux requêtes, et dame Marie de Bretagne, son épouse, afin de venir en aide aux jeunes apprentis que l'on plaçait dans les métiers, voulurent constituer à leur profit une rente de 100 livres. C'était le moment où s'élevaient les nouvelles constructions de la rue Condé. Les Feuillants avaient si peu d'argent disponible pour les travaux qui leur incombèrent de ce chef, qu'ils démolissaient, on l'a vu, les étages supérieurs de la vieille tour d'entrée du château de Fontaines, afin d'en transporter les pierres à Dijon. Le seigneur de Talmay, par acte du 4 avril 1725, reçu Masson, leur remit la somme de 3,000 livres aux conditions suivantes :

Les religieux devaient employer cette somme à la construction de leur maison rue Condé. — Une rente de 100 livres serait prise sur le revenu des loyers de ladite maison et consacrée à secourir des apprentis pauvres, garçons ou filles. — La nomination de ces apprentis serait faite annuellement et alternativement par les parties contractantes, savoir : la première année, 1726, par lesdits seigneur et dame Filzjan ; la seconde, par les Feuillants, et ainsi de suite, sans interruption. — Les nominateurs étaient tenus de se fournir annuellement et réciproquement la preuve des nominations qu'ils avaient faites.

Louis Gellain, absorbé dans sa régie du temporel et peu touché, semble-t-il, des intérêts différents de ceux de sa communauté, jugeait que ses confrères avaient jadis fait là un marché assez onéreux. Les réparations des maisons étaient coûteuses, et, si la fondation Filzjan donnait l'occasion d'exercer un acte de charité, elle ne procurait aucun avantage pécuniaire. « J'apprends, dit l'auteur de l'*Inventaire*, que la province est comme déterminée à suivre enfin le projet, dressé depuis du temps, d'acquérir toutes les maisons jusqu'à la Porte aux lions pour bâtir des hôtels à Messieurs les Elus et d'autres logements nécessaires pour la tenue des Etats ; je souhaite que tout de bon on en vienne à l'exécution, et pour dire en deux mots mon avis, je ne ferais nulle difficulté d'abandonner nos deux maisons à la province, elle se chargeant de la fondation de Mr de Talmay, et nous faisant cent écus de rente irrachetable. » Louis Gellain parle de deux maisons, car, car les constructions nouvelles élevées sur le terrain donné par la ville en avaient ajouté une seconde à celle qu'ils avaient acquise, en cet endroit, le 19 décembre 1654. Le calcul de Louis Gellain prouve que ces maisons pouvaient rapporter aux Feuillants 400 livres.

Le 1er février 1773, les deux maisons furent effectivement vendues à messieurs de la province, à contrat de rente, mais les Feuillants demeurèrent chargés de la fondation Filzjan. Au commencement de l'année 1784, le contrat ayant été remboursé, malgré l'opposition de Mr de Talmay, les religieux assignèrent au fondateur une nouvelle hypothèque, en garantie de la rente de 100 livres.

36. Fondation Claude Drey, 1745. Par acte capitulaire du 18 décembre 1745, les Feuillants, voulant reconnaître plusieurs bienfaits de Mr Drey, chanoine de la

Sainte-Chapelle du roi à Dijon, et notamment un don de 1,400 livres qu'il venait encore de leur faire dans le seul but de les obliger, s'imposèrent spontanément la charge d'un certain nombre de messes chaque année à son intention, une entre autres, de *Requiem*, le premier jour libre après l'octave de Saint-Bernard. Mr Drey avait un neveu nommé Mr Grignon, au décès duquel, bénévolement, les religieux célébrèrent aussi 50 messes pour le repos de son âme.

37. Fondation Jeanne de Siry, 1772. Par acte capitulaire du 1er janvier 1772, les Feuillants s'engagèrent à dire chaque année une messe à l'intention de Mme Jeanne de Siry, veuve de Nicolas de la Barre, lieutenant-colonel au régiment de Brancas. Madame Siry de la Barre avait donné 639 livres pour le nouveau maître-autel, érigé alors en face du chœur des religieux.

A l'acte de cette dernière fondation est attaché le sceau du monastère de Fontaines; on le trouve encore sur un autre acte du XVIIe siècle, celui de la fondation Ravart.

Nous donnons la reproduction exacte de l'empreinte déjà bien effacée.

FIGURE 1.
Sceau du prieuré de Fontaines.

Ce sceau présentait donc la Vierge et l'Enfant-Jésus accostés de deux branches de laurier. Sur le ruban qui entourait l'effigie, on lisait en abrégé : † *Sigillum monasterii Fuliensis Sancti Bernardi Fontanensis.*

Les armoiries du couvent étaient: *De gueules à une Vierge tenant son Enfant-Jésus, le tout d'argent* (1).

La nomenclature qui précède ne saurait contenir les noms de tous les bienfaiteurs du prieuré. Car, bien que les Feuillants aient, par reconnaissance, transformé en fondations des dons qui leur avaient été faits sans cette condition expresse, ils n'ont cependant pu agir ainsi à l'égard de toutes les offrandes.

A Fontaines, Jean Brechillet, maire du lieu, donna une petite pièce de terre, le 22 mars 1617. Il en a déjà été fait mention.

De temps à autre, le berceau de saint Bernard recevait quelque offrande du clergé régulier ou du clergé séculier. Dans l'*Etat du temporel* de 1755, mention est faite d'un don de 100 livres, par Mr l'abbé de Salem; d'un autre de 24 livres, par Mgr l'évêque.

On a vu aussi précédemment l'intervention bienveillante de la ville de Dijon à propos d'une cloche de l'église du prieuré (2). Cette cloche fut certainement refondue en 1735, et bénite le 6 août par M. Gagne, doyen de la cathédrale et grand vicaire de Mgr l'Évêque de Dijon. Alors la ville donna en même temps un ornement pour la messe et une niche pour l'exposition du Saint-Sacrement (3). Mrs du conseil assistèrent à la cérémonie, le maire étant parrain (4).

La cloche en question avait été montée en 1621, tous les documents concordent sur cette date. D'après l'acte consigné au registre de la mairie B. 258, fol. 217-218,

---

1. *Armorial général de France*, généralité de Bourgogne, par d'Hozier, p. 115.
2. Voir p. 42 et 58.
3. Archiv. de la Côte-d'Or, H. 996, layette F.
4. Archiv. municipales de Dijon, B. 369.

le samedi 27 mars 1621, eut lieu dans l'église des Pères Feuillants de Fontaines, la bénédiction de deux cloches, par M. l'abbé de Cîteaux, la première tenue par le duc de Bellegarde et Mme Brulart, la deuxième par le Sr Venot, vicomte mayeur et la veuve de M. de Thianges. D'après un autre acte consigné M. 168, fol. 106, un religieux de Fontaines délivra, le 8 octobre 1621, quittance de 60 livres données au prieuré pour la fonte de la cloche de la chapelle Saint-Bernard, qui eut M. le maire pour parrain au nom de la ville.

Louis Gellain aura dû se méprendre en rapportant à l'année 1622 la bénédiction de la cloche tenue par le duc de Bellegarde. Mais suivant plusieurs documents — registre de la mairie de Dijon B. 369, fol. 99, et titres des Feuillants, Archiv. de la Côte-d'Or, H. 996, layette fondations — la cloche dont le Sr Venot fut parrain au nom de la ville de Dijon, aura été refondue en 1622, et tenue, au jour de la bénédiction, par la même marraine que l'année précédente, mais par un autre parrain, Bénigne le Compasseur, qui avait succédé comme maire au Sr Venot.

La présence de Nicolas Boucherat chez les Feuillants au 27 mars 1621, et le rôle qu'il accepta dans cette cérémonie, prouvent, comme nous l'avons déjà observé, que la grande abbaye de Cîteaux et l'humble prieuré de Fontaines étaient alors en relations de bonne confraternité.

Après Joachim de Damas, il n'apparaît pas que les seigneurs de Fontaines aient témoigné grande faveur aux Feuillants. Le conseiller de Gand était à peine investi de la seigneurie qu'il leur chercha querelle au sujet de la justice.

Par le contrat du 24 septembre 1613, les religieux étaient en effet devenus justiciers dans l'étendue du terrain objet de cette première acquisition. Alors, leur terrain était délimité par l'enceinte fossoyée. Mais ils comblèrent les fossés, sans les remplacer d'abord par aucune clôture. Plus tard, après de nouveaux acquêts qui agrandissaient leur domaine autour du monastère, ils fermèrent ce domaine par des murs. L'enclos qu'ils se bâtirent de la sorte, renferma, surtout au Nord-Ouest, des terres sur lesquelles ils n'avaient pas la justice. Du côté du Levant, au contraire, ils laissèrent en dehors de leur clôture une partie de l'ancien pourpris, notamment la pelouse ou esplanade, où la justice leur appartenait. De plus cette justice leur parut si peu de chose — Louis Gellain n'en parlait qu'en riant — qu'ils omirent de nommer un personnel justicier à leur service : juge, procureur, etc. Ils recouraient au ministère des officiers institués par le seigneur, quand, rarement, ils étaient obligés de poursuivre un coupable.

Or en 1655 le conseiller de Gand « se prétendant, dit Louis Gellain, à notre exclusion, seul seigneur au village et sur tout le territoire de Fontaines, indiqua la tenue des jours un mois après son acquisition, et désigna pour les tenir la porte de notre monastère. Nos confrères lui firent signifier que nous prendrions pour trouble tout acte de justice qu'il ferait audit lieu et qu'un procès s'ensuivrait. Mais il passa outre, les jours furent tenus, et le procès commença. Le sieur de Gand s'informa près de Mr de Barville, son vendeur, et apprit d'une façon certaine que le droit de justice dans le pourpris du dedans et du dehors nous avait été vendu par le sieur Damas en 1613. Il vit bien pour lors que le vent ne lui était pas favorable, et il s'appliqua en conséquence à éloigner le jugement. De notre part, au contraire, nous pressions et sollicitions vivement pour qu'il fût rendu. Mais ledit sieur eut plus de crédit que nous : le procès, pendu au croc, est encore à décider ; nous en avons été pour nos frais, c'est tout ce qui nous reste (1). »

Avec les héritières du conseiller, l'entente fut plus facile. Il n'y eut plus de querelle au sujet de la justice.

---

1. Inventaire de Louis Gellain, p. 29.-30.

En 1699, les religieux « délaissèrent à demoiselle Marguerite de Gand, dame de Fontaines, un héritage enfermé de murailles situé rue des Puits, devant la maison de ladite dame ; et, en échange, Marguerite de Gand céda aux Feuillants une pièce de terre en friche au champ d'Aloux, et amortit un cens de dix sols pour une demie livre de cire due par eux chaque année à la seigneurie, sur un petit jardin proche l'église dudit Fontaines, où était un moulin à vent (1). »

Sous Henri-Bénigne Bouhier, en 1734, des habitants de Fontaines ayant chassé et tué un lièvre dans l'enclos des Feuillants, les religieux réclamèrent contre les délinquants le ministère du juge du lieu, et firent sonner haut leur titre de « seigneurs en toute justice du château et pourpris de Fontaines. » Devant l'articulation de ce titre, le juge refusa le service qu'on lui demandait ; il soutint que messire Henri-Bénigne Bouhier avait seul toute la seigneurie et toute la justice. Si les Feuillants étaient justiciers, comme ils le prétendaient, où était donc leur personnel d'officiers ? « Sans délai, dit Louis Gellain, on nomma un juge, un procureur d'office et un greffier. Mais il fallut bien vite laisser l'affaire du lièvre et répondre à l'assignation de Mʳ Bouhier, qui nous attaqua en trouble au bailliage de Dijon. Nous n'eûmes pas de peine à prouver notre droit, et dès le 29 avril 1735 intervint une sentence dudit bailliage, qui débouta Mʳ Bouhier de son instance, et mit les parties hors de cour et de procès.

« Ledit sieur Bouhier fit appel au parlement ; mais comme il avait dans cette assemblée plusieurs parents au degré de l'ordonnance, nous obtînmes un arrêt du conseil qui évoquait notre cause au parlement de Besançon.

« Voyant que nous ne négligions pas notre droit, le

1. Srie de Fontaines.

sieur Bouhier parla alors d'accommodement (1). Le désir de finir cette affaire nous fit désister de l'arrêt qui transportait les débats devant une autre cour ; on revint au parlement de Dijon, l'accord fut dressé, et il y eut arrêt d'expédient le 17 avril 1742.

« Par cet arrêt, messire Bouhier reconnaît que nous avons droit de justice dans le château, pourpris, enclos, jardins, vergers et autres clôtures de notre monastère, selon le plan qui en a été dressé ; et nous reconnaissons de notre part que nous ne prétendons aucun droit de justice sur le surplus du village et du finage de Fontaine, non enfermé dans le plan susmentionné. »

Ce plan est reproduit *Planche 18*, avec la légende qu'y a mise Louis Gellain (2).

L'accord conclu avec le seigneur faisait perdre aux Feuillants le droit de justice sur la pelouse, mais le leur concédait sur tout le terrain qu'ils avaient annexé à l'ancien pourpris du château du côté Nord-Ouest.

Le terrain annexé resta soumis à la dîme au profit du décimateur, qui était le chapitre de Saint-Étienne.

« A propos des dixmes, voici, dit Louis Gellain, comment elles se payent. Pour froment, seigle, conceau, orge et avoine, on donne la treizième et la quatorzième alternativement. Pour la navette, de même, ou 15 sols par quartier. Le reste, comme pois, lentilles, haricots, chénevière, sarazin, turquis, etc., se paye à raison d'un écu par journal. Il n'y a positivement que les vignes, vergers et sainfoin, qui ne doivent rien (3). »

Outre les terres contenues dans l'enclos, les Feuillants en possédaient d'autres en différents climats du territoire de Fontaines, ainsi que sur les finages de

---

1. On voit par les titres de la seigneurie de Fontaines que Benoît-Bernard Bouhier, seigneur de Lantenay, oncle d'Henri-Bénigne Bouhier, fut l'instigateur de cet accommodement.
2. Invent. de Louis Gellain, p. 37.
3. Ibid., p. 207.

Dijon, Talant, Daix, Ahuy, le tout évalué par Louis Gellain à un peu plus de 139 journaux (1).

Ils avaient aussi quelques maisons au village, mais de valeur presque nulle, excepté la maison dite de sainte Alette, qu'ils conservèrent — les autres étant déjà vendues — jusqu'au 14 avril 1771 ; mais alors ils s'en défirent également.

A Dijon, avec les deux maisons dont nous avons parlé, situées rue Porte aux lions et rue Condé, ils en possédaient encore deux autres. L'une, toujours existante, est la maison rue Verrerie, à l'angle du côté de l'église Notre-Dame. L'autre située rue Saint-Philibert était contiguë à l'aile septentrionale de l'ancien hospice Sainte-Anne, qui devint le Lycée de 1802 à 1894. Dans cette dernière maison et ses dépendances, les Feuillants établirent en 1724, une faïencerie dont le nom continue à désigner ce quartier. Cette entreprise allait encore en 1770, mais, au dire de Louis Gellain, loin de valoir quelque profit au prieuré, elle ne tendait qu'à le ruiner (2).

Quelques capitaux avaient été placés les uns sur la maison des Feuillants à Lyon, les autres sur les Etats de Bourgogne. Une partie de ceux ci furent versés par l'intermédiaire de « M. François Guibaudet, écuyer, trésorier de France en Bourgogne » qui ajouta à la somme appartenant aux Feuillants une somme lui appartenant en propre, de sorte que pour être payé du receveur, les deux parties devaient se réunir et signer conjointement la quittance, ou se passer procuration l'une à l'autre (3).

Du temps de Louis Gellain, la rente était réduite à un pour cent.

D'après les comptes qui figurent aux *Etats du temporel*, les Feuillants pouvaient avoir un revenu annuel

---

1. Ibid., p. 265.
2. Ibid., p. 104. — Voir sur cette faïencerie le travail publié par M. Louis Marchand.
3. Ibid., p. 295.

d'environ 4000 livres, y compris la pension du roi, les offrandes faites à la chapelle, en un mot toutes leurs recettes. Tel fut le maximum du revenu, nécessairement moins élevé dans les débuts du monastère, et plus faible aussi à la fin, par suite des pertes et contributions qui résultèrent du mauvais état des finances du royaume.

La pension du roi figure pour la dernière fois dans les comptes du triennat de 1773-1776.

Fort longtemps auparavant, à la suite de la déclaration de Louis XIV, en date du 5 juillet 1689, pour la liquidation des droits d'amortissement et de nouvel acquêt, les Feuillants durent payer au trésor une somme relativement considérable. Le premier rôle arrêté au conseil royal des finances les obligeait à verser 11,056 livres, 11 sols. Mais ils firent tant par des remontrances générales et particulières (1) qu'ils s'en tirèrent moyennant 5150 livres, 3 sols, 6 deniers, entièrement soldés sur la fin de 1695. A partir du mois de mai 1708, conformément à l'édit qui parut alors, ils payèrent les droits d'amortissement et de nouvel acquêt, au fur et à mesure de leurs acquisitions.

---

1. « Je ne dois pas omettre, dit Louis Gellain, que dans cette affaire des amortissements un nommé Verreau, natif de Fontaines, nous a rendu de grands services. Il avait quitté son pays dans l'espérance de se pousser, en quoi il réussit si bien qu'il se trouvait pour lors un des secrétaires de M. d'Argenson, ministre d'Etat. Ce fut lui qui se chargea de toutes nos remontrances, et qui les fit valoir autant qu'il lui fut possible. Je ne crois pas trop m'avancer en assurant que sa bonne volonté pour nous nous a ménagé au moins deux mille livres. Dieu veuille lui en tenir compte et le récompenser. » — Invent, p. 378.

§ 3

DÉVOTION A SAINT BERNARD

Tandis que Jean de Saint-Malachie s'appliquait à orner la chambre natale de saint Bernard, il lui semblait voir d'avance accourir des multitudes pressées de saluer le glorieux patriarche, comme renaissant dans cette maison paternelle qui n'avait eu jusqu'ici que l'éclat des souvenirs, et qui allait resplendir désormais d'une décoration artistique vraiment digne d'elle. Ses prévisions, un peu enthousiastes, ne furent cependant pas déçues. L'on visita au XVIIe siècle, avec plus d'empressement que jamais, le sanctuaire érigé dans le vieux donjon de Tescelin et d'Alette. Ce sanctuaire continua d'être la station de la procession générale de Dijon, qui se faisait le 1er mai. Non seulement les cisterciens, fils de saint Bernard, affectionnèrent ce pèlerinage ; mais d'autres religieux s'y sentirent attirés, et imitèrent l'exemple dès longtemps donné par ceux de la chartreuse de Dijon, qui s'y rendaient processionnellement chaque année.

En 1615, une jeune demoiselle de Dijon ayant tout à coup perdu l'usage de la parole, « des personnes de grande piété furent d'avis que ceste fille et ses parents eussent recours à l'intercession de saint Bernard, et qu'à ce sujet elle allast tous les jours à pied, durant l'espace d'une semaine, visiter l'oratoire qu'on avait dressé au lieu même de sa naissance (1). »

L'an 1616, le supérieur général des Feuillants, Dom Sans de Sainte-Catherine, voulut voir de ses yeux le lieu où saint Bernard est né, et encourager par sa visite les religieux chargés de fonder le monastère de Fontaines, auquel la congrégation tout entière s'intéressait vivement.

Quelques années plus tard, en 1622, se trouvait au sanctuaire natal de l'abbé de Clairvaux, le feuillant italien, Philippe de Saint-Jean-Baptiste, appartenant à la famille des *Malabaila d'Asti*. Il venait de publier, dans la langue de son pays, une première édition de la Vie de saint Bernard. Avant de donner une seconde édition de cet ouvrage, il fit les pèlerinages de Fontaines et de Châtillon, recueillant pieusement les traditions locales, et avivant encore, pendant son séjour en ces deux monastères, sa dévotion pour le saint patriarche (2). Philippe Malabaila, abbé de *N.-D. del Mondovi a Vico*, fut, après la séparation, supérieur général de la congrégation d'Italie, dite congrégation réformée de Saint-Bernard de l'ordre de Cîteaux.

André Valladier, qui après avoir passé 23 ans chez les jésuites, devint abbé de Saint-Arnoul de Metz où il introduisit la réforme, se plut, en 1628, faisant l'éloge funèbre de Dom Bernard de Montgaillard, à rappeler les pèlerinages qu'il avait accomplis au sanctuaire de Fontaines. Il y avait été fort édifié de la dévotion que témoignaient pour saint Bernard et les Feuillants, occupés alors à bâtir « un beau monastère et une église magnifique », et « toute cette belle ville de Dijon » qui fréquentait assidûment la chambre natale (3).

---

1. Ce fait est rapporté par Mgr Camus, *Esprit de S. François de Sales*, Migne, Œuvres de S. François de Sales, II, p. 19.
2. *Vita del divoto et mellifluo dottore S. Bernardo abbate di Chiaravalle*, in Napoli, 1634, p. 265.
3. *S. B. et le Château de Fontaines*, tome I, p. 50.

En 1632, la ville de Châtillon-sur-Seine, en conséquence d'un vœu à saint Bernard, fit faire un solennel pèlerinage à l'abbaye de Clairvaux, et un second à Fontaines-les-Dijon, au berceau du saint abbé, son patron et son protecteur (1).

Pendant la guerre de Trente ans, un jeune religieux cistercien allemand, le P. Conrad Burger, chassé de son monastère, se mit à visiter les abbayes françaises de son ordre. Dijon se trouva naturellement dans son itinéraire. Il y arriva la veille de la Pentecôte, en l'année 1634. Fontaines ne pouvait être oublié par lui. Ainsi qu'il le raconte en son *Petit livre de voyage*, il visita donc « le château de saint Bernard que les Feuillants venaient de transformer en un beau monastère. Les religieux l'accueillirent avec une grande bonté. Ils étaient occupés à construire de nouveaux édifices ; mais ils avaient achevé l'ornementation d'une petite église formée de la chambre où saint Bernard est né. Il n'y avait là que trois autels, et celui du milieu s'élevait à l'endroit même où se trouvait jadis le lit sur lequel le saint vint au monde. Sa naissance était fort bien représentée dans une jolie peinture à la table de l'autel (2). »

Le récit du P. Conrad Burger fait voir que les Feuillants avaient soin de signaler la chambre natale aux pèlerins. Cette peinture qui représentait la naissance de saint Bernard, paraît avoir été un devant d'autel, une parure de circonstance. Car le tableau du retable avait pour sujet la lactation. Ce genre de parure désignait à tout venant l'antique cellier natal.

Nous le rappellerons encore en passant, le texte du *Petit livre de voyage* est venu corroborer nos conclusions sur l'emplacement de la chambre natale de saint

---

1. *Notice archéologique et pittoresque sur Châtillon-sur-Seine*, par l'abbé Tridon, 1847, p. 41.
2. Itinerarium ou Petit livre de voyage du P. Conrad Burger, publié par le D' J. Alzog, *Freiburger Diocesan-Archiv*. Fribourg-en-Brisgau, 1870, 5° vol., p. 247.

Bernard. Des trois autels que le P. Conrad trouva dans la petite église, il y en avait un à main droite en entrant, près du chœur des religieux ; — un autre en face de l'entrée, « au milieu » : il était dédié à saint Bernard, et marquait le lieu de sa naissance ; — un troisième à main gauche : c'était celui de la sainte Vierge (1).

Cependant Louis XIII, mu par sa dévotion personnelle, et peut-être aussi à l'instigation des Feuillants, faisait ordonner spécialement à la ville de Dijon de solenniser encore davantage la fête de saint Bernard. Un acte des registres de la mairie nous apprend l'effort accompli dans ce but par le roi, et nous en fait connaître les premières suites.

La chambre du conseil de la ville de Dijon ayant veu et ouy la lecture du billet faict par M. Fyot, vicaire général de M^r le Rd Evesque de Lengres, le 17 du présent mois d'aoust, sur la solennisation de la feste Monsieur Saint Bernard, a ordonné et ordonne que ledit billet sera publié à son de trompe par les carrefours, pour estre observé le contenu d'icelluy par tous les habitans tant de la dite ville que faubourgs :

On fait à savoir que Mgr de Lengres ayant receu lettres de Sa Majesté par lesquelles il luy demande et le prie que, pour la très grande et particulière dévotion qu'elle a envers saint Bernard honneur de la Bourgogne, par les mérites duquel elle a reçeu beaucoup d'assistance et qu'elle a prins pour son particulier protecteur et de sa couronne, désirant honnorer ce saint, il a voulu faire solenniser sa feste et la recommander par la ville de Dijon et les environs — mondit seigneur, désirant satisfaire à la dévotion et pieux désir de Sa Majesté, a résolu de faire que la feste du grand saint Bernard fut doresnavant solennisée comme une feste de commandement. Mais d'autant que, pour la proximité du jour ou la dite feste echet, il n'est pas possible d'en faire la publication suivant les solennités requises, remettant à la prochaine année d'y procéder comme se doibt et faire voir les raisons de Sa Majesté et

---

1. *S. B. et le Château de Fontaines*, tome I, p. 102, Planche 6 ; et 105, 131.

les motifs de Mgr de Lengres, pour satisfaire néanmoins tant qu'il nous sera possible aux volontés du Roy d'honnorer le saint selon notre possible, nous recommandons aux curés et vicaires de notre diocèse de se disposer avec le peuple à honnorer et révérer d'une particulière dévotion ce grand saint, et de visiter son église scize à Fontaines, n'estant pas notre intention d'obliger pour cette année les diocésains à la chomer, ce qui se fera pour l'année prochaine, selon l'ordre qui en sera donné de Mgr de Lengres.

Faict à Dijon ce 17ᵉ aoust 1630. Signé : Philippe Fyot. (1)

L'année suivante, l'évêque de Langres prescrivit en effet de célébrer la fête de saint Bernard le jour même de l'incidence. Mais la liste des fêtes chômées était déjà longue ; en général, on témoigna peu d'empressement pour suivre cet ordre, et le mandement épiscopal resta à peu près lettre morte. D'ailleurs l'initiative ici ne venait pas de Mgr Zamet. Il voyait sans doute l'inconvénient qu'il y avait à tant multiplier les jours de chômage, et pensait que le culte envers saint Bernard pouvait s'entretenir et se développer dans son diocèse, sans que l'on imposât au peuple la solennisation du 20 août.

Une délibération de la chambre municipale de Dijon, en date du 15 août 1642, prouve la difficulté qu'il y eut de faire accepter la nouvelle fête d'obligation.

Ayant esté ordonné en l'année 1631 par Monsieur le Révérend Evesque duc de Lengres — suyvant les lettres du Roy que pour la très grande et particulière dévotion de Sa Majesté envers sainct Bernard honneur de la Bourgogne, par les mérites duquel Sadite Majesté avoit receu beaucoup d'assistance, l'ayant prins pour son particulier protecteur et de sa couronne — que la dicte feste seroit solennisée à l'advenir comme une feste de commandement, les vicomte maïeur et eschevins de la ville de Dijon, désirans satisfaire à la dévotion et pieux désir de Sa Majesté, font inhibition et défenses à tous les habitants de la dicte ville, fauxbourgs et banlieue,

---

1. Archives municipales de Dijon, B. 268, fol. 16.

de travailler ledict jour, s'employer à œuvres manuelles, ny ouvrir les boutiques, soubs quelque prétexte que ce soit, à peine de vingt livres d'amende. Ce qui sera publié ès prosnes des églises paroissiales, et par les carrefours à son de trompe, à ce qu'aucun n'en prétende cause d'ygnorance. Faict audict Dijon le 15 août 1642. (1)

Le 29 octobre 1638, un royal message fut apporté aux Feuillants par Antoine Colombel, l'un des aumôniers de la reine. Au mois précédent, Anne d'Autriche était devenue mère du Dauphin, qui fut Louis XIV. Elle avait longtemps fait prier, pour obtenir ce bienfait, dans les monastères de fondation royale et dans tous les sanctuaires de France les plus vénérés. Elle voulut aussi témoigner partout sa reconnaissance et demander des prières d'actions de grâces. Les Feuillants, dont la congrégation était si dévouée à la maison de France, dont le monastère de Paris était si fréquenté par la reine (2), reçurent sans retard des lettres où respire une grande dévotion pour leur saint patriarche. Voici le texte de celles qui furent remises, par Antoine Colombel, au prieur de Fontaines (3).

1. Archiv. municipales de Dijon, B. 280, fol. 106.
2. Louis XIV fit sa première communion le jour de Noël 1649, dans l'église Saint-Eustache (paroisse du palais Cardinal.) — Durant les deux mois qui précédèrent, la reine redoubla, s'il était possible, sa visite aux églises de Paris. Il ne se passe guère de semaine où la *Gazette* ne la signale dans quelque paroisse ou chapelle de communauté. Le 12 décembre, elle se rend à la messe aux Feuillants et y communie.... Le jeudi 23 aux Feuillants pour la messe. La veille de Noël, au matin, la reine, accompagnée de la duchesse de Vendôme et d'autres grandes dames de sa cour, avait entendu de nouveau la messe aux Feuillants. « Après laquelle dévotion, ajoute la *Gazette*, Sa Majesté témoigna aux religieux de cette maison la satisfaction qu'elle avait de leur zèle au service de Leurs Majestez: en laquelle bonne opinion le Père Dom François de Saint-Bruno, leur prieur, la confirma et la remercia avec le respect dû à une si pieuse reyne. »
(*Le premier Confesseur de Louis XIV, le P. Charles Paulin*, par le P. H. Chérot: *Etudes* des Jésuites, octobre 1891, p. 243-244.)
3. Archiv. de la Côte-d'Or, H. 996, layette B.

LETTRE D'ANNE D'AUTRICHE
aux Feuillants de Fontaines.
29 Octobre 1638.

De par la Royne.

Très chers et dévots orateurs, Dieu ayant exaucé les vœux du Roy nostre très honoré Seigneur et Espoux, accompagnés des nostres et de ceux de tout ce Royaume, par la très heureuse naissance de nostre très cher et très amé fils le Dauphin qu'il a pleu à sa Divine Majesté nous donner dimanche cinquième de septembre, ne voullans obmettre aucun des tesmoignages de la recognoissance que nous debvons à sa bonté d'une grâce si affectionnément désirée : Nous avons resolu de luy rendre nos très humbles debvoirs et actions de remerciement en vostre Eglise, pour la dévotion que nous avons toujours porté au glorieux saint Bernard, instituteur de vostre ordre, pour la ferme croiance que nous avons que ses intercessions ont de beaucoup contribué à nous impétrer cette faveur, de laquelle désirans tesmoigner gratitude à cette sainte âme, au lieu mesme de sa naissance, y présentans à Dieu nos plus humbles remerciemens de celle qui nous estoit la plus souhaittable : Nous vous envoyons pour ce sujet Maistre Anthoine Colombel l'un de nos chappelains pour l'estime que nous faisons de ses vertueuses qualités, lequel nous avons chargé de vous dire que nous entendons et désirons de vous, que pendant neuf jours consécutifs vous ayez à faire célébrer le saint sacrifice de la Messe en vostre église afin qu'il plaise à sa Divine Majesté d'avoir pour agréables nos très humbles actions de graces, et continuer ses bénédictions sur la personne du Roy, la nostre, nostre fils le Dauphin et sur cet Estat. Et comme nous croyons de vostre piété que vous ferez dignement ce qui est convenable à l'effect de nos intentions, aussi pouvez-vous attendre tous les meilleures offices que vous sçauriez desirer de nostre affection envers vous et vostre ordre, que nous prions la Divine bonté, très chers et dévots orateurs, avoir toujours en sa sainte garde. Escrit à Saint-Germain en Laye le 29 octobre 1638,

ANNE.

LE GRAS.

Les années 1652 et 1653 furent marquées par un nouvel essor dans la dévotion témoignée à saint Bernard au lieu de sa naissance et en tout le diocèse de Langres.

La guerre de Trente ans était terminée. La France était justement fière des brillantes victoires de Rocroi, Fribourg, Nordlingen, Lens, qui avaient porté si haut le nom de Condé, et que Bossuet devait buriner en des pages immortelles. La dernière de ces glorieuses dates était le *20 août* 1648. La durée de la lutte, les frais imposés à tout le royaume avaient nui au progrès des constructions entreprises à Fontaines. Mais si le monument destiné à exalter le nom de saint Bernard était à la veille d'être entièrement délaissé, ce nom retentissait néanmoins de plus en plus fort, et le culte dont il était l'objet, ne cessait de grandir.

Le 20 août cependant n'était pas, dans les habitudes reçues, un jour férié : la solennité de Saint-Bernard se célébrait plutôt, comme à notre époque, le dimanche suivant. Louis XIII, on l'a rapporté précédemment, avait tenté de faire établir le jour même une fête d'obligation; et l'évêque Sébastien Zamet était entré dans ses vues. Toutefois le succès n'avait pas répondu aux efforts du roi ni de l'évêque. Louis XIV demanda à Mgr Zamet d'insister (1).

Lettre du roi Louis XIV
à Sébastien Zamet, évêque de Langres.
20 décembre 1652.

Mon cousin, quoy qu'il soit de nostre devoir et piété d'estre dévot envers tous les saincts et de procurer, en tant qu'il est en nous, qu'ils soient honorés et servis dans tous les lieux que Dieu a soumis à nostre obéissance ; Nous croyons néanmoins estre obligés de rendre un culte plus particulier à ceux que la bonté Divine a rendus plus visiblement protecteurs de cet Estat, et par l'entremise desquels il luy a pleu faire des

---

1. Les deux lettres suivantes sont données d'après le texte publié, *Sommaire de la Vie de S. Bernard*, Dijon, Palliot, p. 212-220.

faveurs extraordinaires à nostre personne: ayant donc appris de la Reyne nostre très honorée Dame et mère, qu'elle se reconnoissoit redevable de nostre heureuse naissance aux prières du grand saint Bernard, patron spécial de vostre diocèse : et sçachant que les mérites du mesme saint ne parurent pas moins efficaces à donner à la France le feu Roy nostre très honoré seigneur et père, comme il le tesmoigna expressément par ses Lettres-Patentes de la fondation qu'il fit des religieux Feuillens, au lieu nommé Fontaines, où nasquit cet illustre saint, protecteur de nostre couronne, qui parut tel en la bataille de Lens que nous gaignasmes sur nos ennemis le jour de sa feste, nous croirions manquer de reconnaissance envers ses bontés si nous ne procurions son honneur et gloire par toutes les voyes que Dieu a mises en nostre pouvoir : c'est pourquoy suivant les exemples que le feu Roy d'heureuse mémoire nous a laissés, nous réitérons de tout nostre cœur les ordres qu'il vous avoit donnés pour faire solemniser la feste de ce saint dans l'estendue de vostre diocèse, mais nous désirons que ce soit avec plus d'effet que n'eurent les siens, et que ce que vous avez fait observer seulement l'espace de quelques années soit religieusement gardé pendant nostre Règne, et mesme dans tous les temps à venir. C'est pourquoy nous vous écrivons la présente pour vous tesmoigner que vous ferés chose qui nous sera très agréable, d'employer votre authorité épiscopale pour seconder nos saintes intentions, qui ne tendent qu'à la gloire de Dieu, et à l'honneur qui est deu à son saint et au bien de tout vostre diocèse, qui a receu des grâces plus particulières de son assistance que le reste de nostre Etat, et comme nous attendons de vostre zèle et obéissance l'effet de la demande que nous vous faisons: Je prie Dieu qu'il vous ait, mon cousin, en sa sainte et digne garde. Escrit a Paris le vingtième jour de décembre mil six cens cinquante deux.

 Lovis.
Par le roy,
 De Brienne.

En même temps qu'il écrivait à l'évêque de Langres, Louis XIV, dans le même but, faisait parvenir d'autres lettres à Bernard de Nogaret, duc d'Epernon, gouverneur de Bourgogne en l'absence du Grand Condé, puis aux membres du parlement de Dijon : la première, en date du 31 décembre 1652 ; la seconde, du 28 février 1653.

Cédant aux instances du roi, Sébastien Zamet ordonna que la fête de saint Bernard fût célébrée le 20 août comme une fête de commandement, dans tout son diocèse.

Ordonnance de Mgr l'Evêque de Langres.
25 mars 1653.

SEBASTIEN, Evesque duc de Lengres, Pair de France. La piété de nos Roys qui a toujours esté inséparable de la Majesté de leur couronne, a incité depuis peu de jours la bonté du Roy de nous escrire pour la solemnité de la feste de saint Bernard, l'un des patrons et protecteurs du Diocèse, et il a pleu à sa Maiesté de nous déduire par sa Lettre les raisons de sa dévotion, afin que ses peuples en estans informés concourent par leur obéyssance avec plus de zèle et de ferveur à un si louable dessein. Entre les raisons exprimées dans la dépesche de sa Maiesté, la plus importante et celle qui doit estre la plus sensible à la France, est le bonheur de sa naissance, que la Royne sa mère a dit avoir obtenue par les vœux et les prières qu'elle a faites au grand saint Bernard, de sorte que ne pouvant alléguer rien de plus exprès pour animer nos diocésains à une si iuste solemnité, il ne nous reste qu'à leur enioindre, comme nous faisons par ces présentes, de célébrer doresnavant la feste de saint Bernard qui arrive tous les ans le 20ᵉ iour d'aoust, comme une feste de commandement, en laquelle les fidèles cesseront toutes œuvres serviles, si une pressante nécessité ne les en dispense, pour s'employer avec plus de loisir au service de Dieu et à la vénération de ce grand saint. A quoy nous sommes d'ailleurs particulièrement obligés en ce diocèse, puisque nous avons le lieu de sa naissance et celui où repose son sacré corps, et et que nous avons été instruits dans les voyes du salut par les rares exemples de sa vie et les hautes lumières de son esprit, plus qu'aucune autre contrée de l'Eglise. Nous y sommes encore conviés par la confiance que nous devons avoir que, comme son intercession nous a mérité l'incomparable bonheur de la naissance du Roy, ses prières nous en obtiendront la conservation pour longues années, et par ce moyen la joye et la félicité à ses sujets de vivre longuement sous la douceur de son empire. C'est la pensée à laquelle nous exhortons nos Diocésains d'appliquer leur esprit en la célébration de la feste de ce grand serviteur de Dieu, afin que la Divine bonté nous en accorde l'effet par son entremise, et qu'à cette grâce elle daigne encore adiouter celle de la paix si désirée de tous les gens de bien, et si nécessaire au repos et à la tranquillité de ce Royaume. Donné à Mussy le vingt-cinquième iour de mars 1653.

SEBASTIEN, *Evesq. de Langres.*

Par mondit Seigneur :

Govrdon.

Cependant les Feuillants, de leur côté, obtenaient l'institution d'une nouvelle confrérie de Saint-Bernard, ayant son siége dans leur église. Cette association est différente de celle qui avait pris naissance au moyen-âge; elle ne posséda aucun bien temporel, et fut uniquement une association de piété. Les religieux en préparaient depuis quelque temps l'érection canonique; ils virent leur pieux dessein se réaliser l'an 1653.

Le pape Innocent X concéda un bref d'Indulgences daté du 2 mai.

Bulle du pape Innocent X
2 mai 1653 (1)

Innocentius Papa X, ad perpetuam rei memoriam. Cum, sicut accepimus, in Ecclesia Domus monachorum Ordinis Cisterciensis Congregationis Beatæ-Mariæ Fuliensis nuncupatæ, sitae in castro Fontanensi Lingonensis Diœcesis, una pia et devota utriusque sexus Xpristi fidelium Confraternitas sub Invocatione sancti Bernardi abbatis clarævallensis, non tamen pro hominibus unius specialis artis, canonice erecta

---

1. Archiv. de la Côte-d'Or, H. 996, layette F. Titre original.

sive erigenda existat, cujus confratres et consorores quamplurima pietatis et charitatis opera exercere consueverunt, Nos, ut confraternitas hujusmodi majora in dies suscipiat incrementa, de omnipotentis Dei misericordia et Beatorum Petri et Pauli apostolorum ejus auctoritate confisi, omnibus utriusque sexus Xpristi fidelibus, qui dictam confraternitatem ingredientur, postquam erit canonice erecta, die primo eorum ingressus, si vere pœnitentes et confessi, sanctissimum Eucharistiæ sacramentum sumpserint, Plenariam; Nec non tam descriptis, quam pro tempore describendis in eadem confraternitate confratribus et consororibus, in cujuslibet eorum mortis articulo, si veri etiam pœnitentes et confessi, ac sacra communione refecti, vel quatenus id facere nequiverint, saltem contriti nomen Jesu, ore si potuerint, sin autem corde devote invocaverint et Plenariam; Ac ipsis nunc, et pro tempore confratribus et consororibus vere quoque pœnitentibus et confessis, ac sacra communione refectis, qui prædictæ confraternitatis ecclesiam vel capellam, seu oratorium, die festo principali ipsius confraternitatis, a primis vesperis usque ad occasum solis festi hujusmodi singulis annis devote visitaverint et ibi pro xpristianorum principum concordia, hæresum extirpatione, ac sanctæ matris ecclesiæ exaltatione, pias ad Deum preces effuderint, Plenariam similiter omnium peccatorum suorum indulgentiam et remissionem misericorditer in Domino concedimus. Insuper eisdem vere pariter pœnitentibus et confessis, ac sacra communione refectis, ecclesiam, vel capellam, seu oratorium hujusmodi in quatuor anni festis diebus, per eosdem confratres semel tantum eligendis, et ab Ordinario approbandis, ut prescribitur visitantibus et orantibus, quo die prædictorum id egerint septem annos et totidem quadragenas. Quoties vero missis ac aliis divinis officiis in dicta ecclesia, vel capella, seu oratorio pro tempore celebrandis et recitandis, aut congregationibus publicis, vel privatis ipsius confraternitatis ubivis faciendis interfuerint;— aut pauperes hospitio susceperint;— vel pacem inter inimicos composuerint, seu componi fecerint, vel procuraverint;— ac etiam qui corpora defunctorum tam confratrum et consororum hujusmodi, quam aliorum, ad sepulturam associaverint; — aut quascumque processiones de licentia Ordinarii faciendas, sanctissimumque Eucharistiæ sacramentum, tam in processionibus, quam cum ad infirmos aut alias ubicumque et quomodocumque pro tempore deferetur, comitati fuerint; — aut, si impediti, campanæ ad id signo dato, semel orationem dominicam et salutationem angelicam dixerint; — aut etiam quinquies orationem et salutationem easdem pro animabus defunctorum confratrum et consororum prædictorum recitaverint; — aut devium aliquem ad viam salutis reduxerint; — et ignorantes præcepta Dei, et ea quæ ad salutem sunt, docuerint; — aut quodcunque aliud pietatis vel charitatis opus exercuerint; toties pro quolibet prædictorum operum sexaginta dies de injunctis eis, seu alias quomodolibet debitis pœnitentiis, in forma ecclesiæ consueta relaxamus. Præsentibus perpetuis futuris temporibus valituris. Volumus autem ut si alias Xpristi fidelibus confratribus et consororibus prædictis præmissa peragentibus alia aliqua indulgentia perpetuo vel ad tempus nondum elapsum duratura concessa fuerit, præsentes nullæ sint, utque etiam si dicta confraternitas alicui archiconfraternitati aggregata jam sit, aut aggregetur, vel quavis alia ratione uniatur, seu et quomodolibet instituatur, priores et quævis aliæ Litteræ apostolicæ illis nullatenus suffragentur, sed ex tunc eo ipso prorsus nullæ sint. Datum Romæ, apud sanctam Mariam majorem sub annulo Piscatoris, die secunda maii, M. D. C. Liij, Pontificatus nostri anno nono.

G. GUALTERIUS.

Suit l'approbation de M. Gontier vicaire général:
Joannes B^{ta}-Bernardus Gontier presbyter, in utroque jure licentiatus, Præpositus et canonicus sanctæ Capellæ Regiæ Divionensis, nec non I. I. ac R. R. Domini episcopi ducis Lingonensis, Franciæque paris, in spiritualibus et temporalibus vicarius generalis. — Lecto per nos supra scripto Brevi Apostolico, permisimus et præsentium tenore permittimus, Plenariam Indulgentiam et alias in dicto Brevi expressas publicari, et ad valvas ecclesiarum dictæ diœcesis affigi; nec non et confraternitatem etiam in dicto Brevi expressam ereximus, et præsentium tenore erigimus. —Datum Divione, die vigesima prima junii, anno Domini millesimo sexcentesimo quinquagesimo tertio.

De mandato dicti Domini vicarii generalis,
J. BEVREUTTE.

Par la teneur de cette approbation, M. Gontier érigeait canoniquement la confrérie.

Le pape avait laissé aux membres de l'association la faculté de fixer, de concert avec l'évêque, les quatre jours de fête pour lesquels il accordait sept ans et sept quarantaines d'indulgences. Les jours choisis de la sorte furent le dimanche des Rameaux, celui de Quasimodo, le jour de la fête de saint Joseph, et le jour de la fête de sainte Anne.

On obtint également que l'autel de Saint-Bernard fût privilégié les lundi et mercredi de chaque semaine, en faveur des confrères.

Au mois de juillet, Mgr Zamet publia une ordonnance, afin de faire connaître à tout son diocèse l'érection de la confrérie. Il en approuva en même temps les statuts. Il donna aussi la liste des indulgences concédées par le pape Sixte Quint à tous les fidèles qui visiteraient les églises des Pères Feuillants.

Ordonnance de l'Evêque de Langres au sujet de l'érection de la Confrérie. (1)

22 juillet 1653.

SEBASTIEN ZAMET, Evesque duc de Langres, Pair de France. Quoyque nous soyons obligez d'honnorer tous les saincts, il semble que nous ayons une obligation toute particulière d'honnorer ceux que la France a donnez à l'Eglise, et qui y ont rendu plus de service. Or, comme personne ne peut doubter que sainct Bernard n'ait tenu le premier lieu entre les autres, soit pour les grâces qu'il a obtenues du Ciel pour ce royaume, ou pour le nombre des miracles dont Dieu l'a voulu rendre admirable par tout le monde : Nous avons creu ne pouvoir trouver moyen plus favorable pour attirer la miséricorde de Dieu sur son peuple que d'avoir recours à ce grand sainct, affin qu'il luy playse obtenir de la Divine Bonté la paix si longtemps désirée en ce Royaume, et la délivrance des maux dont depuis tant d'années la France est affligée. Et

1. Archiv. de la Côte-d'Or, H. 596, layette Fondations.

nous debvons d'autant plus espérer cette grâce de son intercession, qu'il n'y a point de sainct qui ait eu plus de crédit auprès de la Saincte Vierge et de Jésus-Christ son fils bien-aymé, qui sont les plus puissants médiateurs que le Père Eternel nous a donnez pour obtenir sa miséricorde. Et parce que l'union des cœurs est ce qui nous rend plus agréables à Dieu et à ses saincts, Nous avons iugé à propos d'ériger une confrairie en l'honneur de cet illustre serviteur de Dieu dans le lieu de sa naissance; à laquelle confrairie nous exhortons nos diocésains de vouloir s'enroller, affin d'avoir un si puissant intercesseur dans le Ciel. A qvoy ils doibvent estre portez par la piété et l'exemple de nostre invincible et très chrestien monarque, Louys XIV qui en a voulu estre le premier confrère, lequel a esté suivy en cette dévotion de la Rêine sa Mère et de Monsieur son Frère. Nous exhortons aussi nos mesmes diocésains qui seront enrollez au nombre des confrères, de garder et observer soigneusement et dévotement les articles et réglemens cy-dessoubs escrits, affin de se rendre plus dignes de ressentir les effects de l'intercession de ce grand sainct, l'ornement et la lumière non-seulement de la Bourgongne et de la France, mais encore de toute la Chrestienté. Donné en nostre chasteau de Mussy le mardi vingt deuxième iour du mois de juillet, l'an de grâce 1653.

SEBASTIEN, Evesque de Lengres.

Par mondit Seigneur :

DOVLCET.

Reglemens de la Confrairie de Saint Bernard

I.

La fin de toutes les associations et de toutes les confrairies étant d'honorer Dieu plus particulièrement sous la protection d'un saint, il faut que tous ceux et celles qui seront aggrégés à celle de saint Bernard, luy demandent particulièrement l'esprit de piété et de ferveur, avec laquelle il a servi son Dieu sur la terre.

2.

Comme saint Bernard pendant sa vie a eu une particulière dévotion à Jésus-Christ souffrant et à sa bienheureuse et glorieuse Mère, chaque confrère s'efforcera de l'imiter en cette dévotion, et pour cet effet recitera tous les iours, selon que sa commodité luy permettra, cinq *Pater* en mémoire des cinq playes et l'*Ave Maris Stella*, qu'il a composé en l'honneur de la très Sainte Vierge, et l'antienne *Salve Regina*, à laquelle il a adiouté ces paroles : *O Clemens, o Pia, o dulcis Virgo Maria*, et adioutera l'oraison de S. Bernard en intention d'obtenir par son entremise une dévotion intérieure et extérieure, sincère et véritable, à l'endroit du Fils et de la Mère, qui s'entremettent continuellement pour notre salut auprès du Père Eternel : puis ils le supplieront de leur obtenir la grâce de ne rien dire et faire en quoy ils les puissent offenser.

3.

Le lieu de la dévotion de S. Bernard est celui de sa naissance : les iours qui sont particulièrement destinés pour luy rendre honneur, sont les quatriesmes dimanches du mois et tous les mardis de l'année.

4.

Ceux qui désireront être admis en ladite confrairie, y seront admis par le supérieur ou quelque autre religieux de la maison, qui les escrira dans un livre destiné pour ce sujet.

5.

Le iour de la réception on approchera des sacremens de Pénitence et d'Eucharistie, et on demandera avec humilité d'estre receu en ces termes :

Au nom du Père, et du Fils et du Saint-Esprit.

Ie N. prends et choisis le glorieux saint Bernard pour mon Patron et Advocat, et ie prie Dieu me faire la grâce de ne l'abandonner iamais, et pour ce sujet ie vous supplie de me recevoir en cette confrairie qui est dédiée à son honneur.

Celui qui recevra les confrères dira ensuite :

Authoritate mihi in hac parte concessa, ego te recipio et adscribo in societatem sancti Bernardi, Domini Nostri Jesu Christi ejusque Matris cultoris eximii. In nomine Patris, etc.

6.

La plus parfaite marque de piété estant d'entendre la sainte messe, tous les confrères sont exhortés à faire leur possible d'y assister tous les iours, et afin d'y assister pour glorifier Dieu et pour obtenir les secours qui leur sont nécessaires de sa miséricorde infinie, entrant dans l'église ils supplieront S. Bernard de leur donner l'esprit de crainte et de respect avec lequel il entroit dans les églises et approchoit des autels sur lesquels repose celuy que le Père Eternel a établi pour estre notre Iuge.

7.

Ils s'occuperont les festes et dimanches à la lecture de quelque chapitre de sa vie, afin que la repassant souvent dans leur mémoire ils puissent plus facilement imiter ses vertus.

8.

Entre toutes les grâces que l'on doit demander à Dieu avec plus d'instance est celle de mourir saintement, puisqu'en ce moment on est jugé ou pour estre admis en la compagnie des Anges ou pour estre précipité en celle des démons. Les confrères sont advertis de prier S. Bernard de leur obtenir le moyen de se confesser devant que de mourir, comme il l'a obtenu à plusieurs lorsqu'il en estoit prié estant encore dans ce monde.

9.

Les confrères auront une charité très-particulière les uns pour les autres, et quand ils en sçauront quelqu'un en nécessité ils le soulageront autant qu'il leur sera possible : prieront Dieu les uns pour les autres, et se visiteront dans leurs maladies.

10.

Ils seront aussi soigneux de gagner toutes les indulgences qui leur seront accordées en faveur de la confrairie et toutes autres, et pour les y porter ils sauront que la justice de Dieu est terrible, et que nos âmes, si elles ont part à ses miséricordes, seront purifiées du feu de Purgatoire qui est le mesme que celuy d'enfer, à la réserve de l'espérance qu'ils auront de n'y estre tourmentez pour une éternité, mais seulement pour un temps, lequel est accourcy et diminué par les indulgences.

11.

Pour gagner les indulgences, ils diront cinq fois *Pater* et l'*Ave Maria*, et prieront Dieu pour l'exaltation de notre Mère sainte Eglise, pour la paix des princes chrestiens, et pour la rémission des péchés.

12.

Tous les quatriesmes dimanches on dira les litanies pour les confrères à la fin des Vespres, et le iour de la feste de S. Bernard la procession se fera à cinq heures du soir.

SEBASTIEN ZAMET, *Evesque duc de Lengres, Pair de France. Veu par nous les Articles et Réglements cy-dessus escrits de la Confrairie de saint Bernard nouvellement érigée. Nous les avons louez et approuvez, louons et approuvons par ces présentes, exhortans tous les confrères à les garder et observer soigneusement et dévotement. Faict en nostre chasteau de Mussy le 22 iour du mois de Iuillet l'an de Nostre-Seigneur 1653.*

SEBASTIEN, *Evesque de Lengres.*

Par mondit Seigneur,

DOVLCET.

Ces *Règlements* attribuent à S. Bernard la composition de l'*Ave maris stella*, suivant une opinion erronée, jadis fort commune.

INDULGENCES PLÉNIÈRES
concédées par le Pape Six-Quint à tous les fidèles qui visiteront les églises des Pères Feuillans (1).

Sebastien ZAMET, Evesque duc de Langres, Pair de France : Veu la Bulle de Nostre Saint-Père le Pape Sixte V, d'heureuse mémoire, par laquelle il accorde et concède plusieurs indulgences plénières à ceux et celles qui visiteront les églises des Pères Feuillans, Nous exhortons nos diocésains à se rendre dignes de ces mérites par une humble confession de leurs péchés, et par la communion du sacré Corps du Fils de Dieu, et priant dévotement pour l'exaltation de notre Mère sainte Eglise, pour l'extirpation des hérésies et la paix entre les princes chrétiens, et récitant cinq fois l'*Oraison Dominicale, Pater Noster*, et autant de fois le salut de l'Ange, *Ave Maria*, et les iours auxquels ils pourront gagner les indulgences sont :

La Nativité de N. S.
La Circoncision.
L'Epiphanie.
La Résurrection.
L'Ascension.
La Pentecoste.
La Feste de Dieu.
La Conception de la Sainte Vierge.
Sa Nativité.
Sa Présentation au Temple.
L'Annonciation.
La Visitation.
L'Assomption.
La Nativité de S. Jean-Baptiste.
La Feste de S. Pierre et de S. Paul.
Le iour de S. Bernard et tout son Octave.

Et tous les quatriesmes dimanches des mois destinés pour honorer le mesme S. Bernard.

Faict en notre chasteau de Mussy le 22 juillet 1653. Signé : SEBASTIEN, Evesque de Langres.

Par mondit Seigneur :
DOVLCET.

1. *Sommaire de la Vie de S. B.*, p. 234.

PL. 17

PORTE DU CLOITRE
DU MONASTÈRE DES FEUILLANTS

En cette même année 1653, parut « à Dijon, chés Pierre Palliot, imprimeur du Roy, libraire et graveur, à la Reine de Paix », le petit livre intitulé *Sommaire de la vie de Saint Bernard, Patron du Duché de Bourgongne, avec son office, et l'érection de la confrérie en son honneur, dans la chapelle des P. Feuillants du chasteau de Fontaine, lieu de la naissance de cet illustre saint.* Voici le résumé de la préface de ce livre :

« Dieu ayant par un effet de sa justice affligé visiblement son peuple en punition de ses péchés depuis plusieurs années, et luy ayant fait sentir les fléaux de sa colère et esprouver les funestes effets de la guerre, de la famine et des maladies, plusieurs personnes de piété et d'honneur ayant reconnu qu'il ne falloit attendre que du Ciel le remède à toutes ces disgrâces, ils ont cru que pour le mériter ils avoient besoin d'un puissant Advocat auprès de Dieu ; ils ont esleu pour cette raison le glorieux Saint Bernard. Si tous les jours l'Allemagne et l'Italie le réclament dans tous leurs malheurs et ressentent les effets du crédit qu'il a auprès du Fils de Dieu et de sa bienheureuse Mère, combien la France et particulièrement cette Province de Bourgongne peut-elle se promettre d'en être favorisée, puisqu'il la doit chérir davantage que toutes les autres. Pour animer cette Province à luy rendre de plus particuliers respects, Monseigneur l'Evesque de Langres a érigé selon les désirs de plusieurs une Association ou Confrérie en son honneur dans l'Eglise des Pères Feuillants de Fontaine, en la maison de sa naissance. Mais d'autant qu'il n'y a rien qui nous rende les saints plus favorables que la dévotion en leur endroit et l'imitation de leurs vertus afin qu'estant plus conneues on les pût plus facilement imiter, nous avons mis le sommaire de sa Vie, et un Office et des Litanies, qui contiennent ses plus belles actions, et les grâces extraordinaires dont Dieu avait enrichy et comblé son âme bienheureuse. »

Les Litanies publiées dans ce volume paraissent avoir été composées à l'occasion du mouvement qui s'accomplit alors pour glorifier davantage saint Bernard. Le vicaire général déclare en effet, dans la permission d'imprimer qu'elles sont « dressées nouvellement ». On les a rééditées à notre époque, moins cependant quelques invocations, celles entre autres où étaient rappelés l'allaitement de saint Bernard par la Sainte Vierge et son embrassement par le Crucifix, celles également où l'on priait pour le roi.

Dans le Petit Office publié avec ces Litanies, on retrouve des hymnes du bréviaire cistercien, principalement l'hymne *Bernardus inclitis ortus natalibus*, où la strophe doxologique a reçu un léger changement, afin d'y introduire le nom de saint Bernard :

Sit laus Ingenito, decus et gloria,
Ab Unigenito sit reis venia,
Nobis Paraclito præstante gaudia,
Sancti Bernardi merito.

Ainsi le cinquième anniversaire séculaire de la mort de saint Bernard ne passa pas inaperçu en Bourgogne et surtout à Fontaines et à Dijon. Il ne semble pas douteux que cette date ait contribué à l'épanouissement considérable de la dévotion envers le saint abbé, que l'on remarque parmi nous à cette époque.

En 1657, à Dijon, chez Chavance, furent imprimés les *Officia propria Sancti Stephani divionensis*, dont il existe un exemplaire à la bibliothèque municipale de Dijon, catalogué n° 26883. — Au 1ᵉʳ mai (p. 179-180), il est fait mention de l'usage encore conservé de conduire la procession générale au sanctuaire de Fontaines: « Processio generalis, Missa et concio ad aedem S. Bernardi ».

Au printemps de 1667, à l'époque de la tenue du chapitre général de Cîteaux, plusieurs religieux venus de Suisse et d'Autriche pour prendre part à cette assemblée, firent le pèlerinage de Fontaines : Mathieu Kolweis, abbé de Lilienfeld, membre éminent du clergé régulier d'Autriche ; Edmond Schnider, abbé de Saint-Urbain, vicaire général de l'ordre pour la Suisse, l'Alsace et le Brisgau ; un moine du même monastère, qui accompagnait Dom Schnider ; enfin Joseph Meglinger, sousprieur de Marstern, délégué par son propre abbé. Le dernier a laissé une assez longue relation de son voyage.

Meglinger, en quittant Marstern, passa par Saint-Urbain, où il devait prendre Dom Schnider et son compagnon de route. Les voyageurs arrivèrent à Dijon le 4 mai. Ils y séjournèrent jusqu'au 8, jour où il fallait se rendre à Cîteaux. La veille, « par une belle matinée, nous sortîmes de Dijon, dit Meglinger, dès le lever du soleil. Notre but était de visiter le château de Fontaines d'où s'est levé cet astre radieux de notre ordre, ou pour mieux dire de tout l'univers, saint Bernard. Nous n'étions pas très loin de la ville lorsque nous aperçûmes le château, sur une colline qui domine une vaste et riante contrée, et ayant à ses pieds les maisons du village. De Dijon, une demi heure de marche conduit, par des ondulations très douces, jusque sous le château lui-même. Alors la rampe devient raide, mais on se sent porté à la gravir, afin de satisfaire sa curiosité et sa piété. De temps immémorial les habitants du lieu entourent de vénération le berceau de saint Bernard. Mais depuis un certain nombre d'années les largesses du roi de France Louis XIII ont fait croître encore la dévotion populaire. Le roi, en 1619, a commencé à faire bâtir pour les cisterciens de la stricte observance de la congrégation des Feuillants, un magnifique monastère, dont les édifices ne sont pas complétement achevés.

« A notre arrivée, nous rencontrâmes le R. P. abbé de Lilienfeld, qui étant parti en voiture était arrivé un peu avant nous. Nous franchissions le seuil de l'église, lorsque nous le vîmes offrant déjà le saint sacrifice, sur l'autel qui occupe l'endroit même où la pieuse Alette a mis au monde saint Bernard. Un religieux de la maison m'ayant fait connaître le précieux privilége de cet autel, j'attendis, pour y célébrer moi-même, que le R. P. abbé eut achevé les saints mystères. Cependant le R. vicaire général et son compagnon dirent leurs messes à deux autres autels. Libre enfin de satisfaire ma piété, je montai à mon tour à l'autel que j'enviais, et là j'offris le sacrifice mystique en l'honneur du très saint patriarche, dont la naissance avait attaché à ce lieu tant de prix. Lorsque nous eûmes tous contenté notre dévotion, on nous fit visiter le monastère et la maison paternelle de saint Bernard. Nous nous félicitions du bonheur qui nous était donné de parcourir ce riche parterre des plus belles vertus, où avait germé une sainteté si éminente. Mes yeux cherchaient partout des traces de cet enfant si pur : c'est en cette chambre, me disais-je, que sa mère si tendrement dévouée apprêtait son berceau. »

Et le bon moine énumère à plaisir tout ce que son imagination pieusement exaltée croyait revoir des scènes domestiques du château, quand saint Bernard et ses parents l'habitaient. Il s'absorba même tellement dans cette contemplation que ses compagnons de pélerinage durent le faire penser au retour. Afin de varier la route, on revint à Dijon par la Chartreuse (1).

Il y eut, sans aucun doute, quantité de pélerinages accomplis de la sorte, surtout au XVIIe siècle, par les religieux qui se rendaient au chapitre général de Cîteaux.

Parmi les dijonnais qui aimaient à visiter le sanctuaire de Fontaines, il faut citer le Vénérable Bénigne Joly, chanoine archidiacre de Saint-Etienne, mort en odeur de sainteté, à Dijon, le 9 septembre 1694. « On ne peut se dispenser, dit le P. Beaugendre, auteur de

---

1. Migne, col. 1588-1589.

sa Vie, de faire remarquer la vénération toute particulière qu'il avait pour le dévot saint Bernard, qu'il révéra toujours comme l'ornement de son pays, et comme un saint qui, par l'assemblage de toutes les vertus cléricales et monastiques, soutenues par un don de miracles dont son humilité souffrit beaucoup, devint luy même le miracle de son siècle. C'était pour ce grand saint et pour son berceau, que gardent aux portes presque de Dijon les saints religieux qui habitent le lieu de sa naissance, qu'il avait des tendresses qui ne se peuvent assez exprimer. » (1)

Dans un petit livre de piété intitulé *La dévotion des Prédestinez ou Les Stations de la Passion de Jésus-*

---

1. *La Vie de Messire Bénigne Joly* par un religieux bénédictin de la Congrégation de Saint-Maur, Paris, 1700, p. 391. — On trouve, en effet, dans les *Exercices de Piété*, composés par le V. Bénigne Joly, une pratique qui fait voir toute sa dévotion pour saint Bernard :

AU MOIS D'AOUST

1. Vous prendrés saint Bernard pour votre protecteur particulier, et vous l'honorerés par les trois pratiques marquées ci-dessus au mois de février, savoir :

1° Vous lui dédierés votre chambre, oratoire ou autre lieu, disant :

Saint Bernard, je vous consacre mon oratoire comme un lieu où je désire singulièrement vous honorer et invoquer.

2° Vous le priérés de vous prendre sous sa protection particulière dans ce mois, et que si vous avés à mourir, qu'il vous assiste en ce dernier passage, disant :

Saint Bernard, recevez-moi sous votre sainte protection durant toute ma vie, et surtout pendant ce mois, dans lequel si je venais à mourir, obtenés-moi, s'il vous plait, la grâce d'une bonne et heureuse mort.

3° Vous lui demanderés sa bénédiction en entrant ou en sortant de votre maison, ou faisant quelque chose, disant :

Saint Bernard, je vous demande votre sainte bénédiction.

2. Le mois se pourra utilement employer à la pratique du mépris du monde, ou de l'ardent amour envers Notre Seigneur Jésus-Christ, et à la dévotion à la Très Sainte-Vierge, à l'imitation de saint Bernard.

PRIÈRE A SAINT BERNARD QU'ON DOIT DIRE PENDANT LE MOIS

O glorieux saint Bernard, fils de Marie, puisqu'elle vous a donné de son propre lait, et frère de Jésus-Christ, puisque vous avez succé du même lait ; je vous choisis pendant ce mois pour mon protecteur et conservateur ;

Christ crucifié, qui se font en Jérusalem, par le R. P. Adrien Parvilliers de la Compagnie de Jésus (1), et publié à Dijon en 1722, l'auteur, expliquant la manière de faire ces stations et désignant les lieux où il convient de les faire, termine ainsi son *Avertissement :* « Vous finirez toutes lesdites stations par la dix-huitième (qui est celle de la montagne des Oliviers, où Notre-Seigneur monta au ciel) à Saint-Bernard ». Les stations précédentes sont indiquées en des églises de la ville de Dijon: devant la Sainte-Hostie à la Sainte-Chapelle, — dans l'église des Capucins, — à Saint-Nicolas, — au monastère de la Visitation, — à Saint-Etienne, etc. La dernière devait évidemment s'accomplir dans l'église des Feuillants, désignée sous le titre de « Saint-Bernard ». Aucune église de Dijon n'avait ce vocable.

Nous sommes arrivés au XVIIIe siècle, où le refroidissement général de la dévotion ralentit peu à peu, à Fontaines comme ailleurs, les pieuses pérégrinations si fréquentes au siècle précédent.

L'auteur de l'*Histoire de Notre-Dame de Bon-Espoir*, publiée à Dijon en 1733, rappelle la procession du 1er mai en ces termes : Michel Boudet, 88me évêque de Langres (1512-1529) a institué à Dijon la procession du 1er jour de mai dont la station était jadis dans l'église des Pères Feuillants à Fontaines, mais depuis plusieurs années on ne va que jusqu'à la Croix de la Charmote,

---

faites, ô grand saint! que je puisse avoir pour la sainte Vierge le même amour que vous avez eu pour elle, et qu'elle ait pour moi la même tendresse qu'elle a eue pour vous; que je puisse vous imiter et que j'aye vos mêmes paroles, votre même humilité et vos mêmes vertus, et rendez-moi semblable à vous, afin que je puisse un jour participer au séjour des bienheureux. Pater, Ave.
  (Exercices de Piété, pour employer saintement la journée, par feu Monsieur Joly, docteur en théologie de la Faculté de Paris, et chanoine de l'église Saint-Etienne de Dijon. — A Dijon, par Jean Ressayre, imprimeur et libraire ordinaire du Roi et de la Ville, vis-à-vis le Collège, à la Minerve. MDCCVII, p. 236, 237.)

1. Il existe un exemplaire de ce petit livre à la bibliothèque de l'hospice Sainte-Anne de Dijon.

où l'on fait des prières et les exorcismes qu'il a composés lui-même contre les insectes et tout ce qui peut nuire aux biens de la terre. » (1)

Cependant, en 1735, comme nous l'avons déjà noté, la ville de Dijon fit refondre la cloche qu'elle avait jadis donnée au monastère de Saint-Bernard et ajouta même quelques autres offrandes.

Les Feuillants furent longtemps dans l'usage d'inviter à leurs cérémonies religieuses, « pour le jour de Saint-Bernard, M' le maire de Dijon, qui amenait ordinairement avec lui deux échevins ; et pour le jour de Saint-Louis, d'abord l'un des syndics de la chambre des comptes, qui venait souvent avec un de ses collègues, et en second lieu Messieurs les trésoriers généraux, qui venaient également : les syndics de la chambre et les trésoriers devaient s'assurer si l'on acquittait fidèlement les services fondés pour Sa Majesté.

« Je crois bien, — continue Louis Gellain, qui nous renseigne sur cet usage, — que dans les commencements la dévotion y avait beaucoup de part. Aussi tous ces messieurs tant de la chambre des comptes et du trésor que de la maison de ville, après avoir assisté à l'office, acceptaient un léger rafraîchissement et se retiraient. (2) Mais on en vint à regarder comme une partie de plaisir ce que précédemment on avait envisagé comme une action de piété. Messieurs les maîtres des comptes refusèrent de venir au moins régulièrement. Messieurs les trésoriers, toujours exacts à se rendre, ont trouvé qu'il leur serait plus commode de dîner à la maison ; cependant ils s'y prennent et s'y sont tou-

---

1. Voir seconde partie du volume, p. 15.
2. Dans les grandes cérémonies, les maire et échevins se procurèrent même à leurs frais, chez quelque habitant du village, l'hospitalité et la table. En 1619, dans les comptes de la mairie de Dijon, figurent « 14 livres, 10 sols, alloués à Jean Rebourg de Fontaines, pour dépenses faites à son logis par le vicomte mayeur et quelques échevins venus en ce village pour assister à la pose de la première pierre de l'église de Saint-Bernard. — Archiv. municipales, M. 162, fol. 86.

jours pris on ne saurait plus poliment : un des deux députés, avant ou après la messe, présente au prieur ou au procureur un visa de douze francs de la part de messieurs du bureau, sans autre explication.

« Messieurs de ville, dans le temps du ralentissement de leur zèle, firent la même demande que messieurs du trésor, offrant d'envoyer le poisson pour le repas, et que nous fournirions le surplus, qu'il nous serait loisible d'inviter qui bon nous semblerait, et que de leur part trois ou quatre serait l'ordinaire. On souscrivit à la proposition, et tout se passa à merveille pendant fort longtemps. Dans la suite même ces messieurs proposèrent pour leur commodité de nous donner les cinquante francs qu'ils employaient chaque année à l'achat du poisson, moyennant quoi nous nous chargerions de tout, ce qu'on accepta encore. M^r le maire et deux échevins se rendaient ici avant le commencement du service et y assistaient. Le repas était honnête. Après le repas on se promenait et on conversait jusqu'à vêpres, et alors chacun selon ses affaires y assistait ou se retirait. Mais les beaux jours n'ont pas toujours duré, » et — nous abrégeons désormais Louis Gellain, intarissable sur la question — l'on se présenta pour dîner, sans avoir assisté à l'office ; au sortir du repas, on prit une table et l'on joua à la plaquette ; le jeu se continua pendant les vêpres et la bénédiction. Plainte des religieux ; susceptibilités à la maison de ville. Bref, la rupture éclata, et, quand Louis Gellain dressait son Inventaire, il y avait deux ou trois ans que ces messieurs ne venaient plus (1).

Les évêques de Dijon n'oublièrent pas de recommander à leurs diocésains le culte de saint Bernard. Le 3 octobre 1742, Mgr Jean Bouhier autorisa les Feuillants à continuer de solenniser la fête du 20 août et de l'octave avec les mêmes cérémonies que par le passé, et

---

1. Inventaire de Louis Gellain, p. 61-69.

approuva de nouveau le règlement de la confrérie, instituée sous Mgr Zamet, évêque de Langres. Mais, à l'époque où Dijon fut érigé en siège épiscopal, 9 avril 1731, il était moins que jamais à propos de songer à faire du 20 août une fête de précepte. Il y avait lieu, au contraire, de restreindre le trop grand nombre de ces fêtes, comme le fit trente ans plus tard Mgr d'Apchon, par mandement du 4 décembre 1761. « Après avoir représenté que l'église gémit depuis longtemps de ce que les fêtes qu'elle a instituées pour satisfaire et entretenir la piété de ses enfants, sont devenues pour plusieurs d'entre eux des occasions de chute et de scandale, Mgr l'évêque ajoute que ces motifs ont engagé la plupart des évêques de France, ceux mêmes de cette province en particulier, à supprimer plusieurs fêtes, et qu'il sent la nécessité de se conformer à cet exemple. A ces causes » il donne la liste des fêtes qu'il maintient comme obligatoires. Au mois d'août, l'Assomption figure seule dans cette liste (1).

1. Invent. de Louis Gellain, p. 448.

§ 4.

FIN DU PRIEURÉ

DÉMOLITION DES BATIMENTS

L'établissement du monastère royal de Saint-Bernard à Fontaines n'avait pas été mal vu de la part des habitants du village. Malgré quelques différents survenus, les rapports étaient d'ordinaire bienveillants et faciles. Il faut reconnaître que les religieux, en cherchant à se créer des ressources pour subvenir aux frais de leurs constructions, n'avaient pas intercepté à leur profit le cours des aumônes destinées à l'église paroissiale. Dans les titres de la Fabrique Monsieur Saint-Ambrosinien, on trouve plus de vingt fondations établies en cette église de 1619 à 1747. (1).

L'existence du monastère valut même aux habitants de Fontaines un allégement des contributions de guerre. Par Lettres du mois de mars 1631, Louis XIII « voulant en notre faveur et à notre recommandation, dit Louis Gellain, traiter favorablement les habitants de Fontaines, fit très expresses défenses à tous conducteurs de gens de guerre, tant à pied qu'à cheval, de loger ni permettre être logés aucuns desdits gens de guerre audit village de Fontaines, ni en icelui prendre fourrage et

---

1. Archiv. de la Côte-d'Or, G, fonds 40, cures et Fabriques, Fontaines-les-Dijon.

autres choses que du consentement desdits habitans, mandant au premier des prévots sur ce requis de faire contre les contrevenans telle et si rigoureuse punition qu'elle serve d'exemple à tous autres ; permettant Sa Majesté auxdits habitants de faire mettre ses armes en tels lieux et endroits dudit village que bon leur semblera, pour servir de témoignage des présentes, et à ce que personne n'en prétende cause d'ignorance.

« Il y a eu des circonstances, ajoute l'auteur de l'*Inventaire*, où la présente exemption n'a pu avoir lieu, mais alors nous avons obtenu de messieurs les commandants de la province des sauvegardes particulières pour notre fermier et notre vigneron (1).

« Les armes du roi ne se trouvent plus qu'au-dessus de la porte de M. le curé : il est vraisemblable qu'on les avait encore posées dans d'autres endroits (2). »

Les habitants de Fontaines bénéficiaient aussi du franc salé octroyé aux religieux. Ceux-ci, pendant les cinquante années qui précédèrent la Révolution, n'étaient plus qu'au nombre de trois ou quatre. Aussi, dit Louis Gellain, « il m'est inutile de faire remarquer que nous ne pouvons consommer quatre minots de sel dans notre petit ménage ; mais je dois avertir de ne pas vendre à la ville le surplus de notre provision. Il y a à craindre la saisie que nous avons échappée plusieurs fois, et d'ailleurs il y a assez de monde à Fontaine curieux de l'avoir, vu qu'on le donne à meilleur marché (3). »

---

1. En général, les religieux de tous ordres obtenaient facilement des sauvegardes de ce genre. Ainsi, pour une maison qu'ils possédaient à Fontaines, les Jacobins (Dominicains) se procurèrent cette faveur en 1651. « Le 6 novembre 1651, il y eut ordre du duc d'Epernon de la Valette (Bernard de Nogaret), pair et colonel général de France, chevalier des ordres du roy et de la Jarretière, gouverneur et lieutenant-général pour Sa Majesté en ses païs de Bourgogne et Bresse, pour exonérer du logement des troupes la maison que les Pères Jacobins de Dijon avaient à Fontaines. » Archiv. de la Côte d'Or. H. 938, Jacobins.

2. Invent. de L. Gellain, p. 69-70. — On voit toujours, en effet, au-dessus de la porte de la cure de Fontaines, les armes de France sculptées, qui rappellent la sauvegarde du roi.

3. Ibid., p. 87. — Malgré les précautions suggérées par Louis Gellain,

Maison de fondation royale, le prieuré était par là même « un lieu de refuge et d'assurance, dit encore Louis Gellain. Pour y prendre quelqu'un qui s'y était retiré, il fallait une lettre de cachet. M. de Tavannes, de son vivant commandant pour le roy dans la province de Bourgogne, fit usage de ce droit de refuge en faveur de quelques gardes des contrebandiers, et nous pria de les retirer chez nous, jusqu'à ce que leur affaire fût accommodée : il s'agissait de plusieurs coups de fusil lachés mal à propos, mais ils s'en tirèrent heureusement après six semaines et plus de retraite en cette maison (1). »

Les religieux acceptaient volontiers de remplir les fonctions du saint ministère, soit en l'église paroissiale de Fontaines, soit même en d'autres églises du voisinage. Quelques uns de ces services étaient d'ailleurs rétribués, et augmentaient le casuel du couvent.
C'est ainsi que les comptes de la Fabrique Saint-Ambrosinien pour l'année 1635 portent, aux dépenses : « 45 sols aux PP. Feuillants pour des messes dites en icelle église, et avoir fait le sermon le jour de la confrérie (2). » A cette époque la congrégation des Feuillants semble avoir été l'objet d'une particulière considération en Bourgogne. Dans le registre des délibérations de la chambre du conseil de Dijon, année 1635-1636, mention est faite d'une somme de 850 livres donnée par la ville au R. P. Dom Pierre de Saint-Bernard, religieux feuillant, venu de Bordeaux avec un autre religieux de son ordre, pour prêcher l'avent et le carême à la Sainte-Chapelle (3).

---

les Feuillants n'évitèrent point la réduction de leur franc salé. Dans les comptes du triennat de 1773-1776, ils déclarent ne recevoir plus que deux minots de sel.
1. Ibid., p. 55.
2. Archiv. de la Côte-d'Or, G, fonds 40, Fontaines-les-Dijon.
3. Archiv. municipales de Dijon, B. 273 et M. 196.

Au milieu du XVIII° siècle, l'abbé Genreau, prieur de Bonvaux, confia la desserte de son prieuré aux Pères Feuillants de Fontaines, moyennant 180 livres par an, mais avec charge de 80 messes à acquitter par les religieux. Les *États du temporel* du monastère Saint-Bernard parlent de cette desserte aux années 1750-1756. Ensuite elle cessa (1).

En 1786, dans leur réponse au Bureau diocésain, les Feuillants disaient : « La paroisse, qui est auprès de notre maison n'est desservie ni par la communauté, ni par aucun de ses membres, mais nous soulageons le pasteur dans la partie de son ministère la plus pénible, qui est la confession, et nous ne refusons jamais nos secours dans les autres fonctions où nous sommes appelés (2). »

On vit même le prieuré fournir à l'église paroissiale des secours pécuniaires. La foudre ayant endommagé le clocher de cette église, le 2 septembre 1750, les habitants de Fontaines supplièrent humblement le chapitre de Saint-Étienne, qui était le décimateur, de pourvoir aux réparations. Les chanoines répondirent par un Mémoire établissant que l'entretien du clocher de l'église paroissiale n'était à leur charge en aucune manière, attendu qu'il n'était pas posé sur le chœur. La jurisprudence bourguignonne en effet n'imposait point aux décimateurs l'entretien des clochers bâtis sur une travée de la nef ou toute autre partie antérieure de l'édifice. Dans cette circonstance, on le voit par les comptes du triennat de 1749-1752, les Feuillants contribuèrent aux frais des réparations de l'église paroissiale. (3)

---

1. Archiv. de la Côte-d'Or, H, 996.
2. Ibid., G, liasse 5, Bureau diocésain.
3. Ibid., G, 114. Saint-Étienne, et H, 996, Feuillants. — Le chapitre de Saint-Étienne eut toujours soin de faire réparer la toiture et les vitraux du chœur de l'église de Fontaines. Les Feuillants eurent des contestations avec les chanoines, en 1645, au sujet des dîmes de leur enclos ; vainement ils essayèrent d'obtenir une exemption.

A domicile, les Feuillants pouvaient, après les offices, vaquer à l'étude, chacun selon son goût. Ils possédaient, pour une maison qui ne fut jamais considérable, une assez riche bibliothèque, dont le catalogue est resté parmi les épaves des Archives du prieuré (1). Voici le titre de ce catalogue :

†

Iesus Maria

Bernardus

*Catalogue des livres du monastère
de Fonteines de la Congrégation des Feuillans*

Les ouvrages, au nombre d'environ 2000, sont classés sous ces titres particuliers : « Textes sacrés, Interprètes, Pères, Conciles, Droit canon, Théologie spéculative, Théologie morale, Casuistes, Controversistes, Prédicateurs, Auteurs spirituels, Cérémoniaux, Historiens sacrés, Droit civil, Médecins, Mathématiciens, Philosophes scolastiques, Philosophes moraux, Historiens profanes, Mélanges, Poëtes, Orateurs, Grammairiens.

Quelques uns de ces ouvrages ont pour auteurs des religieux Feuillants. Mais Jean de Saint-Malachie est le seul membre du monastère de Fontaines dont le nom figure dans la liste des auteurs. Outre l'opuscule dont nous avons parlé, il en écrivit un autre ainsi désigné : « D. Joannis a sancto Malachia paraphrasis in Salutationem angelicam, in-12, Divione, 1629. »

Rien n'indique qu'il y ait eu d'anciens manuscrits dans la bibliothèque du prieuré.

En terminant quelques notes relatives aux bâtiments du monastère, Louis Gellain conclut : « Dieu veuille que ce qui a demandé tant de temps, de peine et d'argent subsiste pour nous, *ad multos annos* ». Il ne semble pas

---

1. Archiv. de la Côte-d'Or, H. 996.

avoir eu le pressentiment que tout dût disparaître vingt ans plus tard, sous le coup de l'orage révolutionnaire. Ses successeurs ne paraissent pas avoir été inquiets davantage : ils bâtissaient encore en 1780.

On jugera de l'état des bâtiments du monastère après cette époque, par le plan qui en est donné *Planche 18*. Nous expliquerons ici la signification des numéros et des lettres de repère.

1. Petite tour, relevée vers 1780 et développée alors du côté du Levant. A la fin, elle fut isolée du reste du couvent, et devint le logement du vigneron.

2. Ancienne tour d'entrée du château, ou grande tour. Le rez de chaussée servit de sacristie de 1775 à 1790.

3. Ancienne petite maison du château, appuyée contre la tourelle de la guette, au Levant. A partir de 1750 environ, la partie correspondante à la tourelle forma plusieurs vestibules superposés, et l'autre partie, aménagée en chapelle, devint le sanctuaire de l'église.

4. Ancien donjon féodal, dit « Grosse tour, Tour Monsieur saint Bernard », renfermant, sous les Feuillants, au rez de chaussée les deux coupoles royales, au dessus une salle décorée dans le même goût.

5. Chapelle construite par les Feuillants en 1615.

6. Chœur des religieux, construit en même temps que la chapelle précédente. Le chœur, suivant la remarque de Violet, chantre de la Sainte-Chapelle, formait comme une tribune, ou estrade, mais peu élevée. Dessous était une cave pour le service du monastère.

7. Corps de bâtiment en partie ancien, en partie construit à neuf par les Feuillants. Il contenait, en allant du chœur à la cour F, salon, petit réfectoire, cuisine et office.

8. Halle renfermant le puits et un pressoir.

9. Tour du clocher. Entre cette tour et la chapelle cotée n° 5 était l'escalier à deux rampes, construit par les Feuillants, et desservant tous les étages.

10. Grand bâtiment neuf, terminé vers 1670, renfermant au rez de chaussée cloître, parloir, salle capitulaire, grand réfectoire et grande cuisine ; au dessus le dortoir, avec onze cellules ayant vue sur le Levant. A la fin, les Feuillants, ayant

abandonné les appartements du rez de chaussée trop vastes pour eux, n'occupaient plus que la partie supérieure du bâtiment, et l'appelaient leur dortoir.

11. Escalier reliant le bâtiment neuf à ceux du Couchant.
12. Grande cave du bâtiment neuf.
A. Petit clos dit la Muscandée.
B. Cour de la maison du vigneron.
C. Plate forme ou terrasse devant l'église.
D. Jardin en terrasse établi sur l'ancien terre-plein du château.
E. Grand enclos.
F. Petite cour entre la halle du pressoir et la cuisine.
G. Cour entre le chœur et le grand bâtiment ou dortoir.
H. Grande pelouse ou esplanade devant le monastère.
I. Jardin en terrasse devant le grand bâtiment.
J. Verger.

Ce qui reste des Archives des Feuillants fournit les noms de la plupart des prieurs du monastère et ceux d'un grand nombre de religieux. Mais à part de très rares exceptions, ce ne sont que les noms de religion. Il a paru inutile de relever cette liste sans intérêt. Quelquefois le prieur de Fontaines était en même temps provincial de Bourgogne. Tel fut, par exemple, en 1725, Jean-Louis de Saint-François.

Pendant le triennat de 1785-1788, la communauté se composait de trois religieux et de deux domestiques.

Les religieux étaient : Odet-Antoine Mayet, dit de Saint-Hugues, prieur, né à Lyon le 14 mars 1747 et ayant fait profession le 24 avril 1763; — Antoine Montaudon, dit de Saint-Georges, ancien, ayant fait profession le 23 janvier 1744; — Pierre Drivon, dit de saint Jean-Baptiste, procureur, né à Lyon le 17 mars 1747, et ayant fait profession le 9 novembre 1766.

Ces trois religieux conservant chacun leurs titres et fonctions se trouvèrent encore à Fontaines pour le triennat suivant (1).

1. Archives municipales de Fontaines, série D, registre n° 1, 1790-1839.

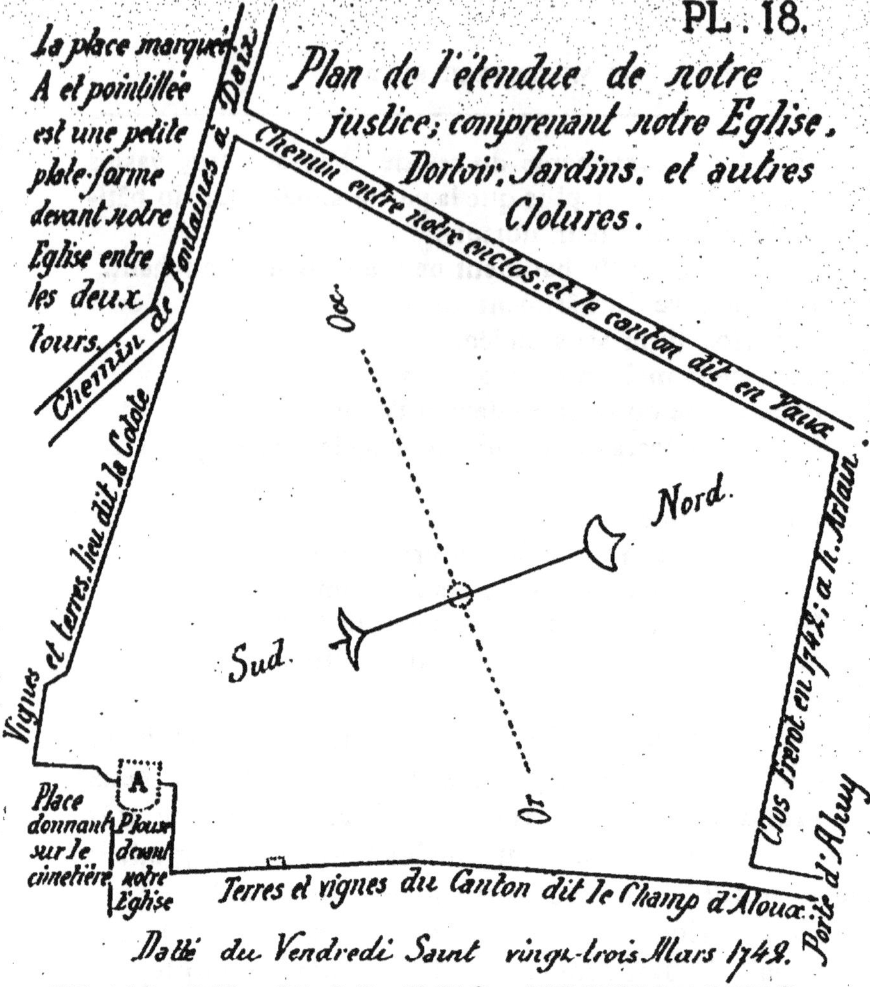

PL. 18.

PLAN DU CLOS DES FEUILLANTS

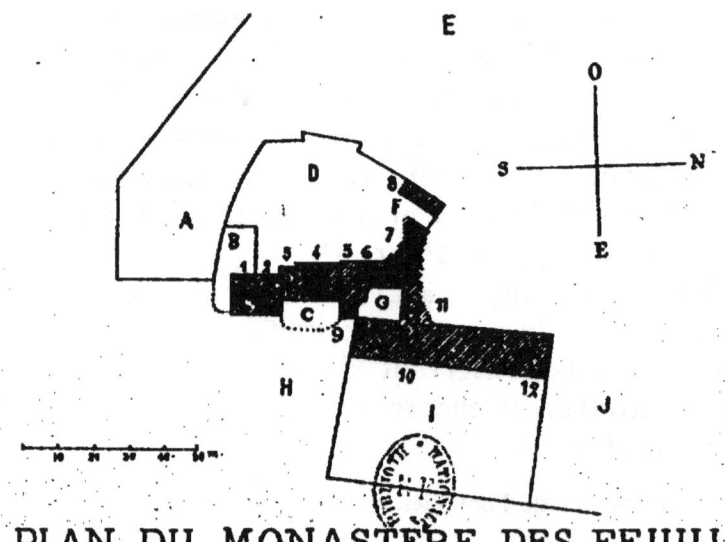

PLAN DU MONASTÈRE DES FEUILLANTS.
à l'époque de la révolution.

Lorsque l'assemblée nationale, par un décret du 13 février 1790, eut supprimé les ordres religieux et les vœux monastiques, les membres du prieuré de Fontaines comme ceux de toutes les communautés, eurent à déclarer s'ils préféraient rentrer dans la vie privée, ou suivre la vie commune dans les conditions que l'assemblée détermina. Dom Antoine Mayet et ses deux confrères hésitèrent d'abord à s'éloigner du berceau de saint Bernard, et acceptèrent cette vie commune soumise au contrôle des autorités civiles.

Cependant le plus âgé d'entre eux, Dom Antoine Montaudon, songeait à se retirer dans une des maisons qui furent momentanément conservées, où l'on vit en effet les religieux les plus fervents se réunir et continuer tant qu'ils purent d'observer leur règle. Ce louable dessein ne fut pas exécuté. Le 2 juillet 1790, en présence de la municipalité de Fontaines, Dom Antoine Montaudon, déclara « qu'ayant maintenant connaissance de la bulle de N. S. le Pape permettant aux religieux de quitter leur état, et n'ayant plus à craindre l'excommunication, il rentrait dans la vie privée. » Trois semaines après, le 22 juillet, il quitta Fontaines et se rendit dans le district de Limoges. Il avait 67 ans.

A diverses reprises, les officiers municipaux du village firent des inventaires dans la maison des Feuillants, par ordre du district de Dijon. Le 15 mai 1790, tout le mobilier fut inventorié : alors néanmoins, au sujet des livres et manuscrits du couvent, les religieux ayant déclaré qu'ils n'en avaient pas, on se contenta de cette déclaration. Ils durent, avant ou immédiatement après cet inventaire, envoyer les 2.000 ouvrages de leur bibliothèque à une destination que nous ignorons.

Le 17 août 1790, « les prieur et procureur du monastère de Saint-Bernard de Fontaines-les-Dijon exposèrent à messieurs du district que le cours de leurs revenus étant intercepté par les décrets de l'assemblée nationale (1) », qui attribuaient à l'Etat les biens du clergé, ils sollicitaient les pensions et subsides qu'on leur devait, afin de solder leurs créanciers. Le mémoire annexé à cette demande porte comme étant dû par le district : les pensions du prieur et du procureur, de 900 francs chacune ; 500 fr. pour six mois de résidence qu'avait fait Antoine Montaudon ; 180 fr. pour l'argent avancé au vigneron : total, 2480 fr., sur quoi les Feuillants avaient reçu 1478 fr.

Le 27 du même mois d'août 1790, les officiers municipaux de Fontaines, accompagnés d'un commis greffier, se présentèrent à la maison conventuelle des Feuillants, au nom des administrateurs du district, pour procéder à un nouvel inventaire. Dom Drivon, à qui ils eurent affaire, refusa de se prêter à cette opération. Il donna pour motifs : 1° que tout le mobilier était inventorié depuis le 15 mai ; 2° qu'il ne voulait pas qu'il fût procédé à l'inventaire des titres et papiers du couvent, en présence d'un commis greffier ; 3° qu'il aimait mieux porter tous les titres et papiers au Directoire et en retirer un récépissé ; qu'au surplus il allait se rendre à Dijon et s'enquérir.

Pendant le reste de l'année, Antoine Mayet et Pierre Drivon sentirent de plus en plus le poids des fers qu'ils avaient acceptés, et songèrent à s'en affranchir.

Le samedi 22 janvier 1791, la municipalité de Fontaines étant assemblée, après midi, le prieur Antoine Mayet dut venir remettre un Etat écrit et signé de sa main, contenant le nom, l'âge et la date de profession de chacun des religieux qui habitaient la maison conventuelle à la fin de 1789. La remise de cet Etat se faisait en exécution d'un article des décrets concernant les religieux, décrets qui avaient été publiés et affichés à Fontaines le 16 janvier 1791. Le prieur s'étant retiré après avoir accompli cette démarche, le procureur Pierre Dri-

---

1. Le premier de ces décrets fut porté en novembre 1789.

von comparut à son tour, fournit plusieurs pièces exigées, et spécialement deux déclarations dont l'une était faite par le prieur et l'autre par lui-même. Tous deux signifiaient qu'ils préféraient désormais quitter leur monastère et rentrer dans la vie privée.

Voici le texte de la déclaration du prieur :

La vie commune, dont les décrets me donnent le choix, étant autre que celle à laquelle je me suis lié par mes vœux ; toutes les autres circonstances de la position fâcheuse où se trouvent les religieux aussi mieux considérées ; je soussigné, révoque ma première déclaration insérée dans le procès-verbal de l'année dernière, et déclare en présence de la municipalité de Fontaines, pour me conformer à l'article 3 des décrets sur les religieux du 14 octobre 1790, que je me détermine définitivement pour la vie particulière, et que je la préfère, non à la vie commune de la congrégation des Feuillants que je ne puis que forcément ne pas continuer, mais à celle que les décrets entendent lui substituer jusqu'à l'extinction entière des Religieux qui voudront la suivre.

à *Fontaines-les-Dijon*, ce 22 Janvier 1791.
Fr. MAYET, prieur des Feuillants.

L'autre déclaration, plus laconique, avait le même sens.

Au sortir de Fontaines, Pierre Drivon se rendit à Lyon, sa ville natale. En qualité de procureur, il était chargé de l'administration du temporel et du soin des livres. L'*Inventaire* de Louis Gellain devait donc être d'ordinaire entre ses mains. Comme ce manuscrit a été acheté à Lyon, au courant de ce siècle, il est probable que Pierre Drivon l'avait emporté dans sa retraite.

Le prieur quitta le dernier la maison paternelle de saint Bernard. Il s'y trouvait quand l'architecte Nogaret vint faire l'estimation des immeubles le 14 juillet 1791. Le rapport de Nogaret est donné en appendice au présent paragraphe.

Le 16 août 1791, la municipalité de Fontaines procéda à un nouvel inventaire du mobilier, en vertu d'un arrêté du Directoire du district de Dijon. En cette circonstance, ce fut Dom Antoine Mayet qui remit les clefs du couvent aux officiers municipaux. L'inventaire dura les 6, 7 et 8 août. La spoliation effective commença ces mêmes jours. Tous les objets servant au culte, trouvés à la sacristie, furent conduits à l'administration du district. Dans un cabinet donnant dans la chambre du prieur, on trouva « une Enchâtre sans fermeture, intitulée Archives du monastère, contenant dix cartons, dont trois ne contenaient que des mandements d'évêques, recueil d'arrêts, et ont paru inutiles ». Les sept autres furent mis sous les scellés, pour être envoyés ensuite au district. On fit transporter à l'église paroissiale, où on les voit encore, deux panneaux sculptés représentant le Crucifiement et la Résurrection (1).

Sur ces entrefaites Antoine Mayet se retira à Dijon (2).

L'inventaire précédent n'avait pas porté sur le grand mobilier de l'église, comme autels, colonnes, retables. Le 20 août 1791, Philippe Daudon, entrepreneur à Dijon, fut chargé d'estimer ces objets.

---

1. Archiv. de la Côte-d'Or, Q..2, Liasse 34, cote 20.
2. Antoine Mayet figure dans la liste des prêtres arrêtés à Dijon et conduits au séminaire le 18 juin et jours suivants, 1792 (*Bulletin d'histoire et d'archéologie religieuses du diocèse de Dijon*, novembre-décembre 1884, p. 227). — Le 12 messidor, an III de la république (30 juin 1795), il comparut devant la municipalité de Fontaines, qui sans doute l'avait élu pour curé. « Le citoyen Antoine Mayet, prêtre du culte catholique, domicilié à Dijon, a déclaré que, déférant au vœu des citoyens de ladite commune, il était disposé à fixer sa résidence à Fontaines, pour y exercer les fonctions de son ministère en l'église dudit lieu ; et, en conformité de la loi, a fait sa soumission d'être fidèle aux lois de la République sous la garantie de ses opinions religieuses ; de tout quoi il a demandé acte. » (Archiv. de la Côte-d'Or, M. Liasse 86). — Le 13 messidor (1ᵉʳ juillet), la municipalité de Fontaines fit parvenir au district « l'extrait de la soumission aux lois de la République faite par le citoyen Odet-Antoine Mayet, ministre du culte catholique et ci-devant prieur des Feuillants. » (Ibid.). — Le 15 fructidor, an III de la république (1ᵉʳ septembre 1795), il comparut de nouveau devant les officiers municipaux de Fontaines, faisant instance pour le succès de la démarche précédente. (Ibid).

Le 25, après plusieurs jours de travail, on acheva de descendre les quatre cloches ; mais elles ne furent transportées au district qu'un an plus tard.

Les 12 et 13 septembre on vendit à l'encan les meubles et effets inventoriés au commencement du mois d'août. La vente produisit 292 livres, 9 sols, dont il fallut déduire les frais, montant à 24 livres, 14 sols.

L'année suivante, le 24 septembre 1792, on entreprit, mais sans résultat, de vendre le gros mobilier de l'église, autels, colonnes, etc. Enfin, le jeudi 21 mars 1793, la vente s'effectua : le tout fut acquis, pour 660 livres, par Yve Normand de Dijon. C'est alors que furent arrachées des coupoles les 16 colonnes de marbre qui en faisaient l'ornement, et que les délicates sculptures de l'édifice subirent de nouvelles mutilations. Précédemment il y avait eu les mutilations officielles ; les inscriptions gravées sur les pierres extérieures, où se lisaient les noms du roi et de la reine, avaient été labourées au ciseau, et le marteau avait fait disparaître les emblêmes de la monarchie.

Cependant tous les immeubles, bâtiments et enclos, avaient été vendus par le district, pour la somme de 21,600 francs, dès le 17 août 1791. Les acquéreurs étaient une société composée de cultivateurs, commissionnaires, aubergistes. N'ayant pu jouir entièrement de la maison conventuelle, jusqu'à l'époque de la vente du gros mobilier de l'église, ils réclamèrent une indemnité pour avoir abrité pendant vingt mois des « meubles et des ornements d'église appartenant à la nation. » (1)

Le 3 juillet 1793, ces premiers acquéreurs revendirent à trois autres associés demeurant à Dijon « tous les bâtiments, fonds et tréfonds d'iceux, cours, jardins, terrasses, aisances et dépendances, provenant des ci-de-

---

1. Archiv. de la Côte-d'Or, Registre des procès-verbaux des séances du Directoire du district de Dijon — séance du 22 mars 1793. — Titres de propriété de la maison de Saint-Bernard. — *Maison natale de saint Bernard*, Girault, p. 18-20.

vant Feuillants, et faisant partie de l'acquisition faite par eux au district de Dijon. Lesdits vendeurs se réservèrent le clos, la Muscandée et le verger joignant le bout du grand bâtiment du côté d'Ahuy. » Le prix fut réglé à 9000 fr.

Le 21 juillet 1793, les seconds acquéreurs cédèrent à la famille Daizey de Fontaines, la partie des bâtiments dite la petite tour ou maison du vigneron, avec la cour voisine, qui en était devenue une dépendance. Quant au reste, comme ils avaient acheté afin de tirer parti des matériaux, ils se mirent à renverser sucessivement les édifices. Le grand bâtiment neuf ou dortoir disparut le premier. Puis les constructions jusqu'à la halle du pressoir. Ensuite, ils attaquèrent l'église elle-même. Le clocher, le chœur et la chapelle attenante furent détruits. La tour Monsieur Saint-Bernard, si richement décorée par Jean de Saint-Malachie, ne fut pas épargnée. Tout l'étage supérieur fut également démoli. Les deux coupoles restèrent cependant, mais ensevelies sous un amas de décombres, et sans toit pour les garantir des eaux pluviales.

Après avoir achevé cette œuvre néfaste, les trois associés revendirent à une famille ce qui restait encore de la maison paternelle de saint Bernard. Mais, nul ne songea au prix qu'avaient ces ruines. Les deux chapelles vénérables furent livrées de plus en plus à la profanation. La chapelle de la Sainte-Vierge devint une forge ; celle de Saint-Bernard, une écurie.

APPENDICE

RAPPORT DE L'ARCHITECTE NOGARET

SUR LA

Reconnaissance et l'estimation de l'église et du couvent des Feuillants de Fontaines-les-Dijon (1)

R. le 18 juillet 1791.
45 aff.
art. 7.

En vertu de la Commission donnée à moi, Nogaret, architecte, par MM. les administrateurs du Directoire du District du département de la Côte-d'Or, séant à Dijon, à l'effet de reconnaître et estimer les bâtiments, l'église et enclos de la maison conventuelle des ci-devant Feuillans, à Fontaines-les-Dijon, de la séance du 21 juin matin 1791.

Ce faisant qu'après avoir prêté le serment requis par devant M. le Rouge, juge de paix de la section des ci-devant Carmes, le 25 du même mois pour ensuite faire les opérations ci-après.

Art. 1ᵉʳ. — M'étant transporté sur les lieux contentieux où je requis le ci-devant religieux habitant encore la maison de vouloir bien me donner une personne pour me servir d'indicateur, ce qu'il a bien voulu faire lui-même, et je reconnus ce qui suit :

---

1. Ce rapport est reproduit d'après la copie conservée parmi les titres de propriété de la maison de Saint-Bernard. Nous en laissons subsister le mauvais style et l'étrange orthographe.
Confronter avec la *Planche* 18 et les explications données p. 111.

Que l'église a de longueur depuis le renfoncement du maître autel jusque contre l'appui du cœur des ci-devant moines, 62 pieds sur 26, que le cœur a de longueur 23 pieds sur 17 de large, le tout en très bon état.

J'ai ensuite reconnu que dans cette même église, il y avait huit entablements qui soutenaient huit trompes qui portaient des voussures de St Antoine, rehaussé par dessus en cul de four, avec consolle joliment ornée; que ces entablements sont portés par, chacun, deux colonnes de 7 pieds de hauteur, compris base et chapiteaux corinthiens, dont lesdites colonnes sont au nombre de 16, savoir 10 de marbre noir et 6 en marbre rance de Flandre; les baze et tors sont en marbre blanc jaspé et les chapiteaux en albâtre bien traité (1).

J'ai reconnu ensuite que le tout pouvait s'enlever sans causer aucun dommage dans les constructions, attendu que les entablements prennent toute l'épaisseur des 6 pilliers qui forment les six arcs de triomphe dans lesquels, à la droite du cœur, il y a 3 chapelles, et les autres à gauche servent d'entrée avec des tribunes au-dessus.

Je reconnus ensuite qu'au maître-autel il y a un baldaquin charmant en bois doré et décoré soutenu par quatre colonnes de marbre de Flandre superbe; les bazes et chapiteaux corintiens sont en bois doré, les pieds d'estaux et gradin sont en bois mis en couleur de marbre. Le tombeau qui est à la romaine est également peint en couleur de marbre, le tout bien entretenu et en bon état.

La menuiserie des stalles du cœur des ci-devant religieux est en mauvais état faute d'avoir été entretenue; le cœur est fermé par un appui enferré fesant face au grand autel.

ART. 2. — Je me suis transporté ensuite à la sacristie où je reconnus qu'elle avait de longueur 23 pieds sur 10 de large; cette sacristie est voûtée, le tout en bon état; pour arriver aux tribunes et à un appartement qui est au-dessus de la sacristie, l'escalier est en bois, à deux rampes et en fort bon état.

La chambre au-dessus est à deux alcôves, il y a une cheminée de pierre polie, la couche décorée en plâtre, une platine; le tour de cette chambre est décoré d'une hauteur d'ap-

---

1 .Les chapiteaux que l'on a retrouvés sont en marbre.

pui en bois de sapin peint à trois couches gris-bleu, de même que les alcôves ; dans les deux angles du côté de la croisée, il y a deux encoinures prises dans le bâtis de la hauteur d'appui ; au côté opposé, il y a deux portes vitrées, l'une formant un tambour pour entrée dans la chambre et l'autre formant une garde-robe, le tout en très bon état.

Au-dessus de cette chambre est un grenier ; pour arriver à ce grenier, il faut traverser le corridor des tribunes qui est en bon état, vous gagnez l'escalier qui descend à l'église et monte ou dessert les greniers qui sont sur l'église et le cœur ; l'escalier et le passage des cloches, de même que le corridor sont en mauvais état ; les planchers sont détruits en partie. — Le grenier sur l'église est beau, bien plafoné, décoré d'un blason des ducs de Bourgogne(1), avec corniche et frise décorées en trigliffe, et entre les trigliffes des fleurs de lys ; à chaque bout il y a deux caissons dont les plâtres sont tombés et les bois m'ont paru pourris ; le pavé est en cadettes bien taillées et placées en compartiments ; il est aussi propre que s'il venait d'être fait ; les croisées et la porte sont en vétusté.

J'ai passé ensuite à un autre grenier donnant sur le cœur et une partie de l'église, ce grenier est plafonné mais tout uni et mauvais en différents endroits ; c'était autrefois une chambre, attendu que l'on a masqué une cheminée qui paraît aujourd'hui ; les croisées tombent en vétusté.

Je passai ensuite dans un autre corridor qui est en mauvais état. Je gagnai un des grands escaliers qui conduit au dortoir qui a de longueur 152 pieds sur 22 de large. Le plancher est assez bon, à cela près de quelques planches bombées, le pavé ainsi que les murs sont en bon état ; il y a dans le dortoir du côté du levant une séparation de la longueur de 14 pieds sur 10 pieds 6 pouces de largeur ; cet endroit dessert les latrines et un escalier qui est aussi beau que l'autre. — J'ai passé ensuite sur les planchers du dortoir et j'ai reconnu que les tirans traversaient d'un bout à l'autre ; sur lesquels tirans il y a une potence qui porte les fermes, elles sont au nombre de treize ; cette charpente est composée selon l'art et en bon état à cela près d'un tiran qui a menacé et qui est soutenu

---

1. Ce blason, découvert parmi les décombres, porte les armes de France et de Navarre. Cf. tome I, p. 118-119.

par un lien en fer. Le plancher au-dessus du dortoir est garni en terre.

Il y a dans ce même dortoir onze cellules de 10 pieds 6 pouces sur 11 pieds, lesquelles sont en bon état ; leur aspect est sur le jardin.

Art. 3 — Je me suis ensuite transporté au rez-de-chaussée où j'ai reconnu la salle et réfectoire ensuite, de même que la cuisine, ce qui a tout la même longueur et largeur que le dortoir, toutes les voûtes en arrête et les murs sont dans le meilleur état possible, la porte qui sépare la salle du chapitre du réfectoire est en mauvais état.

Art. 4 — Je passai ensuite à la cave par un large et beau escalier, l'un et l'autre sont dans le meilleur état possible ; cette cave peut contenir au moins 60 pièces de vin.

Art. 5 — Je passai ensuite au cloître qui est de la même longueur que le dortoir, mais comme dans l'entrée d'un bout il y a un parloir et à l'autre est pratiqué l'escalier, ce qui fait qu'il n'a que 122 pieds sur 10 pieds 6 pouces.

Le jardin parterre qui est devant le cloître a de longueur 152 pieds sur 116 pieds 6 pouces de large, fort bien emplanté d'espaliers et distribué en panneaux en buis assez mal en ordre actuellement faute d'être cultivé.

Art. 6. — J'ai passé ensuite à l'autre escalier donnant du côté de l'église; cet escalier quoique antique et fait en rampe droite a son mérite, et est en bon état ; dessous lequel j'ai reconnu que l'on a ménagé comme une espèce de fruitier fermé en planches; au passage du parloir à l'entrée du cœur, il y a une cour de 36 pieds de long sur 27 de large, remplie d'herbes jusqu'à la hauteur du genou.

Art. 7. — J'ai ensuite reconnu dans le cœur un caveau qui a la même espace où il y a de quoi contenir 20 pièces de vin, il paraît bien voûté et très frais.

Art. 8. — J'ai monté le petit escalier traversant un corridor; le plancher, les pavés sont dans un très bon état ainsi que les croisées. Du côté du couchant il y a une salle de compagnie qui a 18 pieds 6 pouces sur 14 pieds de large ; la hauteur d'appui est boisée et peinte à trois couches de même que le buffet qui est une partie enfoncée dans le mur ; l'autre côté, vis-à-vis le buffet, il y a une cheminée en pierre polie, la couche ornée en plâtre et garnie d'une platine.

En suite de cette salle est une salle à manger, de la longueur de 18 pieds sur 12 pieds de large, il y a également une cheminée de pierre polie et la couche ornée en plâtre, garnie également d'une platine ; le tout en bon état.

J'ai reconnu à la suite de cette salle à manger, une cuisine, ayant de longueur 24 pieds sur 14, pavée en cadettes et plafonnée en lambris de sapin. Le tout en bon état. Dans cette même cuisine il y a une cheminée qui fait poêle dans un garde-manger qui est très joli et en bon état. A côté de cette même cheminée est un four pour cuire : devant la croisée il y a un potager de 6 trous, au côté opposé il y a une fort belle pierre d'évier.

ART. 9. — Je me suis transporté ensuite dans une cour qui conduit au pressoir où j'ai reconnu un hangard de la longueur de 38 pieds sur 13. Dans un des bouts est le pressoir et dans l'autre est un genillier et par derrière un bûcher ; le pressoir et l'apandice sont en mauvais état ; au milieu du hangard il y a un puits creusé dans le roc que l'on dit avoir 88 pieds de profondeur auquel il y a un tour pour tirer l'eau.

La cour a également 38 pieds sur 13.

J'ai passé ensuite sur une terrasse qui compose un jardin potager ayant de longueur 133 pieds sur 103 pieds ; à peu près au milieu du potager, il y a une citerne qui contient 1728 pieds cubes d'eau : cette citerne est garnie de trois barreaux de fer agraffés à trois des margelles, arrêtés par un couronnement auquel est attaché un crochet pour y adapter la poulie qui est en cuivre, à laquelle il y a une chaîne et deux seaux ; à côté de cette citerne il y une auge de pierre d'Is-sur-Tille ayant de longueur 4 pieds sur 2 pieds 6 pouces de largeur et sur 2 pieds de hauteur. Le tout en bon état.

Le jardin est emplanté, en différentes places, d'arbres ; les quarrés sont formés par des allées spatieuses et plantées en buis.

ART. 10. — Je me suis ensuite transporté vers un petit bâtiment où logeait le vigneron. Cette maison attenant à l'église du côté du midi est composée de deux étages et d'un grenier ; dans le rez-de-chaussée, il y a une chambre à four, une écurie à vaches et une place assez considérable pour l'emplacement de l'escalier ; par derrière ledit escalier il y a une espèce de caveau ; la longueur de ce bâtiment dans œuvre est de 24 pieds sur 18 pieds 6 pouces.

Le premier étage est composé d'une chambre et d'un cabinet éclairés chacun par une croisée, le tout en fort bon état : le dessus de même ; le grenier qui est à côté est au-dessus de la sacristie ; l'escalier est en bois, éclairé du côté du levant par deux croisées, le tout en bon état, hors le rez-de-chaussée qui n'est point pavé.

Art. 11. — Je me suis transporté ensuite à la muscarienne (1) où j'ai reconnu un verger bien emplanté d'arbres ; cette mucarienne et exposée au midi et forme un larey. — Je me suis transporté à un autre verger donnant du côté du nord de la maison, que je reconnus être emplanté de jeunes arbres de toutes espèces, espassés également et fesant allées de tout par le sol de ce verger et un sainfoin usé.

Dans le revers de ce verger sont des broussailles où il se trouve des arbres, noyers et autres ; tout le pourtour de ces broussailles forme terrasse et fait le plus bel aspect possible.

Dans le bas de ce clos est un sol excellent de terres labourables. — Ces terres contiennent environ dix-huit journaux et à peu près au milieu il y a un puits garni de quatre margelles.

J'estime que le clos contient en tout vingt et un journaux environ, le tout bien clos de murs en assez bon état, ayant deux grandes portes pour les desservir, lesquelles sont aussi en bon état.

Après avoir bien examiné le plus scrupuleusement possible les parties désignées dans mon procès-verbal et d'après mes toisé et arpentage, j'ai estimé le tout valoir la somme de treize mille livres selon mes lumières et connaissances.

En foi de quoi, j'ai adressé le présent rapport ce jour d'huy 16 juillet 1791, ayant occupé pour le susdit trois journées et me suis soussigné.

NOGARET.

1. La Muscandée.

VII

LES MISSIONNAIRES DE SAINT BERNARD

Pendant vingt-cinq ans, la maison paternelle de saint Bernard resta dans la situation désolée que nous avons dépeinte en terminant le précédent article. Le souffle violent qui avait passé sur les esprits n'y avait pas seulement fait éclore des idées fécondes, principe d'heureuses réformes ; il en avait aussi effacé trop souvent, avec les vérités religieuses, les grands et vivifiants souvenirs. De Fontaines, de Dijon, de la Bourgogne, on assistait muet et résigné au spectacle de la profanation du sanctuaire natal de l'abbé de Clairvaux. Durant cette période, on ne voit aucun effort ni chez les fidèles, ni chez le clergé lui-même, pour réparer l'outrage fait à un si grand nom et pour replacer une garde au lieu saint.

En 1821, commence l'ère de la restauration.

Un archéologue laborieux, M. Claude-Xavier Girault, alors avocat consultant à Dijon, acheta la principale partie des restes du monastère des Feuillants. Comme il avait « le culte des grands et pieux souvenirs, il voulut soustraire à la profanation et conserver à l'archéologie religieuse les deux charmantes chapelles qui subsistent encore (1). » L'acquisition date du 9 août 1821 (2).

Afin de bien déterminer les bâtiments et le terrain achetés par M. Girault, il faut consulter dans ce volume le plan du monastère donné *Planche 18* et les pages 111-112. N'étaient point compris dans l'acquêt les emplacements marqués H, J, E, ni la maison du vigneron n° 1 avec la cour attenante B. Pour avoir la limite de séparation du côté du clos E, il faut tracer une ligne de l'angle septentrional du grand bâtiment à la halle du pressoir n° 8, puis, au-dessus du point D, abaisser, de l'angle méridional du mur faisant saillie, une perpendiculaire sur le mur de clôture qui est au Sud-Ouest. Etaient seuls restés debout les bâtiments numérotés 1, 2, 3 et 4 : sauf la maison du vigneron, ils appartenaient tous à M. Girault (3).

Par les soins du diligent archéologue, il fut aussitôt pourvu à la conservation des élégantes coupoles de Louis XIII et d'Anne d'Autriche. A travers la couche de quatre à cinq pieds de décombres qui en chargeaient les voûtes, les eaux pluviales s'y infiltraient et les dégradaient de plus en plus : elles furent dégagées et recouvertes (4).

Peu de temps après, le 5 novembre 1823, M. Girault mourait à Dijon. Il voulut être inhumé au cimetière de

---

1. *Notice biographique et bibliographique sur Claude Xavier Girault*, par Louis Girault, Dijon, 1859, p. 19. — Cf. *S. Bernard et le château de Fontaines*, tome I, p. 61 et 87, notes.

2. Titres de propriété de la maison de Saint-Bernard.

3. Le clos dit la Muscandée fut compris dans le terrain acheté par M. Girault, car la famille dont il reprit tout ce petit domaine, en était devenue propriétaire peu après sa première acquisition de mars 1795. Voir titres de propriété de la maison de Saint-Bernard.

4. *Notice sur Claude-Xavier Girault*, p. 19. — *Maison natale de saint Bernard*, par M. Girault, p. 20.

Fontaines, sous une modeste tombe, avec cette seule inscription écrite en son testament.

> CL. XAV. GIRAULT.
> *Recordare, Jesu pie,*
> *Quod sum causa tuæ viæ.*

Sa veuve, madame Oudette Lebaut, conserva jusqu'en 1840 la propriété de la maison de Saint-Bernard.

Bien que non livrée au culte, cette maison, du moins devenue accessible, attira de nouveau les visiteurs. Des chrétiens d'élite, comme M. Théophile Foisset, comprirent que l'on devait relever ces ruines et les rendre à la Religion. A leur contact, pensait le jeune étudiant, les ardentes initiatives bourguignonnes qui cherchaient à ranimer la foi parmi leurs concitoyens, sentiraient s'enflammer leur courage. En 1825, il rêvait d'un « Port-Royal catholique » à Fontaines. Plus tard, son frère, l'abbé Sylvestre Foisset, devenu supérieur du Petit Séminaire de Plombières, eut un moment la pensée de transférer cet établissement dans la maison paternelle de saint Bernard (1).

Dieu réservait à M. l'abbé Renault l'honneur de rouvrir aux pèlerins le sanctuaire de Fontaines, avec la tâche laborieuse d'être le premier fondateur de l'œuvre des missionnaires.

L'histoire des missionnaires de Saint-Bernard ne saurait être qu'une sorte de journal relatant les faits avec plus ou moins de détails. Chaque évènement important, chaque objet plus digne d'attention viendra sous un titre particulier.

PREMIER PROJET. ACQUISITION DU BERCEAU DE SAINT BERNARD.

A la fin de l'année 1835, M. l'abbé Renault, alors curé d'Arceau, voyant combien la foi avait besoin d'être

---

1. *Bulletin d'histoire et d'archéologie religieuses du diocèse de Dijon,* mai-juin 1891, p. 186.

raffermie parmi ses paroissiens, éprouva un vif regret qu'il n'y eût pas, dans le diocèse, une institution de prêtres auxiliaires et missionnaires, « capables d'aider les pasteurs à remplir les filets évangéliques » (1). Alors les ordres religieux faisaient défaut. La pensée de M. l'abbé Renault se porta, d'ailleurs, sur le clergé séculier et diocésain. Il souhaitait d'avoir « des prêtres du pays, compatriotes, condisciples parfois », de ceux à qui ils annonceraient la parole sainte. Il lui semblait, vu les difficultés du temps, que de semblables prédicateurs seraient mieux accueillis des populations, uniraient plus facilement leurs efforts à ceux du clergé paroissial, et que le diocèse, sur lequel ils concentreraient l'activité de leur zèle, « serait ainsi retrempé dans la foi ».

Du regret de ne point voir exister une telle œuvre, M. l'abbé Renault passa immédiatement au désir d'en entreprendre la fondation.

Quelques mois après, le 4 février 1836, Mgr Rey, évêque de Dijon, nommait l'abbé Renault son vicaire général, en des conjonctures des plus délicates. Mgr Rey avait en effet rencontré dans le diocèse une opposition, sourde d'abord, ensuite tout à fait déclarée.

Nous n'étudions pas ici le collaborateur de Mgr Rey dans l'administration diocésaine, mais laissant de côté, à dessein, tout cet aspect de la vie de M. Renault, nous nous bornons à le suivre dans son action relative à l'œuvre des missionnaires.

Le lieu qui lui paraissait destiné à être le siège de la mission, était le berceau de saint Bernard (2). Le 28 mars 1836, il s'ouvrit de son projet à Mgr Rey, qui goûta vite cette idée, disant « qu'il voudrait pouvoir être en mesure d'y faire droit et de la réaliser ».

---

1. Toutes les citations et tous les détails qui suivent sont empruntés aux Mémoires laissés par M. l'abbé Renault, et aux titres de propriété de la maison de Saint-Bernard.
2. M. Renault eut toujours une particulière dévotion pour saint Bernard. En 1827, il avait célébré sa première messe à l'église de Fontaines.

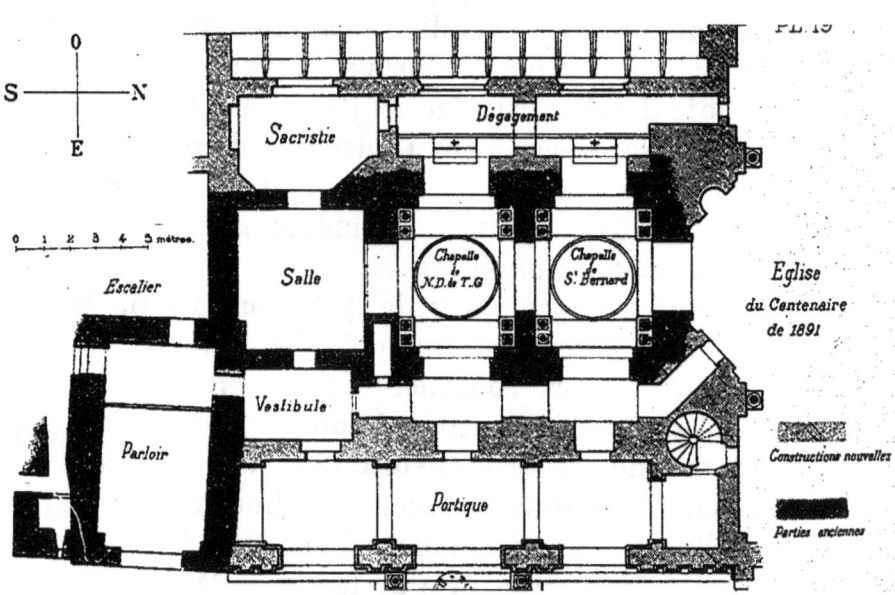

Le 24 août 1837, l'abbé Renault voulut se rendre compte de l'état des restes du monastère des Feuillants. Il a consigné dans ses Mémoires le récit de cette visite.

« Je m'acheminai en pèlerin, dit-il, vers la sainte colline de Fontaines, et je dis la messe devant le buste de saint Bernard (1). Je visitai ensuite avec douleur sa chapelle natale, alors horriblement mutilée, et livrée à des usages vils et profanes. Je visitai aussi, dans le clos, les ruines de l'ancien castel d'Alèthe et de Tescelin, et celles du monastère des Pères Feuillants, éparses pêle-mêle, sur le sommet de la colline, et mes yeux se remplirent de larmes. »

Dès les jours suivants, le zélé chanoine commença à traiter avec madame Girault de l'acquisition du berceau de saint Bernard. La propriétaire fut heureuse de rencontrer une occasion de remettre le sanctuaire de Fontaines en des mains sacerdotales et de le voir rendre sûrement un jour à la Religion. Néanmoins elle mit beaucoup de lenteur à s'en dessaisir : elle-même et ses deux fils tenaient à cette petite habitation.

Le 15 mai 1840, M. Renault, alors à Lyon (2), reçut une lettre de madame Girault, offrant de lui céder la mai-

---

1. Ce buste, provenant de l'abbaye de Molaise, était placé sur l'un des autels de l'église paroissiale, où on le vénère encore.
2. M. Renault se trouvait à Lyon, comme attaché à la Direction du Rosaire-Vivant. Il avait donné, ainsi que M. Thomassin son collègue, sa démission de vicaire général, le 18 octobre 1837. Lorsque, au printemps suivant, Mgr Rey eut renoncé à l'évêché de Dijon et accepté un canonicat de Saint-Denis; que, le 10 mai, le roi Louis-Philippe eut nommé son remplaçant, Mgr Rivet; l'abbé Renault se rendit à Lyon, afin d'étudier, sous les auspices de Notre-Dame de Fourvières, l'œuvre qu'il désirait fonder. Mgr Rey ayant quitté Dijon le 21 juin, MM. Thomassin et Renault furent nommés vicaires capitulaires. Rappelé ainsi à Dijon, le chanoine Renault y demeura jusqu'à l'arrivée de Mgr Rivet, 30 octobre 1838. Pendant son séjour à Lyon, à la suite d'entretiens avec Melle Jaricot, promotrice de l'œuvre du Rosaire-Vivant, il avait accepté en principe d'être coadjuteur de cette œuvre. Durant le mois d'octobre, accédant à la prière de Melle Jaricot, le cardinal Lambruschini avait fait approuver par le Pape l'adjonction de M. l'abbé Renault à la Direction du Rosaire-Vivant, sous la réserve du consentement de l'évêque de Dijon. Ce consentement ayant été accordé au commencement de novembre, M. Renault était retourné à Lyon, pour être le collaborateur de MM. Bétemps et Rousselon.

L'abbé Renault était trop absorbé par les œuvres voulues de lui, pour ne pas chercher à les greffer sur celle de Melle Jaricot, qui avait elleson de Saint-Bernard, s'il persistait dans les intentions manifestées en 1837. Il consulta aussitôt Mgr Rivet, qui avait succédé depuis 1838 à Mgr Rey. Voici, en résumé, la réponse du vénéré prélat :

« Dieu soit béni ! Je gémissais de voir le berceau de saint Bernard au moment de passer dans des mains profanes. Votre lettre est venue me relever. Puissiez-vous accomplir votre dessein ! Nous ferions une belle fête le jour où nous pourrions célébrer les saints mystères dans ce lieu vénérable. Quant à vos projets ultérieurs vous ferez tout ce qu'il vous plaira. Je n'ambitionne qu'une chose, c'est de voir le berceau de ce fervent serviteur de Dieu arraché à l'oubli et préservé de la profanation. Pourvu que je puisse y dire quelquefois la messe pour mon diocèse et pour moi, je serai content. » (1)

Quelques mois après, le samedi 26 septembre 1840, à Dijon, par devant Mugnier et son collègue, notaires en cette ville, madame veuve Girault vendait à M. Louis-Pierre-Paul Renault, chanoine honoraire de Dijon, tout ce qu'elle possédait à Fontaines provenant du monastère des Feuillants.

RÉOUVERTURE DE LA CHAPELLE SAINT-BERNARD

Dès le mois de février 1841, l'abbé Renault fit commencer les travaux de la chapelle de Fontaines. L'entreprise fut confiée à M. Caumont, architecte de Dijon.

---

même des vues très arrêtées. Les programmes étaient différents, l'entente ne fut pas possible.
L'acquisition du berceau de saint Bernard par M. Renault ménagea son retour à Dijon.

1. Au lendemain de son arrivée dans le diocèse, Mgr Rivet, en 1839, avait placé le Petit Séminaire sous le patronage et le vocable de saint Bernard. Quelques années plus tard, il fut l'un des plus ardents promoteurs de l'hommage solennel que Dijon rendit au grand moine : la statue de saint Bernard, œuvre de Jouffroy, fut érigée sur une des places de la ville. Le monument fut inauguré le dimanche 7 novembre 1847. — *Bulletin d'histoire et d'archéologie religieuses du diocèse de Dijon*, mai-juin 1891, p. 186, 187. — *Monument de saint Bernard érigé à Dijon en 1847*, Dijon, Victor Lagier, 1847.

Ce ne pouvait être qu'une restauration provisoire ; le nouvel acquéreur et ceux qui l'encourageaient, qui l'aidaient même dans la tâche qu'il s'était imposée, tous avaient hâte de voir reparaître en ce lieu vénérable un autel avec l'image de saint Bernard. D'autre part, les ressources étaient modiques : le bois dut remplacer les marbres arrachés en 1793.

Nous avons longuement expliqué, au tome I de cet ouvrage, l'erreur où l'on était à propos de l'emplacement de la « chambre natale ». Cette erreur fit nécessairement commettre des fautes dans la restauration hâtive qui s'accomplit alors.

La diligence que l'on mit à exécuter les travaux les plus urgents, fit espérer que la chapelle de Saint-Bernard pourrait être réconciliée le vendredi 20 août. « M. l'abbé Boguet, curé de Fontaines, le maire et des habitants du village témoignèrent leur satisfaction, à l'annonce de la prochaine réouverture de ce monument sacré. »

Mgr Rivet fut prié de venir lui-même le bénir. Obligé de partir le 19, il délégua son vicaire général, M. Thomassin, par lettre du 16 août 1841.

Ordonnance de Mgr Rivet évêque de Dijon
16 août 1841

FRANÇOIS-VICTOR RIVET, par la miséricorde divine, et la grâce du Saint-Siège apostolique, Évêque de Dijon :

Dans le juste regret que nous cause l'impossibilité où nous nous trouvons de nous rendre au désir de M. l'abbé Renault, chanoine honoraire de notre Cathédrale, en allant bénir l'autel qu'il a fait élever dans le lieu même où naquit saint Bernard, à Fontaines-les-Dijon ; voulant témoigner tout à la fois notre vénération pour un lieu si respectable, et notre affectueuse estime pour M. l'abbé Renault, dont la pieuse sollicitude a rendu au culte cette chapelle érigée par la piété de nos rois :

Avons délégué et par ces présentes déléguons pour faire en notre nom, lieu et place, la réconciliation de la chapelle, et la bénédiction de l'autel y érigé, M. l'abbé Thomassin, notre digne vicaire général; le tout selon les prescriptions du Rituel.

Mention de cette délégation spéciale sera faite au procès-verbal de cette cérémonie dressé sur les registres de la fabrique de l'église paroissiale dudit Fontaines.

Copie de ce procès-verbal sera adressée au Secrétariat de notre Évêché, pour être conservée dans nos archives.

Désirant, en outre, prouver à nos pieux diocésains les paroissiens de Fontaines et autres lieux, qui assisteront à cette cérémonie, notre affection paternelle,

Autorisons M. l'abbé Thomassin à leur accorder en notre nom quarante jours d'indulgences, dans les formes et sous les conditions d'usage.

Donné à Dijon, sous notre seing, le sceau de nos armes et le contre-seing du secrétaire général de notre Évêché, le seize août de l'an de grâce mil huit cent quarante-un.

† FRANÇOIS,
Évêque de Dijon.

Par Mandement :
BERNARD,
Secrétaire général.

Cependant les ouvriers ne sortirent de la chapelle que le samedi soir 21 août, et la réconciliation s'accomplit le lundi 23.

La veille, M. l'abbé Sylvestre Foisset, supérieur du Petit Séminaire, prêchant le panégyrique de saint Bernard dans l'église paroissiale de Fontaines, salua cette première restauration de la maison natale du grand patriarche de la vie monastique, et félicita le prêtre qui en avait eu l'heureuse initiative.

La réconciliation de la chapelle ne put être qu'une cérémonie sans éclat, vu l'ensemble de circonstances où elle eut lieu. Le procès-verbal en fut dressé par M. Thomassin, sur le registre paroissial.

*Procès-verbal de la réconciliation de la chapelle
Saint-Bernard.*

23 août 1841

L'an mil huit cent quarante-un, le vingt-trois du mois d'août, nous, vicaire général du diocèse de Dijon,

Avons, en vertu d'une délégation spéciale de Mgr l'Évêque, en date du seize août même année, réconcilié solennellement l'ancienne chapelle des Feuillants, érigée à Fontaines-les-Dijon par Louis XIII, en 1619, sur le berceau même de saint Bernard.

Cette chapelle restaurée par les soins de M. l'abbé Renault, chanoine honoraire de Dijon, a été cette fois inaugurée en l'honneur du mystère de la Rédemption, sous le vocable de saint Bernard, en présence d'un grand concours de fidèles. M. Boguet, curé de Fontaines, M. Eugène Guéniard, clerc-minoré, et M. l'abbé Renault, présents à cette cérémonie, ont signé avec nous le présent procès-verbal.

THOMASSIN, vicaire général.
BOGUET, curé de Fontaines.
P.-P. RENAULT, chanoine honoraire.
EUGÈNE GUÉNIARD, clerc-minoré.

Un mot de ce procès-verbal : *Inaugurée en l'honneur du mystère de la Rédemption,* tient à une des plus chères dévotions de M. Renault, à une de ses idées les plus accentuées, qui l'obséda au point de l'aveugler sur le véritable but qu'il avait à poursuivre. La Rédemption, ou plutôt la croix, signe de ce mystère, était sans cesse devant ses yeux comme une apparition céleste. Il la voyait partout, et partout il la représentait. C'est ainsi qu'ayant demandé à un sculpteur une statue de saint Bernard, il la voulut tenant d'une main le crucifix et de l'autre un rouleau où était inscrit ce passage des œuvres du saint docteur : « Hæc mea sublimior philosophia scire Jesum et hunc crucifixum ». Ici l'inspiration était assez heureuse. Mais, à la clef de voûte de l'arcade du sanctuaire créé vers 1750, où il releva l'autel, faussement persuadé comme tout le monde que ce lieu était l'antique chambre natale, on voyait encore quelques traces du chiffre d'Anne d'Autriche surmonté de la couronne fermée. Au lieu de restaurer cette clef suivant l'indication donnée par les derniers vestiges de la sculpture primitive, il fit polir la pierre et graver une croix. Toutefois les quelques atteintes portées de la sorte au monument étaient plus faciles à réparer que les erreurs d'un autre ordre. Tandis qu'il devait préparer d'une manière simple et pratique la fondation des missionnaires diocésains, l'abbé Renault s'égara à concevoir un institut dit de la Rédemption. Il serait peu utile d'en exposer le programme, mais la connaissance du rêve passionné du pieux chanoine était nécessaire pour se rendre compte du retard que l'œuvre des missions eut à subir.

L'insertion au procès-verbal du mot qui vient d'être expliqué, n'eut aucune conséquence. De fait, le sanctuaire de Fontaines continua d'être simplement la chapelle de Saint-Bernard.

Le 6 novembre 1841, le journal *La Côte-d'Or* paraissant à Dijon, publia un article intitulé : « Description de la chapelle Saint-Bernard, rétablie à Fontaines. » L'auteur était M. Caumont, l'architecte qui avait dirigé les travaux de restauration. Cet article, lu avec intérêt, signala davantage aux curieux et aux pèlerins le sanctuaire natal de l'abbé de Clairvaux.

Depuis Dijon où il avait sa résidence habituelle, M. Renault allait souvent célébrer la messe à la chapelle de Saint-Bernard. Les fonctions qu'il avait à remplir ne s'y opposaient point. Directeur diocésain du Rosaire-Vivant, chapelain de la Visitation, il exerçait encore son ministère chez les Frères des écoles chrétiennes, et à l'asile des aliénés. Mais Fontaines l'attirait de plus en plus. Le 28 août 1843, ayant été déchargé de ses fonctions précédentes, il obtint de s'y installer définitivement.

La maison de Saint-Bernard devint alors comme un ermitage, gardé par le prêtre qui s'en était rendu acquéreur. Aucun pèlerinage officiel ne s'y accomplit. Cependant la piété privée aimait à venir prier en ce lieu. Les visiteurs les plus assidus peut-être étaient les élèves des deux séminaires, que les directeurs de ces établissements se plaisaient à y conduire. Il nous souvient toujours, avec charme, d'une des premières promenades qui se faisait tous les ans au Petit Séminaire, à l'époque de la rentrée. C'était alors à la Toussaint. La chute des feuilles, le pâle soleil d'automne s'harmonisaient avec la mélancolie de l'écolier qui venait de quitter le foyer paternel pour reprendre une vie plus austère. Mais quand on avait chanté l'*Ave maris stella* au sanctuaire de saint Bernard, que l'on s'était rappelé les héroïques exemples du saint et de ses frères, que l'aspect du monastère en ruines avait fait songer à une ère sanglante, peu éloignée encore, où l'Église de France avait eu ses confesseurs et ses martyrs, on s'en retournait animé d'un courage viril et le cœur tout en feu.

La vue même du prêtre gardien de ce sanctuaire ajoutait à l'effet produit par le monument. Sa physionomie recueillie, le regard extatique qu'il attachait sur vous, son langage plein de foi où l'on remarquait comme un accent prophétique, tout en lui faisait impression sur les jeunes visiteurs.

Comme autrefois sainte Jeanne de Chantal, on venait prier à Fontaines en des circonstances décisives. M. l'abbé Just de Bretenières, martyrisé en Corée le 8 mars 1866, avait fait ce pèlerinage, accompagné de sa famille, le 19 septembre 1861, jour il quitta la maison paternelle pour entrer au Séminaire des missions étrangères.

Des pèlerins venus de pays éloignés gravissaient chaque année la colline de Fontaines. Le 26 décembre 1844, l'abbé Ratisbonne, qui avait prêché l'Avent à Saint-Michel de Dijon, voulut célébrer la messe à la chapelle natale du saint dont il avait écrit l'histoire.

Ce mouvement de dévotion envers le berceau de saint Bernard consolait l'abbé Renault au sein de sa solitude et lui rendait moins pénible la stérilité de ses efforts pour la fondation des missionnaires. L'œuvre, d'ailleurs, se préparait par le rétablissement du courant qui avait jadis entraîné les foules au lieu de naissance du grand moine, et qui devait les y ramener à l'heure marquée par la Providence. La célébrité de ce lieu était de plus en plus connue, grâce à des publications savantes, comme celle qui avait eu pour auteur, en 1855, M. Philippe Guignard.

Il y avait environ vingt ans que l'abbé Renault vivait dans son ermitage, quand fut reprise la question des missionnaires diocésains. Mais alors tout s'accomplit en dehors de lui et du berceau de saint Bernard.

Il y eut donation d'une maison située à Grignon, près de Montbard. Trois missionnaires de Sainte-Garde, venant de la maison d'Orange (Vaucluse), y furent établis au commencement de l'année 1867. Un prêtre du diocèse, M. l'abbé Philibert Aubert, curé de Val-Suzon, obtint de quitter sa paroisse pour entrer dans cette communauté. Ce fut tout. La fondation ne fut pas maintenue : après peu d'années, en 1874, les missionnaires de Grignon, y compris le R. P. Aubert, s'en retournèrent à Orange.

PREMIÈRE ASSOCIATION. PÈLERINAGES

En 1868, deux prêtres, enfants de Dijon, élèves du séminaire français de Rome, M. l'abbé de Bretenières et M. l'abbé Poiblanc, s'unirent à M. Renault, pour partager avec lui les droits et les charges de la propriété du berceau de saint Bernard (1). Mandataires spontanés du clergé et des fidèles, ils avaient pour but de conserver à tous un patrimoine sacré ; ils espéraient y repren-

---

1. L'acte qui constituait MM. Renault, de Bretenières et Poiblanc copropriétaires de la maison de Saint-Bernard, fut passé par devant M⁰ Roux, notaire à Dijon, le 28 octobre 1868.

dre bientôt eux-mêmes, avec l'agrément de Mgr Rivet, la garde nécessaire aux lieux saints. M. l'abbé de Bretenières fut alors nommé professeur au Petit Séminaire. M. l'abbé Poiblanc alla passer à Rome une dernière année, et à son retour, en 1869, fut placé vicaire à Semur.

Peu de temps après, la guerre de 1870-1871 gronda comme un menaçant orage sur le berceau de saint Bernard. Un poste d'artillerie française avait été installé dans l'emplacement du pourpris de l'ancien castel(1). Pendant trois jours, les 21, 22 et 23 janvier 1871, les batteries allemandes établies sur les hauteurs voisines couvrirent le clos et les bâtiments d'une grêle de projectiles. Le toit d'une mansarde fut rompu. Deux obus pénétrèrent dans la chapelle de Saint-Bernard ou coupole de Louis XIII, et brisèrent une statue de Notre-Dame des Sept-Douleurs, que M. Renault y avait érigée en 1843. Mais ce furent les seuls dégâts.

L'essor que prirent partout les pèlerinages en France, après la défaite et les horreurs de la guerre civile, se manifesta sans tarder sur la colline de Fontaines : la Bourgogne accourut implorer l'appui d'un protecteur éprouvé. Mgr Rivet vint lui-même, à la tête des pèlerins, célébrer les saints mystères sur un autel improvisé, adossé aux murs extérieurs de la « chambre natale ». Le 20 août et son octave redevinrent enfin des fêtes populaires. Cet élan généreux ne fut pas un instant d'enthousiasme passager ; depuis lors il s'est maintenu, et emprunte même aux années qui surviennent, plus de vigueur et d'entrain. Le premier pélérinage s'accomplit en 1873.

1. Ce poste faisait partie des troupes françaises momentanément placées sous la conduite du trop fameux condottiere Giuseppe Garibaldi, auquel le gouvernement de la défense nationale avait confié la garde du point stratégique si important de Dijon. Nous n'avons pas à nous prononcer sur la manière dont cette mission fut remplie. Qu'il suffise de dire que le général italien inspecta lui-même les batteries qu'il avait établies à Fontaines, et qu'il foula le sol béni où naquit le glorieux défenseur de la Papauté.

L'ancien vicaire général, dont les ressources pécuniaires étaient fort modestes, n'avait pu ni beaucoup agrandir son petit domaine, ni même le bien aménager. Il avait cependant acheté la maison du vigneron et ses dépendances, par trois contrats des 26 septembre 1840, 1ᵉʳ septembre 1842, 10 mars 1844.

La générosité des nouveaux associés permit aussitôt des améliorations. On acquit la partie du clos des Feuillants qui occupait le sommet de la colline, ainsi que le revers du Nord-Ouest. On fit quelques plantations pour boiser les friches dénudées.

INSTITUTION DES MISSIONNAIRES DE SAINT-BERNARD.

De 1854 à 1879, la paroisse de Fontaines eut comme curé M. l'abbé Merle, qui professait pour saint Bernard un culte enthousiaste. Chercheur émérite, il recueillit, sur la famille du saint abbé, un amas de documents très considérable, dont nous avons fait usage. Durant ses dernières années, il fut atteint d'un mal qui le rendit incapable de remplir toutes les fonctions pastorales. A sa demande, M. l'abbé Poiblanc quitta en 1876 le vicariat de Semur, pour venir inaugurer auprès de lui le service de prêtre auxiliaire.

Cependant M. Renault approchait du terme de sa carrière. Avant de s'endormir dans le Seigneur, en avril 1876, il put dire son *Nunc dimittis*. Dieu lui avait donné comme associés deux collaborateurs, qui devaient mener à bonne fin l'œuvre véritable à laquelle Fontaines était prédestiné, celle des missionnaires diocésains. M. Renault voulut être inhumé dans la terre natale de saint Bernard, et l'endroit où reposent ses cendres est compris dans l'enceinte de l'église qui se bâtit attenant et au Nord de l'édifice des coupoles.

Trois ans plus tard, le 18 novembre 1879, M. l'abbé Merle succombait, lentement miné par la maladie. M. Poiblanc fut alors nommé curé de Fontaines. Ainsi la cure fut-elle unie d'avance à l'établissement des missionnaires.

Après dix ans de professorat au Petit Séminaire, où il avait dirigé successivement les classes de seconde et de rhétorique, M. l'abbé de Bretenières obtint l'autorisation de monter à Fontaines, pour s'occuper définitivement de la création de l'œuvre des missionnaires. C'était à la fin de l'année 1878. Mgr Rivet, avant de rien statuer, voulut un rapport détaillé sur l'organisation de l'œuvre, et un règlement de vie pour ses membres. De concert avec M. Poiblanc et M. l'abbé Rouard, qui, professeur à Plombières depuis 1863, venait d'accepter la chaire de rhétorique en attendant qu'il s'adonnât lui-même aux missions diocésaines, M. de Bretenières rédigea le Mémoire et le Règlement demandés par Mgr Rivet, et les lui présenta.

Au cours de l'année 1880, M. l'abbé Rouard témoigna le vif désir qu'il avait de s'adjoindre à l'œuvre naissante, et permission lui en fut donnée. D'un autre côté, M. l'abbé Georges Aubert, frère du missionnaire de Sainte-Garde, curé de la paroisse de Chambeuf, sollicitait pareille permission, qui lui fut également accordée.

A la fin de l'été de 1880, pendant la retraite ecclésiastique, Mgr Rivet annonça aux membres du clergé qui en suivaient les exercices, l'institution officielle des missionnaires de Saint-Bernard.

Malheureusement, en même temps qu'il proclamait l'existence de cette œuvre, dès longtemps désirée par un grand nombre de prêtres, accueillie de tous avec la plus grande faveur, il en distrayait, temporairement pensait-il, celui que tout désignait pour y exercer la supériorité. M. l'abbé de Bretenières était placé par lui à la tête de l'école Saint-Ignace. C'était en effet l'année des décrets qui frappèrent les congrégations religieuses, et les pères de la Compagnie de Jésus ne pouvaient continuer de diriger leur collège. Malgré ce contre-temps, M. l'abbé de Bretenières fut élu supérieur par ses collègues de Fontaines, et l'élection ayant été ratifiée par Mgr Rivet, il eut à remplir simultanément les deux charges.

Le 24 novembre suivant, jour de l'Invention des reliques de saint Bénigne, *premier apôtre de la Bourgogne*, Mgr Rivet conféra par ordonnance spéciale aux missionnaires de Fontaines les pouvoirs relatifs à leur ministère.

Ordonnance de Mgr Rivet concernant les missionnaires diocésains
24 novembre 1880

François-Victor Rivet, par la miséricorde divine et la grâce du Saint-Siège apostolique, évêque de Dijon, à nos chers fils les prêtres gardiens du berceau de saint Bernard, missionnaires de notre diocèse, à Fontaines-les-Dijon, salut et bénédiction en N.-S. Jésus-Christ.

Voulant pourvoir, autant qu'il est en nous, au salut des âmes qui nous sont confiées et faciliter aux pécheurs leur retour à Dieu ;

Convaincu d'ailleurs que les missions sont un des moyens les plus efficaces pour atteindre ce but ;

Nous vous accordons à tous les pouvoirs suivants :

(*Suit l'énumération des pouvoirs*).

Les présents pouvoirs sont accordés *usque ad revocationem* à tous et à chacun des prêtres faisant partie des missionnaires diocésains constitués par nous gardiens du berceau de saint Bernard, à Fontaines-les-Dijon, pourvu qu'ils soient comme tels reconnus par nous et que notification leur ait été donnée des présentes.

Donné à Dijon, sous notre seing, notre sceau et le contre-seing du chanoine honoraire, secrétaire général de notre Évêché, le 24 novembre de l'an de grâce mil huit cent quatre-vingt.

† FRANÇOIS, *évêque de Dijon.*

Par mandement de Monseigneur
V. Silvestre, *secrétaire général.*

Depuis cette époque les successeurs des fils de saint Bernard en sa maison paternelle se consacrent à leur tour, avec un dévouement filial, à glorifier son nom, à restaurer et à orner son sanctuaire. En même temps ils évangélisent avec succès la contrée qui a vu naître le saint, et qui a nourri son enfance et sa jeunesse. La communauté a reçu quelques nouveaux membres, et lorsque l'un d'eux, pour les besoins du diocèse, est distrait de l'œuvre et placé à la tête d'une paroisse, il trouve généralement un confrère qui reprend son poste sur la colline de saint Bernard, du gré de l'administration diocésaine (1).

Pendant les deux années qu'il passa à Fontaines, M. de Bretenières s'était préoccupé, avec M. Poiblanc, d'enrichir de reliques la chapelle de saint Bernard. Après la réouverture de ce sanctuaire en 1841, les pèlerins purent y vénérer quelques parcelles des ossements du saint docteur, quelques fragments d'objets lui ayant appartenu ou ayant touché son corps. Toutefois ces reliques étaient de dimensions fort petites. Or, à partir de novembre 1878, le vœu des zélés gardiens fut exaucé.

ORIGINE ET NATURE DES RELIQUES (2).

M. Renard, en religion Frère Césaire, vitrier et tapissier de l'abbaye de Clairvaux, reçut l'ordre à un certain moment de la Révolution, d'emporter au monastère d'Auberive un grand nombre de reliques qui avaient été arrachées de leurs écrins. Clairvaux avait espéré que peut-être sa fille subirait de moins durs traitements, et que, remis à sa garde, ses trésors seraient plus en sûreté.

---

1. M. l'abbé de Bretenières, au moment où les pères de la Compagnie de Jésus rentrèrent dans leur collège, a institué l'école de Saint-François de Sales, dont il est supérieur en même temps que de la maison de Saint-Bernard. MM. Poiblanc et Aubert continuent le ministère des missions et résident à Fontaines. M. l'abbé Rouard, nommé curé doyen de Nuits en 1885, curé archiprêtre de Saint-Bénigne de Dijon en 1888, a été appelé aux fonctions de vicaire général en 1892.

2. Cette notice sur les reliques et la description du reliquaire qui vient à la suite, sont empruntées à une brochure publiée en 1881, Dijon, Marchand. On les trouve également: *Chronique religieuse du diocèse de Dijon*, juin et juillet 1881.

Vaine espérance : la mère et la fille furent également outragées. Frère Césaire ne put atteindre le but de son voyage et accomplir sa mission. Il se retira, emportant les reliques qui lui avaient été confiées, à Maranville, dans le voisinage de Clairvaux. Il avait alors cinquante-six ans. Il conserva dans le siècle les vertus du cloître ; il fit l'édification de tous, et mourut le 26 mars 1814, entouré de la vénération publique. Trois familles de la paroisse l'avaient spécialement assisté : il fit trois parts des reliques, sa seule fortune, et il reconnut les attentions dont il avait été l'objet, en en donnant une part à chacun de ses bienfaiteurs. Une des familles est maintenant éteinte, son nom même est ignoré.

La famille Clément, la seconde des familles enrichies par Fère Césaire, compte encore des descendants ; et ceux-ci gardaient toujours religieusement les reliques de Clairvaux, lorsqu'en 1878, ils en firent hommage à Mgr Bouange, évêque de Langres, en visite pastorale à Maranville. Les reliques, qui avaient appartenu à la famille Clément, parfaitement reconnues et authentiquées, font maintenant partie du Trésor de la cathédrale de Langres.

La troisième part des reliques de Frère Césaire fut donnée « à M. Claude Sautot, son ami, régisseur du château de Maranville, et excellent chrétien (1). » Celui-ci en mourant les légua à sa nièce, Marie-Anne Sautot, mariée à Pierre-Hilaire Mouchotte. Madame veuve Amiel, fille de ce dernier, « recueillit à son tour ce précieux héritage qu'elle avait vu, aux jours de son enfance, entouré par son grand-oncle du plus grand respect et conservé avec une grande foi par ses parents ; elle l'a gardé elle-même avec vénération jusqu'en 1878. » C'est alors qu'elle consentit à s'en dessaisir. Sauf quelques parcelles réservées en faveur de l'église de Maran-

---

1. Cette citation et la suivante sont empruntées à la notice que Mgr Bouange a rédigée lui-même au sujet des reliques trouvées à Maranville.

ville, Mme Amiel fit don des saintes reliques qu'elle possédait, à Mgr l'évêque de Langres et au berceau de de saint Bernard (19 novembre 1878).

Les reliques ainsi offertes au sanctuaire de Fontaines sont au nombre de cinq : — 1° une *côte de saint Bernard*; — 2° un morceau considérable de la *natte sur laquelle il est mort* ; — 3° un sachet renfermant de la *poussière de cette natte* ; — 4° des parcelles de bois du *lit* où le saint moine prenait son repos ; — 5° des débris d'un *ornement sacré* qui avait été à son usage.

La *côte*, soumise à l'examen d'un anatomiste, fut reconnue pour être la septième du côté droit. Elle avait appartenu à un homme de taille moyenne, et tel nous est dépeint saint Bernard par ses biographes contemporains. A en juger par l'état des tissus et les détériorations qu'elle a souffertes, on peut aisément la rapporter au moyen âge. Elle a cette couleur brun foncé que reconnurent aux ossements de saint Bernard ceux qui assistèrent à l'ouverture des tombeaux de l'abbaye de Clairvaux, en 1793. Preuve incontestable d'authenticité, elle fut trouvée, chez Mme Amiel, en 1878, encore entourée d'une rondelle en parchemin dans laquelle elle avait été introduite et qui portait cette inscription : *De costa sancti Bernardi, et de S^{to} Joanne*. La même rondelle renfermait donc primitivement et une côte de saint Bernard et un ossement du saint Précurseur. Cette dernière relique n'était plus à sa place ; mais la côte y était demeurée. Or, les inventaires du Trésor de Clairvaux mentionnent dans une statue en vermeil cinq reliques parmi lesquelles une côte de saint Bernard et un os de saint Jean-Baptiste avec l'inscription même que nous venons de relever (1).

Le *morceau de natte* échu au berceau de saint Bernard par la générosité de Mme Amiel a 27 centimètres

---

1. *Le Trésor de Clairvaux*, par l'abbé Lalore.
L'os de saint Jean-Baptiste autrefois joint à la côte de saint Bernard est maintenant au Trésor de Langres.

de long sur 7 centimètres de large. Le tissu est bien conservé. Il avait autrefois une largeur double ; mais il était plié en deux dans le sens de la longueur. A cette relique était jointe l'inscription suivante : *Pièces de la natte où est mort dessus N. P. S^t. Bernard.*

La *poussière de la natte* sur laquelle est mort saint Bernard fut trouvée renfermée dans un petit sachet d'étoffe bleu clair, cousu avec un fil de soie rose, et muni d'une étiquette en parchemin retenue au sachet par le même fil de soie. Sur cette étiquette, on voit encore écrit à l'encre : *Ex pul....... mattæ super quam obiit sanctus Bernardus.*

Les parcelles de bois précieux provenant du *lit* de saint Bernard, ont été trouvées enveloppées dans une petite pièce d'étoffe grossièrement repliée, verte sur une face et bleue sur l'autre. Sur un morceau de parchemin roulé autour, on lisait ces mots : *Ex lectulo sancti Bernardi qui est in veteri monasterio.*

Parmi les reliques reçues de Mme Amiel, figurent enfin des *débris d'un ornement sacré*, sorte de tissu brunâtre où l'élément métallique domine. La généreuse donatrice a déclaré qu'on les avait toujours considérés comme ayant fait partie d'un vêtement sacerdotal porté par saint Bernard. Qui l'avait appris, sinon Frère Césaire ? Ce respectable témoignage de la tradition se trouve d'ailleurs confirmé par les inventaires du Trésor de Clairvaux qui signalent un écrin contenant des restes d'ornements sacrés ayant été à l'usage de saint Bernard.

Toutes ces reliques ont été étudiées avec le plus grand soin par Mgr Bouange, évêque de Langres. « Il me fut facile, dit ce prélat dans la notice rédigée par lui à ce sujet, de constater leur authenticité ; je les trouvai enveloppées de leurs antiques sachets, munies de leurs antiques inscriptions sur parchemin, et telles absolument qu'elles étaient décrites dans les divers inventaires de l'abbaye de Clairvaux que M. Lalore a relatés dans son livre. » Aussi Mgr Bouange a-t-il délivré, le 13 août

1879, un acte d'authenticité, muni de son sceau et signé de sa main. Cet acte a été visé à l'évêché de Dijon le 7 août 1880. (1)

Il n'y a point de joyau qui n'ait son écrin. Pour enchâsser les restes précieux que venait d'acquérir le berceau de saint Bernard, il fallait un reliquaire dont la richesse fût en rapport avec leur prix. La description qu'on lira plus bas, fera voir que l'art s'est dépensé à le produire, et que les sommes n'ont pas été épargnées. Il fallait d'un autre côté des fêtes pour célébrer le jour où saint Bernard devait en quelque sorte reprendre possession de son berceau, et où ses reliques, trop longtemps oubliées ou trop peu honorées, allaient de nouveau recevoir l'hommage des foules, comme dans l'antique Clairvaux. Ces deux projets naquirent d'eux-mêmes dans le cœur des gardiens du sanctuaire de Fontaines. La piété bourguignonne s'émut à son tour, et l'annonce des fêtes qu'on préparait, donna lieu à de nouvelles libéralités. Les uns voulurent apporter leur or ou leur obole pour aider aux dépenses du reliquaire; d'autres se dépouillèrent de reliques de saint Bernard, qu'ils avaient en leur possession, heureux d'encourager ainsi la dévotion des pèlerins, et de témoigner leur haute sympathie pour l'œuvre naissante des missionnaires de Fontaines.

Mgr Rivet, évêque de Dijon, par l'intermédiaire de M. l'abbé Pillot, vicaire général, donna une *parcelle du chef de saint Bernard*. Un fragment avait été détaché du chef du saint docteur par Dom Rocourt, dernier abbé de Clairvaux, le 26 décembre 1790, et offert à M. Tridon, curé de Thoires, « en signe, dit l'authentique, de charité fraternelle et de bienveillance spéciale pour l'église de Thoires et son pasteur ». Des mains de M. Tridon, ce fragment passa à M. Bidaut, curé de Pothières, puis à M. Lamy, curé de Chaumont-le-Bois.

1. Archiv. de la maison de Saint-Bernard.

La sœur de ce dernier, Mme veuve Andriot, en hérita à la mort de son frère, en 1848 ; et plus tard elle en fit hommage à M. l'abbé Jérôme, curé de Sainte-Colombe-sur-Seine. La relique ainsi parvenue entre les mains de M. Jérôme était intacte, munie du sceau de Dom Rocourt et accompagnée de l'acte d'authenticité délivré par lui. Elle fut facilement reconnue par l'évêché de Dijon, en 1872. C'est alors qu'elle fut divisée en plusieurs parcelles, dont une a été cédée au berceau de saint Bernard (1881).

La cathédrale de Langres possède une portion notable de *la coule de saint Bernard*. Mgr Bouange consentit à en distraire une partie importante, en faveur de la chapelle de Fontaines, au moment où les reliques provenant de Mme Amiel furent soumises à son examen.

L'église de Poiseul-la-Grange avait reçu le 22 août 1724 de Dom Robert Gassot, alors abbé de Clairvaux, plusieurs reliques de saint Bernard. C'étaient quatre morceaux d'étoffe pris dans des vêtements sacrés ou autres qui avaient été à l'usage du saint moine. Ces reliques sont venues jusqu'à nous avec l'attestation de Dom Robert Gassot, établissant leur authenticité. A cet acte était joint un autre document, les lettres en date du 18 janvier 1725 par lesquelles Antoine-Bernard Gagne, doyen de l'église collégiale de Saint-Etienne de Dijon et vicaire général de Mgr l'évêque de Langres, reconnaissait les mêmes reliques, et permettait de les vénérer dans l'église de Poiseul. Par l'intermédiaire de l'évêché de Dijon, quatre parcelles de ces restes précieux ont été concédées à la chapelle de Saint-Bernard (1881). Elles portent les inscriptions suivantes : — *Ex panno super quem obiit sanctus Bernardus ;* — *Ex pileolo sancti Bernardi ;* — *Ex pulvino sancti Bernardi ;* — *Ex casula sancti Bernardi.*

Enfin nous devons mentionner deux autres reliques dont le sanctuaire de Fontaines était en possession depuis quelque temps, mais qui n'avaient pas été encore offertes à la vénération des pèlerins. Elles consistent dans un *fragment de côte* et un *fragment de péroné* de saint Bernard. M. l'abbé Renault, premier restaurateur du berceau de saint Bernard, les avait reçues de M. le curé de Saulles (diocèse de Langres). L'autorité ecclésiastique en a reconnu l'authenticité, en 1879 et 1880.

Comme celles qui sont dues à la libéralité de Mme Amiel, ces dernières reliques, offrande d'une généreuse bienveillance ou de l'amitié sacerdotale, ont été placées dans la splendide *Monstrance* préparée pour les enchâsser. La côte seule occupe le centre des rayons du reliquaire. Toutes les autres reliques ont été déposées dans la châsse qui sert de pied à cette monstrance; le regard du pèlerin peut les y contempler; sa piété, les y vénérer.

DESCRIPTION DU RELIQUAIRE.

L'exécution du reliquaire de saint Bernard fut confiée au talent d'un artiste lyonnais, M. Armand-Calliat. L'œuvre est magistrale. L'artiste y a mis la vive empreinte de sa foi, en même temps qu'il y déployait les richesses d'une imagination brillante et les ressources fécondes d'une puissante intelligence.

Cette pièce d'orfèvrerie, vraiment monumentale, figure un ostensoir ou monstrance dont la gloire serait de forme amande. Elle mesure en hauteur totale 1^{m}16. La largeur de la monstrance est de 0^{m}465 ; celle du pied, de 0^{m}465.

La base, en forme de châsse, est un carré long, à pans coupés, couvert sur ses quatre faces et sur sa toiture par des baies de cristal, dont le revêtement, d'une ornementation très légère, laisse voir la natte et les autres reliques désignées plus haut. Elle est portée par quatre chiens, caractéristiques du grand docteur. Ces chiens sont d'argent ; ils rappellent ainsi la couleur traditionnelle; de plus, ils sont ailés, et, suivant l'usage adopté au moyen âge pour les animaux remplissant une mission divine, leurs ailes sont richement ornées, tandis que les animaux malfaisants les portent à cartilages.

Au-dessus de la châsse, et reliée à elle par une hampe marquée d'un nœud brillant, s'élève la monstrance, vaste nimbe entourant la custode où se trouve renfermée la relique principale. Cette custode a une certaine saillie sur la face; toutefois, la plus grande partie de sa profondeur ressort au revers. Le nimbe, de forme amande, s'y rattache par des rinceaux ajourés. De longues lamelles émaillées, terminées chacune par un médaillon, achèvent l'ensemble de l'œuvre; elles partent des parois de la custode, traversent le nimbe et forment comme un rayonnement de la relique, qui s'épanouit avec les épisodes glorieux de la vie de saint Bernard.

Des palmettes orientales, bien placées sur le reliquaire du prédicateur de la seconde croisade, apparaissent sur les pans coupés de la châsse, la dentellent à sa base, s'arrondissent en rinceaux sur sa toiture et terminent la hampe; plus haut, elles soutiennent le reliquaire de la côte et son nimbe, et se retrouvent encore au sommet, où sont représentés les derniers sujets de l'histoire du saint abbé de Clairvaux : sa mort et son apothéose.

Cette histoire se développe, avec un ordre logique saisissant, dans une série de sujets ainsi distribués :

1° Sur la châsse, quatre rappellent l'enfance et la première jeunesse de saint Bernard. Une inscription formée d'un quatrain mesuré à la manière cistercienne entoure le pied de la châsse, indiquant le détail de chaque scène et l'idée générale qui les rattache, la vocation du grand docteur :

  Latrator strenvvs factvs ex vtero,
  Divinis sistitvr natvs altaribvs ;
  Illvm fvncta parens fovet e svpero ;
  Patrem linqvit cvm fratribvs.

Dès le sein de sa mère, il s'annonce comme un apôtre infatigable de la divine parole ;

Il naît, et sa mère le voue au Seigneur devant les saints autels;

Du haut du ciel, sa mère, qui vient de mourir, le soutient et l'encourage;

Accompagné de ses frères il quitte le château paternel, pour se rendre à Cîteaux.

2° Sur le nœud, de forme ovoïde, et qui est relié au cylindre de cristal par un groupe de six crossettes, quatre nouveaux sujets redisent la dévotion touchante de saint Bernard pour la sainte Vierge et les témoignages de maternelle tendresse que Marie se plut à donner à son grand serviteur:

Enfant, une nuit de Noël, la Vierge lui apparaît tenant Jésus qui vient de naître;

Malade à Clairvaux, il est visité par Marie, accompagnée de saint Benoît et de saint Laurent;

Il compose en l'honneur de la Vierge son beau commentaire « Super Missus est »;

Dans l'élan de l'inspiration, à la cathédrale de Spire, il termine le « Salve Regina » par ces belles invocations: Ô CLEMENS, Ô PIA, Ô DVLCIS VIRGO MARIA! qui se déroulent avec les premiers mots de l'Antienne, au-dessous du nœud, sur un ruban bleu-lapis.

3° Les deux faces de la gloire représentent la vie active de saint Bernard. La face principale est consacrée aux grandes œuvres de son apostolat. A gauche de la custode, de bas en haut, se succèdent les scènes suivantes:

Saint Bernard entre à Cîteaux;

Il fonde Clairvaux;

Il instruit ses religieux;

Il force le duc d'Aquitaine à la soumission, devant la puissance irrésistible de l'Hostie sainte.

Puis de haut en bas, à droite:

Il conduit l'antipape repentant aux pieds d'Innocent II;

Il triomphe d'Abélard, au concile de Sens;

Il prêche à Vézelay la seconde croisade;

Il confond les hérétiques dans le Midi.

Le revers reproduit ses miracles dans l'ordre physique et dans l'ordre spirituel. A gauche de la custode, de bas en haut :

Sous une pluie battante, saint Bernard dicte au religieux Guillaume la lettre à son neveu Robert, et le parchemin est respecté;

Il jette le repentir dans l'âme de sa sœur, et la ramène à Dieu;

Il donne l'habit religieux à Tescelin, son père;

Le seul ascendant de sa vertu force un voleur à restituer à un frère convers sa monture et ses bagages.

Puis de haut en bas :

Il délivre une femme possédée du démon;
Il ressuscite un mort;
Il rend la vue à un enfant.

Un dernier médaillon reproduit l'*affluence des pèlerins infirmes autour de son tombeau.*

Deux sujets de plus grande dimension couronnent le reliquaire : sur le revers, *la mort du saint*, et sur la face, *son apothéose*.

Le caractère de l'apostolat et de la vie publique de saint Bernard, déjà révélé par le sujet de tous ces médaillons, est encore exprimé dans deux légendes, tirées la première, du Livre de l'Ecclésiastique, ch. L, ỹ 7; la seconde, de la deuxième épître de saint Paul aux Corinthiens, ch. XII, ỹ 12. Elles sont inscrites en caractères d'or, sur émail blanc nacré, et entourent le cylindre en suivant la forme du nimbe :

Sur la face : QVASI SOL REFVLGENS, SIC ILLE EFFVLSIT IN TEMPLO DEI.

Comme le soleil illumine la terre de ses rayons, ainsi brilla saint Bernard dans l'église de Dieu.

Sur le revers : SIGNA APOSTOLATVS MEI IN SIGNIS, PRODIGIIS ET VIRTVTIBVS.

Les bienfaits, les prodiges et les miracles, voilà les signes qui marquent mon apostolat.

Tous ces sujets, au nombre de vingt-six, dessinés par M. Gaspard Poncet, savant peintre d'histoire et collaborateur de M. Armand-Calliat, sont gravés à traits niellés, sur fond champlevé, émaillé bleu-turquoise. Les compositions sont originales, d'un goût sûr et délicat, et n'ont rien de commun avec celles que l'histoire ou l'art ont pu reproduire jusqu'ici sur la matière.

Les lamelles, qui semblent clouées par de petits tourteaux, représentent sur les deux faces les émaux et le métal des armes de saint Bernard ; leur ton bleu-turquoise, en adoucissant leur teinte, les relie harmonieusement à l'ensemble de la décoration.

Dans son travail, M. Armand-Calliat laisse au métal la part prépondérante, que d'ailleurs il doit toujours occuper dans une pièce d'orfévrerie. Les émaux des médaillons sont des émaux d'orfèvre, et non de peintre ; ce sont de simples silhouettes d'or à traits noirs, s'enlevant sur le champ émaillé, sans autre couleur et sans modelé. D'un genre différent, ils eussent alourdi le travail de l'artiste ; au contraire, la décoration par les ors, concourt merveilleusement, avec les émaux, à sa parfaite harmonie. Du reste, tous les ors sont de couleurs variées : rouge, vert et jaune sur les palmettes ; vert rehaussé de rouge sur les ornements ajourés de la châsse, sur ceux du nœud et sur les languettes qui bordent le nimbe de la gloire ; vert tendre sur les rinceaux si légers qui séparent les lamelles.

Ce reliquaire est tout un poëme ; c'est la vie de saint Bernard exprimée sous des traits qui en font resplendir la beauté.

L'émouvante épopée de cette existence prodigieuse s'y retrouve en effet tout entière. C'est d'abord la vocation du religieux. Révélée à la bienheureuse Alette dans un songe extatique, elle éclot, elle croît et mûrit au soleil de sa maternelle et bénigne influence. La piété du jeune moine de Cîteaux revêt pour caractère distinctif la plus ardente dévotion envers Marie, qui a daigné lui sourire dans une douce vision aux jours de son enfance, et à laquelle il a voué, depuis la mort de sa mère, la naïve, la touchante affection d'un fils. Enflammée à ce double foyer, la grande âme de Bernard jette partout les énergies d'une volonté consacrée à Dieu sans réserve et les effusions d'un zèle, d'une charité que la mort seule peut arrêter. La mort vient en effet, hâtée par les travaux et les pénitences, mais c'est la mort des saints, qui couronne sa victime d'une auréole éternelle; et à ce dénoûment glorieux, les deux mères se retrouvent, présentant leur fils au Très-Haut. Telle est l'idée qui apparaît, dans ce magnifique reliquaire, inspiratrice et maîtresse : elle se laisse vite saisir par l'observateur attentif, l'œil en suit avec charme tous les développements, le cœur en est délicieusement ému, et l'on admire, dans l'œuvre de M. Armand-Calliat, un monument des plus remarquables, exécuté à la gloire de saint Bernard (1).

FÊTES DE LA TRANSLATION (2)

Les missionnaires de Saint-Bernard préparaient avec un zèle pieux les fêtes de la translation; ils les attendaient avec une sainte impatience. Personne ne saurait nier qu'elles n'aient dépassé en magnificence, en concours empressé des populations, tout ce que l'on avait vu depuis longtemps, et tout ce qu'au milieu des tristesses de l'heure où elles furent célébrées (3), pouvait rêver l'ambition la plus hardie et la plus enthousiaste.

Les *translations* solennelles des reliques des saints

---

1. La description du reliquaire et la notice sur les reliques sont dues à MM. Héron et Sardin, alors vicaires à Notre-Dame de Dijon. M. l'abbé Héron est maintenant curé archiprêtre de Notre-Dame de Beaune, et M. l'abbé Sardin, curé doyen d'Auxonne.

2. Le compte rendu de ces fêtes est la reproduction abrégée de celui qui fut publié, au lendemain de la translation, par M. l'abbé Guérin, alors vicaire à Saint-Bénigne, aujourd'hui curé doyen de Genlis.

3. C'était l'époque où, dans toute la France, les congrégations religieuses non reconnues par l'État venaient d'être frappées par les décrets du gouvernement. A Dijon les processions étaient interdites. L'Église voyait renaître pour elle l'ère des proscriptions.

ont toujours tenu une grande place dans la vie religieuse des peuples catholiques ; souvent même leur souvenir a laissé une trace impérissable dans la liturgie sacrée. Le peuple catholique de Bourgogne ne saurait oublier la translation des reliques de saint Bernard à Fontaines, accomplie le mercredi 6 juillet 1881. Mais translation signifie transfert d'un lieu à un autre. Il fallait donc un lieu choisi pour garder, un instant du moins, le précieux dépôt qui serait ensuite transporté dans son sanctuaire définitif. — Quelle église parmi les plus vénérables du diocèse de Dijon aurait cet insigne honneur? Assurément l'église cathédrale pouvait le revendiquer à raison de sa primauté. Mais, hâtons-nous de le dire, elle avait des titres et plus décisifs et plus touchants. En effet, c'est dans la crypte de Saint-Bénigne que les moines de l'abbaye avaient transporté sur leurs épaules les dépouilles sacrées de la pieuse Alette, pour leur donner, près du tombeau de l'apôtre de la Bourgogne, au milieu des corps des saints, la sépulture dont la voix publique les jugeait dignes. Plus d'une fois nous nous sommes arrêtés émus, en évoquant des souvenirs lointains, à la place maintenant vide où Bernard, le jeune orphelin, à l'âme si aimante et si pure, s'est bien souvent sans aucun doute agenouillé, répandant ses larmes et ses prières sur le tombeau qui renfermait la plus profonde des affections de son cœur. Qui pourrait douter de l'attraction puissante qu'un tel lieu exerça toujours sur l'âme du saint moine, alors que dans ses courses apostoliques il eut tant de fois à traverser la capitale de la Bourgogne? Les chroniqueurs nous en ont du reste laissé le témoignage formel.

Tels étaient les titres de l'église Saint-Bénigne à donner, plutôt que toute autre, un asile passager aux reliques de celui qui foula si souvent son parvis et sa crypte sacrée. Aussi bien, pour les recevoir, la vieille basilique revêtit une splendeur qu'elle n'avait point connue peut-être, depuis que l'abbé Hugues d'Arc élevait dans une châsse magnifique le corps du premier apôtre de la Bourgogne.

La pensée qui avait dirigé le vénérable abbé lorsqu'il entreprit « *l'œuvre la plus chère et la plus douce de sa vie* », fut aussi celle qui a présidé à l'ornementation du même temple pour la glorification du plus illustre des fils de Cîteaux. Le corps du martyr avait été placé « *dans une châsse merveilleuse et élevée derrière le maître-autel sur un trône d'une grâce et d'une magnificence extraordinaires* (1). » A six siècles de distance, les restes de saint Bernard reprirent la même place, dans une châsse ou *monstrance* dont le secret a été sans nul doute ravi aux artistes du moyen âge, et sous un *cyborium* dont les plus belles conceptions de cette époque de goût autant que de foi fournirent le modèle (2).

Admirablement décorée de tentures, d'oriflammes, de guirlandes, pour recevoir les restes précieux du grand saint, l'antique abbatiale attendait une autre parure, celle des foules pressées dans ses nefs spacieuses, et des princes de l'Eglise accourus pour faire une couronne triomphale à celui qui fut le dernier, mais non le moins célèbre des Pères.

Ce fut le dimanche 3 juillet, à la grand'messe, que commença le *Triduum* préparatoire à la translation solennelle du mercredi suivant. Mais bien avant l'heure, on se serait cru aux jours de Pâques ou de Noël, alors que la vaste enceinte de l'édifice ne peut plus contenir le peuple chrétien, qui reflue au dehors. Soudain toute cette foule semble saisie comme d'un frémissement de joie et d'amour. L'illustre enfant de la Bourgogne apparaît dans son reliquaire magnifique, porté sur les épaules des quatre vicaires de Saint-Bénigne en habits sacerdo-

---

1. *Analecta divionensia*, *Chronique de Saint-Bénigne*, p. 209.
2. Ce *cyborium* ne fut qu'un ornement décoratif improvisé pour cette circonstance solennelle. On en voit le dessin dans une photographie signée Dufour, Dijon, place Saint-Michel, et portant la date du 3 juillet 1881.

taux et fiers de l'honneur qu'ils ont réclamé. Un nombreux clergé ayant à sa tête le vénérable Chapitre précède les saints ossements ; deux pontifes les suivent. Tandis qu'aux sons majestueux du grand orgue la procession parcourt les rangs de l'assistance, tous les fronts s'abaissent, toutes les têtes s'inclinent; et bientôt sur son trône d'or, sous son *cyborium* qui étincelle au milieu des lumières et des fleurs, saint Bernard prend sa place au centre de l'abside. Alors la vieille église, depuis si longtemps veuve des restes de son martyr, avait vraiment quitté le deuil : par toutes les voix du peuple fidèle, par toutes les pierres de ses murailles, par tous ses splendides décors, elle chantait le cantique d'allégresse, parce que, pour quelques jours au moins, il lui était donné d'abriter, avec un honneur digne de lui, le plus glorieux des fils de l'héroïque apôtre dont le sang fut une semence de saints.

La cérémonie fut présidée par Mgr Perraud, évêque d'Autun. Ce pontife, aussi éminent par le talent et la science que par sa vertu, offrit le premier les divins mystères devant les reliques du grand docteur.

De nombreux artistes prêtèrent à ces fêtes leur gracieux concours. Ils s'étaient longtemps exercés, sous l'habile direction du maître de chapelle (1) de la cathédrale. L'exécution fut saisissante : on aurait dit qu'au nom de l'aimable chantre de Marie, les cordes avaient des vibrations plus sonores, les instruments des harmonies plus grandioses, et les voix surtout des accents plus émus.

Le soir, l'affluence fut au moins aussi grande pour entendre la parole chaleureuse et convaincue de Mgr Viard, protonotaire apostolique.

1. M. l'abbé Schwach, maître de chapelle à l'église cathédrale Saint-Bénigne ; M. l'abbé S. Morelot, nommé depuis chanoine honoraire ; M. Poisot, avaient consacré leur talent musical à composer divers morceaux, cantiques, motets, etc., dont plusieurs sont édités dans le recueil intitulé : *Les Echos de la sainte colline*, Dijon, 1880.

Le jour suivant commencèrent à arriver les étrangers, surtout quantité de prêtres du diocèse. La sainte messe fut célébrée par le vénérable évêque de Dijon, en présence de Mgr d'Autun et de Mgr Viard. Ce ne fut point assurément l'épisode le moins touchant de ces grands jours, que celui où l'on put voir, sous la blanche couronne de ses quatre-vingt-cinq ans, le pieux pontife ramassant ses forces épuisées par une récente visite pastorale, pour offrir solennellement le divin sacrifice devant les reliques du saint si vénéré, si aimé, dont il avait rajeuni le culte parmi nous. Depuis longtemps il préparait lui-même ces fêtes, avec toute la sollicitude d'un cœur dévoué au plus grand saint que la Bourgogne ait donné à l'Église. Souvent il en parlait avec amour : « Ce sont « mes dernières fêtes, disait-il, je veux qu'elles soient « belles et dignes de leur sublime objet. »

Au salut du soir, même affluence. Mgr Marpot, évêque de Saint-Claude, et le T. R. P. abbé de la *Grâce-Dieu*, étaient venus dans la journée augmenter la couronne des prélats qui devaient rehausser l'éclat des saintes cérémonies. La parole distinguée et éloquente de M. l'abbé d'Hulst, recteur de l'université catholique de Paris, produisit sur l'auditoire une impression profonde.

La journée suivante fut marquée par un caractère tout particulier de piété et d'empressement religieux. Du matin au soir la cathédrale ne cessa d'être visitée par un peuple immense, qui accourait, d'une manière vraiment touchante, pour implorer la protection de son saint compatriote. L'office solennel fut célébré par Mgr de Saint-Claude. Toute la journée, de véritables pèlerins montèrent comme une garde d'honneur autour des précieuses reliques. On leur faisait toucher des chapelets, des médailles, des objets de piété ; des malades demandèrent qu'on déposât un instant leurs linges aux pieds de la châsse.

La cérémonie du soir fut magnifique entre toutes. Un évêque italien, Mgr de Vintimille, était arrivé dans la

journée. Il venait, au nom des siens, acquitter une fois de plus une vieille dette de reconaissance envers l'illustre moine, dont l'irrésistible ascendant avait jadis pacifié leur pays. Après le prélat italien, Son Eminence le Cardinal-Archevêque de Lyon, Mgr Caverot, arriva juste à temps pour donner à la clôture du *Triduum* le suprême honneur de la présence de la pourpre romaine. Lui aussi venait acquitter sa dette de reconnaissance ; car saint Bernard avait béni le printemps de sa vie, alors que, dans sa jeunesse, il habitait avec sa famille la ville de Châtillon. « Je viens en compatriote, répé-
« tait-il, prier le saint qui a protégé mes meilleures an-
« nées, et au berceau duquel j'ai célébré l'une de mes
« premières messes. » Ce fut encore des lèvres de M. l'abbé d'Hulst que tomba sur l'assistance la parole sacrée, aussi pleine de charme et aussi entraînante que la veille.

Au lendemain 6 juillet était fixée la translation solennelle à Fontaines des reliques de saint Bernard.

Dès l'aurore, on vit de tous les environs, par les chemins des vallées, par les sentiers des coteaux, arriver peu à peu et gravir la sainte montagne, des groupes nombreux, des familles entières, la joie au cœur, la prière aux lèvres, et des provisions à la main, qui rendaient sensible l'intention de ne perdre aucune des cérémonies de la journée.

Mais c'est surtout du côté de la vieille cité des ducs de Bourgogne que l'animation était vraiment extraordinaire. Une multitude de voitures sillonnaient le chemin de Fontaines, allant et venant sans discontinuer, prenant les pèlerins au centre de la ville ou à la porte Guillaume, les ramassant dans le parcours, traversant à toute vitesse les piétons qui couvraient la route de leurs troupes pressées. La colline sainte paraissait toute souriante sous les rayons châtoyants du soleil encore humide d'une ondée matinale.

Cependant, au sortir de Dijon, les restes du plus illustre des fils de la Bourgogne durent être transportés comme à la dérobée jusque vers la montagne où Dieu fit apparaître, il y a huit siècles, un astre si brillant. L'interdiction des processions dans la ville et sur son territoire empêcha de former, dès le seuil de l'église Saint-Bénigne, une triomphale escorte autour de ces reliques vénérées. A Fontaines s'organisa le cortège. La précieuse châsse portée sur les épaules de quatre diacres en dalmatiques blanches, précédée des fanfares et du clergé, suivie des pontifes, gravit lentement les chemins tortueux du village et les pentes abruptes que domine le château de Tescelin. Les habitants de Fontaines avaient tenu à honneur de recevoir dignement leur grand compatriote. Les rues étaient jonchées de feuillage ; des guirlandes festonnaient les maisons, des fleurs souriaient aux fenêtres, des drapeaux flottaient au vent ; la foule recueillie, émue, s'agenouillait ou s'inclinait au passage des reliques et du cortège pontifical. Ce fut vraiment un spectacle attendrissant entre tous, que celui où l'on put voir le fils de la pieuse Alette revenir après huit siècles en triomphe au milieu des siens, et reprendre possession du vieux manoir de ses pères.

Ni l'église paroissiale, ni la chapelle ne pouvaient offrir une enceinte suffisante pour contenir la foule, qui depuis le matin s'entassait sur la colline. Les offices durent donc être célébrés en plein air (1). Adossé au monument des Feuillants s'élevait, sur une estrade, un abri de bois en forme de dôme, construit avec goût dans le style de la chapelle. Le fond était occupé par un autel surmonté d'un dais richement paré, sous lequel on plaça le reliquaire. Le devant de l'estrade était réservé aux prélats ; le clergé l'entourait sous des toiles à voile fortement tendues ; en avant se pressaient les pèlerins, dont la foule remplissait une partie de la pelouse.

La messe fut célébrée par Son Eminence le cardinal

1. On a évalué à dix mille environ le nombre des personnes qui prirent part à la fête de Fontaines.

Caverot. Ensuite Mgr Viard fit entendre sa parole vibrante, et termina, par un discours plein de feu, cette première partie de la fête.

Pendant l'intervalle des offices, la chapelle des Feuillants ne cessa d'être remplie d'une foule avide de prier plus près du reliquaire, qu'on y avait transporté. L'illustre fils de la Bourgogne avait enfin pris place dans son sanctuaire natal gracieusement décoré pour le recevoir. Une attention toute filiale lui avait préparé un autel, sous un baldaquin de velours aux somptueuses draperies, parsemées d'or et richement frangées (1). Durant quelques heures, la piété bourguignonne envers saint Bernard put se satisfaire à l'aise en contemplant de plus près et en baisant avec amour ses précieuses reliques dans le magnifique *ex-voto* qu'elle lui avait offert. C'est ce que rappelait aux yeux de tous une inscription empruntée à la grande église que Louis XIII et les Feuillants avaient entrepris de construire au milieu de la pelouse (2). La chapelle était, on le comprend, le point central du pèlerinage. Ce lieu sacré avait un attrait tout puissant, et l'on ne pouvait se résoudre à le quitter.

Les vêpres ayant été dites à l'église paroissiale, on se rassembla, comme le matin, devant l'estrade en plein air pour entendre encore la parole de M. l'abbé d'Hulst. Jamais plus haute philosophie ni plus profonde théologie ne fut mise avec plus de talent à la portée du vulgaire. A deux reprises, l'éloquent prédicateur dut arrêter d'un geste impérieux les applaudissements qui jaillissaient du sein de la foule électrisée par le feu de sa

---

1. Par une coïncidence, toute fortuite, ou plutôt providentielle, l'autel destiné au reliquaire occupait l'endroit même où, suivant l'antique tradition, la pieuse Alette mit au monde saint Bernard. On ne le remarqua point sur l'heure, car l'erreur persistait à propos du véritable emplacement de la chambre natale. Mais lorsque cet emplacement fut découvert, l'on se souvint, non sans reconnaissance envers Dieu, qu'à son retour en son château paternel, le saint avait reçu les premiers hommages au lieu précis de sa naissance.

2. C'était l'inscription gravée sur la pierre de la province de Bourgogne. Voir dans ce volume, p. 53, n° VII.

parole et de son regard. C'est dire sous quelles impressions, sous quelles étreintes étaient toutes les âmes, lorsque commença cette procession touchante, où les reliques de saint Bernard portées, comme au début de la journée, sur les épaules des ministres sacrés, suivies des pontifes, précédées du clergé et des longues files de pèlerins chantant ses louanges, jouant des airs de triomphe, parcoururent le chemin qui contourne la partie supérieure de la colline, autour du château de Tescelin. C'était là, dans ces sentiers, sur ce tertre, que le saint encore enfant avait, sous le regard de sa pieuse mère, pris ses premiers ébats ; on croyait le voir à tous les détours du chemin, à tous les carrefours de la montagne ; ou plutôt, s'élançant sur les ailes de la foi et de l'amour, on le contemplait dans la gloire céleste, accueillant les hommages et les vœux qui montaient vers lui dans ces incomparables fêtes.

Au retour de la procession, une insigne faveur fut annoncée aux heureux pèlerins. C'était, par les mains de l'éminent cardinal, la bénédiction même du Souverain-Pontife avec tous les bienfaits qui l'accompagnent.

Un regret pourtant se lisait sur tous les visages, et les yeux cherchaient avec une avidité toute filiale le prélat bien aimé qui avait été l'âme de ces magnifiques solennités. Épuisé par la fatigue, Mgr Rivet n'avait pu paraître en public aux cérémonies de ce grand jour ; mais il s'était transporté à Fontaines, et ce n'est pas sans une vive émotion qu'on le vit s'associant dans la mesure du possible, par une fenêtre du vieux château, aux prières et à l'enthousiasme de la multitude.

C'est ainsi que les reliques de saint Bernard furent transférées à Fontaines, le 6 juillet 1881, par Son Éminence le cardinal Caverot, Mgr Rivet, évêque de Dijon, Mgr Perraud, évêque d'Autun, et Mgr Marpot, évêque de Saint-Claude (1).

1. Mgr Cortet, évêque de Troyes, est cité comme ayant également pris part à ces fêtes, dans la liste des prélats imprimée au bas d'une

PL. 20

ÉTAT DE LA MAISON NATALE DE St BERNARD EN 1891

RESTAURATION DE LA MAISON NATALE DE SAINT BERNARD

Les missionnaires avaient d'abord eu soin de faire réapparaître saint Bernard en sa maison natale, par la translation d'importantes reliques dans ce sanctuaire vénéré. Après avoir noblement rempli cette tâche, ils entreprirent aussitôt de restaurer ce qui existait encore de l'habitation féodale et surtout les deux coupoles construites au xviie siècle, dans les salles basses du vieux donjon de Tescelin. La vétusté des édifices, les outrages subis en 1793, nécessitèrent de toutes parts des travaux considérables. La bâtisse extérieure fut consolidée ou relevée, de 1881 à 1884. Les réparations d'intérieur suivirent, après une année d'intervalle, et durèrent jusqu'en 1891.

Nous avons fait connaître, tome I, page 107 et suivantes, le résultat de cette double restauration, habilement conduite par M. Selmersheim, architecte du gouvernement. Les *Planches 19* et *20*, insérées dans ce tome III, donneront d'ailleurs une idée suffisante des bâtiments actuels. L'une contient le plan par terre des constructions, l'autre en reproduit la façade.

Depuis 1891, l'intérieur des deux chapelles royales a reçu quelques embellissements. A la place de l'asphalte qui en recouvrait le sol, on voit aujourd'hui, bien assortie au style des coupoles, une mosaïque, au centre de laquelle se déroulent ces deux inscriptions :

Dans la chapelle de la Sainte-Vierge

† HAC. IN. ÆDE. CITHARISTÆ. SVI. BERNARDI. DEVOTE. COLITVR. SACRA. VIRGO. MARIA. OMNIVM. GRATIARVM. DOMINA.

---

photographie du reliquaire. Il devait s'y rendre, en effet, mais un obstacle imprévu le retint.
Pour le tirage de la photographie, qui se fit à Lyon, avant l'envoi du reliquaire, on introduisit dans la custode une côte en plâtre. Il y a une sensible différence entre l'ossement véritable et le *fac-simile*. Ce détail a paru bon à noter, dans la crainte qu'il ne naisse un jour quelque doute sur l'identité de la relique.

Dans la chapelle de Saint-Bernard

† HOC. IN. SACELLO. TVNC. CELLARIO. DE. PIA. ALEIDE. NATVS. EST. SANCTVS. BERNARDVS. ABBAS. CLARAVALLENSIS.

La chapelle de la Sainte-Vierge a gardé son autel provisoire. Celle de Saint-Bernard s'est enrichie d'un autel définitif, où le marbre et l'onyx s'allient heureusement au cuivre doré. Les autels sont adossés à une belle boiserie, formant au-dessus de chacun d'eux une niche avec baldaquin en forme de dôme. Un regret persiste néanmoins, c'est que ces autels aient été placés hors des chapelles anciennes, et que celles-ci ne soient point isolées du nouveau couloir occidental, par une cloison ajourée, qui rendrait au monument toute sa grâce native, et signalerait mieux encore aux pèlerins le lieu sacré qu'ils viennent visiter.

Outre le projet de la double restauration rappelée en ces quelques mots, les missionnaires de Saint-Bernard en avaient formé un autre. L'exiguité du sanctuaire natal leur faisait désirer l'érection d'un second sanctuaire, plus spacieux, dont le premier serait une annexe. Aussi bien l'opinion publique réclamait déjà avec instance la célébration solennelle du prochain anniversaire séculaire de la naissance de l'illustre abbé de Clairvaux. Cette heureuse date commençait à exciter l'enthousiasme. Il fallait étudier comment on pourrait solenniser le centenaire, et en préparer les fêtes.

Sous l'empire de ces préoccupations, en 1884, les missionnaires firent appel à des dévouements qui n'attendaient que cette invitation pour travailler, avec eux, à glorifier saint Bernard. Le *Comité de l'œuvre de saint Bernard* fut alors créé : la première réunion eut lieu, le 17 mars 1884, au palais épiscopal, et fut présidée par Mgr Rivet. Un comité de dames patronesses se forma également. Saint Bernard tient une si grande place dans les annales de la sainteté et dans celles de l'histoire, qu'il parut convenable d'intéresser toute la France à la restauration de son sanctuaire. Plusieurs abbés de l'ordre de Cîteaux, des prélats éminents accordèrent sans hésiter la faveur de leur précieux patronage. Son Eminence le cardinal Caverot voulut partager avec Mgr Rivet la présidence d'honneur du comité. Enfin Sa Sainteté le pape Léon XIII, par un bref du 31 mai 1884, daigna bénir l'œuvre et tous ceux qui auraient le mérite de s'y associer (1).

La mort de Mgr Rivet (12 juillet 1884), celle de Mgr Castillon, décédé deux mois après son arrivée (9 novembre 1885), ajournèrent l'étude définitive du projet du centenaire. Mgr Lecot, nommé au siège de Dijon le 2 mars 1886, allait donner l'essor à cette généreuse idée.

LE CENTENAIRE DE SAINT BERNARD

L'église n'a point d'anniversaire liturgique pour fêter la naissance terrestre des saints. Il n'y a d'exception à cette règle que pour la Sainte Vierge et le Précurseur, et les raisons de cette double exception sont connues. N'était-ce donc pas innover que de vouloir marquer, par de grandes solennités religieuses, l'année 1891, parce qu'elle ramenait le 800e anniversaire de la naissance de saint Bernard ? (2)

Geoffroi, secrétaire du saint abbé, semble avoir répondu d'avance à cette objection.

« La sainteté de Bernard, dit-il, fut magnifiquement

---

1. Le comité de l'œuvre de saint Bernard n'a cessé, depuis sa création, de déployer le zèle le plus ardent pour seconder les missionnaires dans leur noble entreprise. De nouveaux membres ont apporté le concours d'une infatigable activité. Sous la haute présidence de Mgr Oury, évêque de Dijon, les dignitaires actuels sont :
MM. Henri JOLIET, docteur en droit, à Dijon, *président* ;
    le Bᵒⁿ Auguste d'AVOUT, ancien magistrat, à Dijon, *vice-président* ;
    INLED, notaire, à Dijon, *trésorier* ;
    Gabriel DUMAY, ancien magistrat, à Dijon, *secrétaire*;
    Henri GÉRARD, propriétaire à Fontaines, *secrétaire*.

2. Nous avons exposé au tome II, pages 23-28, des raisons qui permettent de placer, plus probablement peut-être en 1090, la naissance de saint Bernard.

publiée avant sa naissance même. Il en est que Dieu appelle dès l'enfance, d'autres en la jeunesse, d'autres au déclin de la vie. Il en est aussi, mais en petit nombre, qui reçoivent une bénédiction, une faveur, un privilège extraordinaire ; avant qu'ils ne soient nés, Dieu, par des signes certains, révèle leur destinée à qui il lui plaît. »

Puis, ayant rappelé la vision d'Alette, les aboiements mystérieux qui effrayèrent la pieuse mère, l'explication prophétique de ce divin présage du grand et fécond apostolat de son fils, « c'est ainsi, continue Geoffroi, c'est avec ce don de sainte et irrésistible éloquence que Bernard apparaît dès son origine. Il n'était pas né encore, et déjà l'on vantait les bienfaits de sa prédication, ou plutôt, déjà il prêchait lui-même. Il ne suçait pas encore le lait maternel, et déjà on l'entendait glorifier Dieu (1). »

Ainsi, — pour rendre plus explicitement toute la pensée de Geoffroi, — saint Bernard vint au monde, non, il est vrai, avec la grâce et la sainteté, mais avec la céleste promesse, confiée à sa mère, qu'il serait l'objet des complaisances divines, et qu'un jour brillerait à son front la plus glorieuse auréole. A ce titre, la naissance de cet enfant prédestiné se distingue des autres naissances. Fêter son avènement, à une date séculaire, sur son sol natal, en la chambre où il est né, paraissait à ses compatriotes un droit légitime et un devoir.

Mgr Lecot accueillit le projet du centenaire avec l'empressement le plus favorable.

Ayant fait le voyage de Rome, pendant l'automne de 1889, le zélé prélat voulut entretenir Sa Sainteté Léon XIII du vœu formé par le peuple de Bourgogne ; il espérait obtenir du Pontife suprême, pour cette œuvre de piété et de reconnaissance, une de ces bénédictions qui sont la garantie de celle du Très-Haut. Dès la première audience qui lui fut accordée, il laissa tomber avec

---

1. Migne. col. 582-583.

émotion, dans le cœur de Léon XIII, l'expression du pieux désir qu'il partageait ardemment lui-même.

Le nom de saint Bernard, l'idée d'un centenaire à célébrer en son honneur, illuminèrent tout à coup la physionomie du Pape : « Saint Bernard ! s'écria-t-il, répondant à l'évêque de Dijon ; saint Bernard ! l'ami si tendre de la Sainte Vierge ! le commentateur inspiré du Livre des Cantiques ! l'auteur de ces sermons qui portent avec eux tant de lumière et tant de force ! Saint Bernard, ce grand régulateur de la vie religieuse ! Oh! oui, je bénis vos projets, et je veux m'y associer de toute mon âme. »

Dans une autre audience où fut repris le même sujet : « J'ai médité avec saint Bernard, ajouta Léon XIII; j'ai relu ses chants pleins de poésie, ses hymnes si gracieuses à la Sainte Vierge, ses sermons pour le temps de l'Avent ; j'ai revu les leçons sévères qu'il donne aux puissances de son temps. Oh ! oui, il faut faire de belles fêtes ; elles n'honoreront jamais trop un si grand saint, et elles pourront être si utiles ! car les fortes leçons données par saint Bernard aux hommes de son temps, sont bien les leçons que réclame le temps présent... »

Puis, spontanément, le souverain Pontife promit de faire parvenir une Lettre à Mgr Lecot, et d'autoriser de sa voix suprême les fêtes du centenaire. (1)

A peine de retour en France, l'évêque de Dijon reçut la Lettre promise. En voici la teneur :

Lettre de Sa Sainteté Léon XIII
à Mgr Lecot, évêque de Dijon,
autorisant la célébration du VIIIe centenaire de la naissance
de saint Bernard.
12 décembre 1889.

LEO PP. XIII

Venerabilis Frater, Salutem et Apostolicam Benedictionem.
Non potuit non esse gratissimum Nobis consilium a te sus-

---

1. *Mandement* de Mgr Lecot, évêque de Dijon, du 1er septembre 1890.

ceptum, et a dilectis Filiis sodalibus ad sacras expeditiones a S. Bernardo nuncupatis, celebrandi in ista Diœcesi solemnia anni octingentesimi ab ortu auspicatissimo S. Doctoris, Abbatis Primi Claræ-Vallensis, qui non istam modo nativitatis suæ sedem, sed omnem Ecclesiam pietatis radiis suæque sapientiæ monumentis, in omnem ætatem illustravit. Nihil enim justius putamus, cum pro ea veneratione qua S. Doctorem prosequimur, tum pro eo observantiæ studio quod omnium ætatum Antistites et Fideles in Eum prætulerunt, quam memoriam ejus sancte renovari, et illustria ejus merita recoli, quorum causa omnem posteritatem Ei grato animo decet esse devinctam. Nec solum justam sed opportunam etiam et utilem, his temporibus, ejus nativitatis sæcularem commemorationem arbitramur, ut auctoritas et vox ejus apud homines hujus sæculi reviviscat, vox nempe quæ olim habita fuit tanquam vox Domini confringentis cedros, id est capita superborum, et intercidentis flammam ignis, id est contentiones et dissidia quæ Ipso vivente misere grassabantur. Par itaque est ut in ista Diœcesi, cui gloria contigit tantum virum eduxisse, Ei debitus honor effuso studio tribuatur, nec dubitamus quin solemnia quæ acturi estis, tum pietate Vestra in Eum quem ut præclarum Patriæ Vestræ lumen intuemini, tum magnitudine gloriæ et nominis ejus sint futura dignissima.

Interea Deum adprecamur ut pientissima consilia curasque Vestras sua gratia prosequatur, lætisque cumulet fructibus, et in divinarum gratiarum auspicium, ac in pignus dilectionis Nostræ, Apostolicam Benedictionem Tibi, Venerabilis Frater, cunctoque clero et Fidelibus quibus præsides, peramanter in Domino impertimus.

Datum Romæ apud S. Petrum, die XII decembris anno MDCCCLXXXIX, Pontificatus Nostri duodecimo.

LEO PP. XIII.

Mgr Lecot communiqua immédiatement cette Lettre aux missionnaires de Saint-Bernard, puis aux membres des deux comités. La plus filiale reconnaissance déborda de tous les cœurs à la lecture du bref pontifical. L'activité redoubla pour la préparation des fêtes.

Cependant Mgr Lecot écrivait un mandement pour

faire connaître officiellement au diocèse la faveur obtenue du Saint-Père. Soudain une nouvelle se répand et bientôt se confirme : l'évêque de Dijon est élevé au siège primatial de Bordeaux. La publication du mandement fut retardée, et quand il parut, le 1er septembre 1890, il contenait, avec la première annonce des fêtes du centenaire, les adieux de Mgr Lecot à l'église de Dijon.

Quinze jours après, entrait solennellement dans la ville épiscopale, Mgr Oury, transféré de Fréjus à Dijon. A ce pontife qu'un courage intrépide avait conduit, sur les navires de la marine française, à travers toutes les mers, aux plages de tous les continents, Dieu avait réservé le doux labeur d'achever les préparatifs du centenaire, la joie profonde de voir son nouveau diocèse devenir le théâtre d'inénarrables fêtes. A lui l'honneur d'exalter comme jamais le grand moine qui, au XIIe siècle, défenseur des causes les plus nobles et les plus sacrées, chevaucha, pendant presque sa vie entière, avec une ardeur chevaleresque, sur les chemins de France, d'Allemagne et d'Italie.

Le comité, auquel s'étaient adjoints de nouveaux membres, avait adopté plusieurs moyens pour propager au loin l'idée du centenaire, afin de rendre le plus solennelles possible les fêtes de 1891. Mgr Oury, devenu président d'honneur de cette assemblée, approuva hautement toutes les mesures que l'on avait prises et qui étaient déjà en voie d'exécution : la publication d'un *Bulletin* mensuel, dont la rédaction fut confiée à M. l'abbé Chevallier, missionnaire apostolique, si avantageusement connu pour son *Histoire de saint Bernard*, parue en 1888 ; — des prédications dans le diocèse, et en plusieurs grandes villes de France et de Belgique, par M. l'abbé Chevallier et M. Poiblanc ; — la direction des préparatifs du centenaire donnée à M. l'abbé Fournier, missionnaire de Saint-Bernard (1), ainsi qu'à M. Joliet et aux autres dignitaires du comité.

Sous la direction de Mgr Oury, on fixa l'époque des fêtes, et l'on en dressa le programme. Les abbés cisterciens, les évêques de France furent conviés à la célébration du grand anniversaire.

Le 19 mars 1891, Mgr l'évêque de Dijon publia une importante *Lettre pastorale* sur le 800ᵉ anniversaire de la naissance de saint Bernard, suivie d'un *Mandement* réglant les fêtes qui devaient avoir lieu à cette occasion. Cette lettre a été reproduite en tête d'un volume, imprimé à Dijon, 1891, chez Darantière, et contenant tous les discours prononcés pendant les solennités.

Ces fêtes triomphales, devant lesquelles pâlissent les journées, pourtant si splendides, de la translation des reliques en 1881, s'accomplirent du 14 au 18 juin. Elles eurent trois phases distinctes : le *Triduum*, à l'église Saint-Michel de Dijon, du 14 au 16 ; le *Grand pèlerinage*, à Fontaines, le 17 ; la *Fête cistercienne*, à Fontaines également, le 18.

Pour avoir une idée, exacte et complète, du grand mouvement de foi et de reconnaissance, du concours immense de pèlerins, des ovations enthousiastes, dont Dijon et Fontaines furent alors le théâtre, il faut lire les éloquents discours des panégyristes, avec les comptes-rendus des différents organes de la presse locale et de la presse parisienne. Un document, grave entre tous, atteste le caractère grandiose de ces pacifiques et salutaires manifestations, jusque là sans rivales parmi nous. C'est une seconde *Lettre pastorale* de Mgr Oury, évêque de Dijon, en date du 2 juillet 1891, dans laquelle nous avons puisé quelques détails du récit qui va suivre.

Nous donnerons d'abord plusieurs listes qui, à elles

---

1. M. l'abbé Fournier a été nommé, en 1892, curé doyen de Pouilly-en-Auxois, et l'année suivante, remplacé à Fontaines, par M. l'abbé Lavielle.

seules, font juger de l'incomparable éclat des fêtes du centenaire.

Noms des Evêques et des Prélats ayant assisté aux fêtes du VIIIe centenaire de la naissance de saint Bernard.

Son Emin. le cardinal Foulon, archevêque de Lyon.
Son Emin. le cardinal Langénieux, archevêque de Reims.
Mgr Ducellier, archevêque de Besançon.
Mgr Gonindard, archevêque de Sébaste, coadjuteur de Rennes.
Mgr Lecot, archevêque de Bordeaux.
Mgr Oury, évêque de Dijon.
Mgr Turinaz, évêque de Nancy.
Mgr Perraud, évêque d'Autun.
Mgr Fava, évêque de Grenoble.
Mgr Goux, évêque de Versailles.
Mgr Lelong, évêque de Nevers.
Mgr Boyer, évêque de Clermont.
Mgr Marpot, évêque de Saint-Claude.
Mgr Larue, évêque de Langres.
Mgr Bouvier, évêque de Tarentaise.
Mgr Lagrange, évêque de Chartres.
Mgr Sonnois, évêque de Saint-Dié.
Mgr Carra, recteur des Facultés catholiques de Lyon.
Mgr Jeannin, prélat romain, membre du clergé de Besançon.

Noms des Abbés et des Prieurs cisterciens présents aux mêmes fêtes.

R. R. P. D. Sébastien Wyart, abbé de Saint-Lieu-Sept-Fons (Allier), nommé, en octobre 1892, supérieur général de l'Ordre des Cisterciens réformés de N.-D. de la Trappe.
R. R. P. D. Eugène Vachette, abbé de Melleray (Loire-Inférieure).
R. R. P. D. Benoit Wuyts, abbé de Westmalle (Belgique).
R. P. D. Tiburce Benoist, procureur général (Rome).
R. P. D. Eugène Bachelet, abbé du Port-du-Salut (Mayenne).

R. P. D. François d'Assise Strunck, abbé du Mont-des-Olives (Alsace).
R. P. D. Jérôme Parent, abbé de Sainte-Marie-du-Mont (Nord).
R. P. D. Hilaire Chaumeil, abbé de la Grâce-Dieu (Doubs).
R. P. D. Fulgence Orlandis, abbé de N.-D. de la Double (Dordogne).
R. P. D. Antoine Gaillard, abbé de Chambarand (Isère).
R. P. D. Bonaventure Baier, abbé de Mariastern (Bosnie).
R. P. D. François Pfanner, abbé de Mariannhill (Natal, Afrique).
R. P. D. Willibrord Verbruggen, abbé de Konigshœven (Hollande).
R. P. D. Marie-Bernard Favre, abbé de N.-D. de La Consolation (Chine.)
R. P. D. Ignace Biraut, abbé de Sainte-Marie-des-Catacombes (Rome).
R. P. D. Ambroise Janny, abbé de Notre-Dame du Sacré-Cœur (Océanie).
R. P. D. Albéric Verhelle, abbé de Saint-Sixte, à Westvleteren (Belgique).
R. P. D. Bernard Van der Seyp, abbé de Saint-Benoît, à Achel (Belgique).
R. P. D. Etienne Salase, abbé de la Trappe (Orne).
R. P. D. Marie Abric, abbé d'Aiguebelle (Drôme).
R. P. D. Bernard Chevalier, abbé de Thymadeuc (Morbihan).
R. P. D. Martin Martin, abbé de N.-D. des Neiges (Ardèche).
R. P. D. Louis de Gonzague Moirant, abbé de N.-D. des Dombes (Ain).
R. P. D. Augustin Marre, abbé d'Igny (Marne).
R. P. Anselme Judong, prieur de Saint-Rémy (Belgique).
R. P. Hermann Chausse, prieur d'Acey (Jura).
R. P. Fortunat Mareschal, prieur de Tamié (Savoie).
R P. Symphorien Gaillemin, prieur d'Hautecombe (Savoie). (1).

Monastères des Bernardines et des Trappistines représentés par leurs Aumôniers.

Bernardines. { N.-D. de la Plaine, à Lille-Esquermes (Nord).
{ Saint-Bernard, à Cambrai (Nord).

Trappistines. { N.-D. de l'Immaculée-Conception, à Avesnières (Mayenne).
{ N.-D. de la Miséricorde, (Œlenberg Trappistinnen (Alsace).

(1. Le prieur d'Hautecombe appartient à la congrégation de Sénanque; tous les autres abbés et prieurs sont trappistes.

Trappistines.
{ N.-D. de Saint-Joseph, à Ubexy (Vosges).
N.-D. du Sacré-Cœur, à Saint-Clément-les-Mâcon (Saône-et-Loire).
N.-D. de la Cour-Pétral (Eure-et-Loire).

Religieux de diverses Congrégations.

T. R. P. Dom Paulin, abbé de Saint-Michel de Frigolet (Vaucluse), supérieur général des Prémontrés.
R. P. D. Mayeul Lamey, prieur de Cluny (Saône-et-Loire), O. S. B.
R. P. D. François-Xavier, prieur de la Pierre-qui-Vire (Yonne), O. S. B.
R. P. D. Bernard Joliet, religieux de Solesmes (Sarthe), O. S. B.
R. P. Alix, prieur des Dominicains, à Dijon.
R. P. Didon, dominicain, supérieur d'Arcueil (Seine).
R. P. Sylvestre, supérieur des Capucins, à Lyon.
R. P. de Geyer, supérieur des Jésuites, à Dijon.
R. P. Leclercq, jésuite, à Reims.
R. P. Massé, des Missionnaires de Saint-Edme, à Pontigny (Yonne).
R. P. Bailly, assomptionniste, maître des novices, à Paris.
R. P. Donat, supérieur des Frères de Saint-Joseph, à Cîteaux.

Les listes qui précèdent, ne font pas connaître tous les religieux qui ont paru aux fêtes du centenaire. Il en vint d'autres encore, qui accompagnèrent les abbés et les prieurs, ou qui appartenaient aux communautés du diocèse de Dijon et des diocèses voisins. Le clergé régulier, spécialement les fils de saint Bernard, les Trappistes surtout, étaient donc magnifiquement représentés.

Plus d'un millier d'ecclésiastiques, membres du clergé séculier, accoururent aussi, pour rendre hommage à celui qui est l'honneur de la cléricature, et dont les exemples et les écrits renouvelèrent dans tous les rangs de la hiérarchie la sève des vertus. Parmi eux se trouvaient un grand nombre de vicaires généraux et de chanoines.

A peine le projet du centenaire avait-il été annoncé par la Lettre pastorale de Mgr Lecot, en date du 1ᵉʳ septembre 1890, qu'il fut adopté des fidèles, avec une chaleur d'âme et un entrain, qui présageaient le plus éclatant succès. A Fontaines particulièrement, et dans la ville épiscopale, cette noble idée devint la préoccupation dominante, le thème ordinaire des conversations. Quand l'époque des solennités eut été fixée et proclamée par Mgr Oury, en son mandement du 19 mars 1891, quand on vit approcher l'heureuse date, chacun déploya le zèle le plus touchant, afin de tout organiser d'une manière digne et de l'objet de la fête, et de l'assistance attendue. A Dijon, les communautés religieuses et les familles se disputèrent l'honneur d'offrir une généreuse hospitalité aux prélats, aux religieux, à tous les pèlerins étrangers.

Le samedi 13 juin, les trains du chemin de fer, venant de toutes les directions, amenèrent les personnages dont la présence devait donner aux fêtes une pompe inaccoutumée, et, à leur suite, des masses compactes, qui remplirent bientôt la ville entière: on eut dit, à voir ce flot envahisseur, que la vieille cité des ducs de Bourgogne avait ouvert ses portes à une armée de croisés se rendant aux Saints Lieux. Le soir, toutes les cloches des églises et des chapelles, sonnant à toute volée, préludèrent à l'hymne d'allégresse qui allait retentir pendant ces grands jours.

L'église de Saint-Bénigne, où s'était célébré avec tant d'éclat le *Triduum* préparatoire à la translation des reliques, ne put recevoir, dans ses nefs, les pèlerins du centenaire. Des échafaudages obstruaient une grande partie de l'édifice, alors en réparation. L'église de Saint-Michel avait été choisie pour être le théâtre des solennités. Son beau portail, digne d'une cathédrale, était orné des armoiries de saint Bernard et de faisceaux où le drapeau français s'unissait au drapeau pontifical. A l'intérieur, ses parois et ses voûtes avaient reçu la décoration la plus riche et la plus artistique. Afin d'agrandir l'enceinte beaucoup trop étroite, on avait construit deux tribunes, dans les bras du transsept.

Si nous entreprenions de décrire ces fêtes avec tout leur reflet de grandeur et de beauté, il faudrait rompre le cadre, restreint et modeste, du travail que nous éditons. Nos trois volumes doivent former un recueil de *Notes*, et non un récit, ordonné avec soin, écrit avec art, des événements que nous avons l'unique ambition de préserver de l'oubli.

Les exercices du *Triduum* commencèrent sous la présidence du cardinal de Reims.

Au matin de chaque journée, furent successivement conviées à Saint-Michel, pour entendre la messe et un discours spécial, les œuvres d'hommes et de jeunes gens — les congrégations religieuses de femmes et les écoles de jeunes filles, — enfin les associations des dames de charité et des mères chrétiennes. Ensuite, afin de satisfaire la dévotion de tous les pèlerins, la messe pontificale fut célébrée à 10 heures, et il y eut le soir un salut solennel, où fut prononcé le panégyrique du saint.

Aux réunions du matin, parlèrent Mgr Carra, recteur des Facultés catholiques de Lyon ; le R. P. Sylvestre, des Frères mineurs capucins ; le R. P. Leclercq de la Compagnie de Jésus ; — aux offices du soir, Mgr Gonindard, coadjuteur de Rennes ; le R. P. Didon, dominicain ; Mgr Perraud, évêque d'Autun. Lorsque, devant un auditoire avide de la divine parole, les orateurs firent revivre le grand homme, le grand moine, le grand saint que l'on venait acclamer et prier, leur éloquence eut des accents magnifiques, dont les discours imprimés ne peuvent rendre toute l'onction et la force. Rien de plus juste que de leur appliquer ce mot du disciple de saint Bernard à propos de la parole de son maître : « Diffusa erat gratia in labiis ejus et ignitum eloquium ejus vehementer, ut non posset ne ipsius quidem stylus, licet eximius, totam illam dulcedinem, totum retinere fervorem » (1).

1. Migne, col. 307, A.

Le mercredi, 17 juin, fut la grande journée du centenaire.

On a évalué à trente ou quarante mille le nombre des personnes qui gravirent, en ce jour, la colline de saint Bernard. Dès l'aurore, le chemin de Dijon à Fontaines était noir de pèlerins. La circulation ne tarda pas à y devenir difficile, presque dangereuse : les omnibus, les fiacres, les haquets des paysans s'enchevêtraient, en roulant au milieu des piétons. Les équipages des évêques eurent peine ensuite à s'ouvrir un passage.

Comme aux fêtes de 1881, le village était partout orné de guirlandes et pavoisé. De plus, on avait élevé trois arcs de triomphe sur le parcours que devait suivre la procession.

Ce qui donna au cortège un particulier cachet de splendeur, ce fut la longue file des abbés des monastères, s'avançant, avec une majesté douce et recueillie, sous leur robe de laine blanche, la tête ornée d'une mitre de lin, une croix de bois sur la poitrine, et à la main une crosse également en bois.

A leur suite venait le reliquaire, porté par quatre religieux cisterciens, et entouré par les missionnaires de Fontaines.

Derrière marchaient les prélats romains, puis, s'appuyant sur leurs crosses qui étincelaient au soleil, parés de leurs croix et de leurs mitres d'or, les évêques, les archevêques, et Son Éminence le cardinal de Lyon.

Les spectateurs jouirent surtout de l'ensemble de ce magnifique cortège, lorsque, sorti des rues étroites et tortueuses du village, le défilé contourna la mare légendaire, où l'on se plaît à voir l'étang glacé qui fut le théâtre d'un des premiers actes d'héroïsme du fils de Tescelin.

La maison de Saint-Bernard, l'église paroissiale, toute l'esplanade qui s'étend de l'église au château, étaient décorées avec ce soin luxueux qu'une mère, industrieuse et riche, sait mettre à orner le berceau du plus aimé de ses fils.

Contre le portique de la chambre natale s'élevait un gracieux autel, où les divins mystères furent célébrés par un pontife, fils de la Bourgogne, Mgr Sonnois.

A main droite des assistants, une vaste estrade avait été disposée pour recevoir les évêques, les abbés et tous les dignitaires du clergé. Lorsque tous y eurent pris place, cette estrade offrit le spectacle le plus imposant : en avant, sur les gradins inférieurs, les porte-insignes, les uns tenant les mitres d'or et de lin ; les autres, les crosses aux volutes ciselées ou sculptées ; — au-dessus et au premier rang, le cardinal, les archevêques, évêques, et prélats ; au second rang, les abbés et les prieurs ; par derrière, quantité de grands vicaires, de chanoines, de religieux et autres ecclésiastiques. On croyait revoir un de ces conciles du moyen âge, où les évêques et les abbés tenaient volontiers leurs assises en plein air.

Sur une autre estrade, plus rapprochée de l'autel, paraissaient au premier rang les membres du comité de l'œuvre de saint Bernard, et parmi eux, deux représentants de la famille de l'illustre abbé, M. le comte d'Haussonville et M. le baron d'Avout. A côté étaient les missionnaires de Fontaines.

Les deux orateurs du jour furent Mgr l'évêque de Nancy et Mgr l'archevêque de Bordeaux. Lorsque la parole, pleine de foi et de patriotisme, des deux éminents prélats passa, comme un souffle brûlant, sur la foule enthousiasmée, il fut impossible de contenir les applaudissements. L'auditoire était innombrable. Une nuée de fidèles garnissait le terre-plein, les murs, les arbres, sans laisser la plus petite place inoccupée.

A l'issue des cérémonies du soir, un nouveau spectacle impressionna vivement l'assistance. Les prélats, les abbés, tous debout, la crosse en main, la mître en tête, donnèrent ensemble, à haute voix, la bénédiction à l'immense multitude qui couvrait l'esplanade.

La nuit venue, une procession aux flambeaux et de brillantes illuminations terminèrent cette mémorable fête.

Le lendemain, 18, eut lieu la fête cistercienne. Elle avait été annoncée dans le programme seulement sous le nom de « journée d'actions de grâces », afin de laisser les fils de saint Bernard, accourus de leurs solitudes lointaines au berceau de leur illustre patriarche, se recueillir dans une intimité plus secrète. La foule reparut néanmoins, nombreuse encore. Mgr l'évêque de Dijon et Mgr l'archevêque de Bordeaux assistèrent à cette fête. Deux fois la parole sainte fut prêchée : le matin, par M. l'abbé Chevallier, missionnaire apostolique ; le soir, par le R. P. Massé, supérieur des Missionnaires de Saint-Edme. Les deux discours, où respirait une vénération profonde pour les saints religieux devant lesquels ils furent prononcés, touchèrent vivement l'auditoire.

Les offices furent célébrés par les moines eux-mêmes, et selon le rite de leurs monastères.

L'événement important de cette dernière journée fut le chapitre tenu par les Trappistes.

L'ordre de Cîteaux se partage actuellement en trois observances : commune, stricte et moyenne. Les religieux de la stricte observance, vulgairement appelés Trappistes, formaient en 1891 trois congrégations différentes, voire même divisées. Ces congrégations éprouvaient cependant le besoin du retour à l'unité. La fusion est accomplie depuis la fin de 1892. Dans le chapitre tenu à Rome, au Séminaire français, du 1er au 12 octobre, l'accord s'est établi entre tous les disciples de l'abbé de Rancé, et le R^{me} abbé de Sept-Fons, Dom Sébastien Wyart, a été élu supérieur général. Ensuite le décret pontifical *Romæ convenerunt*, du 8 décembre de la même année, a sanctionné la fusion des trois congrégations sous le titre d'*Ordre des Cisterciens réformés de N.-D. de la Trappe*, et ratifié les élections de l'assemblée du commencement d'octobre.

Or, c'est à Fontaines, au berceau de saint Bernard, que furent posées les premières bases de cet heureux rapprochement.

L'art musical concourut pour une large part à la beauté des fêtes du centenaire. Outre les remarquables exécutions qui relevèrent les offices du *Triduum*, trois auditions des *Béatitudes*, oratorio de César Franck, furent données avec succès, sous l'habile direction de M. l'abbé Maître, professeur à l'Ecole Saint-François de Sales.

Pendant le cours des solennités, le nom de Sa Sainteté Léon XIII avait retenti plusieurs fois. Pouvait-on oublier le grand pape, qui avait témoigné tant d'admiration pour saint Bernard, et approuvé d'une manière si empressée la célébration de l'heureux anniversaire de sa naissance? Le Saint-Père avait, du reste, accordé de nouvelles faveurs. Sa bénédiction, par les mains de Mgr Oury, était descendue sur l'assemblée des pèlerins. Aussi, se faisant l'interprète particulier de la reconnaissance et de l'amour filial de tous, l'évêque de Dijon eut soin de faire parvenir au Souverain-Pontife deux missives : d'abord une adresse signée de tous les prélats, ensuite le compte-rendu des fêtes.

Par les soins du comité et des missionnaires de Saint-Bernard, des médailles commémoratives du centenaire, grand module, furent offertes aux évêques et aux prédicateurs.

La médaille commémorative du centenaire présente, en relief, sur la face, le buste de saint Bernard, d'après le type du buste provenant de Molaise et conservé dans l'église paroissiale de Fontaines; au revers, la façade actuelle du château, d'après le dessin donné *Planche 20*.

Inscription de la face.

S. BERNARDUS. ABBAS. CLAREVALLEN. FONTANIS. NAT. A. D. MXCI.

Inscription du revers.

DOCTORIS. MELLIFLUI. CELLA. NATALIS. DEO. SACRA. RESTIT. A. D. MDCCCXCI.

Par les seuls détails consignés dans ces *Notes*, on voit quel éclat et quelle importance ont eu, à Dijon et à Fontaines, les fêtes du centenaire de saint Bernard. Le 17 juin surtout restera, dans les annales religieuses de la Bourgogne, une date mémorable, et, suivant l'expression de Mgr l'évêque de Dijon, les historiens qui voudront en parler, l'appelleront « une journée du XIIe siècle dans le XIXe » (1).

Mais les hommages particuliers rendus à l'illustre abbé de Clairvaux en 1891, ne furent pas circonscrits dans les limites du pays même de sa naissance. Châtillon-sur-Seine, en ce diocèse, et plus loin, des maisons religieuses, des paroisses s'associèrent à ce pieux mouvement. Tout l'ordre de Cîteaux donna une attention spéciale à la date du centenaire. Les cisterciens de l'Autriche-Hongrie publièrent, en 1891, leurs *Xenia Bernardina*, comprenant la bibliographie si remarquable, où le P. Janauschek indique tous les ouvrages qui regardent saint Bernard. Le P. Gaillemin, prieur d'Hautecombe, édita, en la même année, une intéressante statistique de tous les monastères d'hommes et de femmes appartenant à l'ordre.

MONUMENT COMMÉMORATIF DU CENTENAIRE

Les missionnaires de Fontaines, on l'a vu précédemment, avaient formé le projet de bâtir attenant du sanc-

---

1. Le compte-rendu des fêtes a été publié : *Bulletin du centenaire de S. Bernard*, n° XI, juillet 1891 ; — *Semaine religieuse du diocèse de Dijon*, série du 13 juin au 21 août 1891.

tuaire natal une chapelle plus spacieuse, capable d'abriter les pèlerins. L'un des motifs qui leur avaient fait désirer la création du comité de l'œuvre de saint Bernard, était celui de mieux étudier et de réaliser plus sûrement ce projet. La question fut discutée, en présence de Mgr Lecot, après son retour de Rome. La célébration du centenaire était résolue. L'agrandissement du sanctuaire natal fut également décidé. C'est alors que l'on donna à l'église ou chapelle à construire, le nom de *Monument commémoratif du centenaire* : nom inspiré par les circonstances au sein desquelles le projet avait mûri, et destiné à rappeler de grands et heureux souvenirs, mais qui n'exprime point la véritable raison d'être de l'édifice.

On choisit, pour l'emplacement de la construction nouvelle, l'endroit où s'élevait la partie de l'église des Feuillants démolie pendant la Révolution. Le plan fut dressé rapidement, les travaux furent commencés de bonne heure, et le 20 août 1890, la première pierre put être solennellement posée et bénite par Mgr Lecot. Le vénéré prélat, avant de quitter Dijon pour se rendre à Bordeaux, avait voulu donner ce témoignage de sa piété envers le grand moine bourguignon, et de son affection pour les dévoués gardiens du sanctuaire de Fontaines.

La première pierre porte cette inscription :

ANNO. MILLENO. NONAGESIMO. SIMUL. UNO
FONTANUM. CASTRUM. BERNARDO. CONTULIT. ORTUM
ECCE. SUI. BERNARDI. OCTO. POST. SÆCLA. SACELLUM
BURGUNDOS. INSTAURARE. DECET. ÆDIBUS. AMPLIS

Le procès-verbal qui a été enfermé et scellé dans la première pierre, est ainsi conçu :

Anno ab Incarnatione Domini millesimo octingentesimo nonagesimo, tertio decimo Kalendas septembris, festis diebus sancti Bernardi, Leone XIII° summo Pontifice, Henrico Friderico Oury in episcopum Divionensem electo at sedem suam nondum obtinente, Reipublicæ Gallicæ Carnot duce Ædis

Sacræ, ob centenum divi Bernardi in Fontanensi castro nati octies recurrentem annum, ære privato ex quamplurimis undequaque collecto, pro devoti animi testimonio exstruendæ, primum hunc lapidem, piissimo affectu, ponebat Il. ac RR. DD. Victor Lucianus Sulpitius Lecot, Archiepiscopus Burdigalensis, diœcesis Divionensis administrator.

Aderant testes RR. DD. Joannes Baptista Bernardus Ramousset, Joannes Baptista Frérot, Ludovicus Carolus Prosper Cochin, vicarii generales; Claudius Augustus Leroux canonicus; Petrus Emilius Rouard, archipresbyter Sancti Benigni; Petrus Stephanus Julius Thomas, decanus et ecclesiæ B. M. V. Divion. parochus; Simon Antonius Maria Christianus de Bretenières, canonicus ad honores, missionariorum Sancti Bernardi necnon gymnasii Sancti Francisci Salesii rector; Felix Ernestus Poiblanc, eorumdem moderator missionariorum; Valerius Georgius Aubert, Eugenius Fournier, Hippolytus Leneaf, Adolphus Alfridus Alexander Lainé, missionarii; Julius Nicolaus Richard, item missionarius atque etiam rector parrochiæ Fontanensis; Prosper Maria Edmundus Burtey, canonicus ad honores, minoris seminarii sub patrocinio Sancti Bernardi constituti rector; Basilius Campana, e clero Burdigalensi, a missionibus apostolicis, in præsentibus Sancti Bernardi solemnitatibus sacer concionator; Claudius Bernardus Margarita Henricus Joliet, præclarus civis Divionensis, hanc ædem instaurandam curantium præses; Bernardus Dumont ecclesiæ Fontanensis matricularius princeps; Paulus Antonius Selmersheim, architectus; Simon Fournier-Faucher, operis conductor; insuper plurimi de clero et de populo innumeri.

Le parchemin contient, à la suite du procès-verbal, les signatures de Mgr Lecot, de toutes les personnes nommées, et de plusieurs autres.

La nouvelle chapelle ou monument commémoratif s'élève peu à peu, au fur et à mesure que la libéralité des dévots de saint Bernard fournit des ressources à l'œuvre. Les missionnaires, par le zèle qu'ils déploient dans cette entreprise, rappellent l'activité si dévouée du religieux feuillant, Jean de Saint-Malachie. L'un d'entre

Phototypie E. Chesnay, Dijon

eux, M. l'abbé Laîné, n'attend qu'une autorisation pour aller solliciter au loin des offrandes.

Le style adopté pour cette chapelle est le roman de transition. L'édifice, construit sur plan carré, figure une croix formée de deux hautes nefs égales, qui se coupent, et cantonnée de quatre travées basses. Deux absides débordent des lignes du carré, la principale au Couchant; l'autre, au Nord, faisant face aux coupoles. L'entrée est au Levant. Cette orientation est commandée par l'ordonnance des deux chapelles du sanctuaire natal. Sur la croisée doit s'élever une fort belle tour, couverte en dallage, et percée d'un double rang de fenêtres, dont l'étage inférieur, soutenu d'un triforium, formera une lanterne.

La *Planche 21* donne l'état des travaux à la fin de 1894.

CULTE RENDU A SAINT BERNARD
DANS L'ÉGLISE PAROISSIALE DE FONTAINES.

L'église paroissiale de Fontaines, placée sous le vocable de saint Ambrosinien, évêque et martyr, reçut vulgairement le nom de l'ancienne église-mère, Saint-Martin, lorsque, peu de temps avant la Révolution, la fête du titulaire cessa d'être célébrée. Ensuite, au commencement du XIXe siècle, on donna communément à cette église le titre de Saint-Bernard, qui était celui de la chapelle des Feuillants. Dans ces changements successifs, rien ne s'est accompli d'une manière canonique. La seule chose statuée, en 1866, par un décret de la S. Congrégation des Rites, est l'institution des deux patrons du lieu, dans la paroisse de Fontaines : saint Bernard a été déclaré le premier patron, et saint Martin le deuxième.

*Décret de la S. Congrégation des Rites
concernant les patrons de la paroisse de Fontaines.*
10 août 1866.

Erga concivem suum, sanctum Bernardum, Abbatem et Ecclesiæ Doctorem, magno devotionis affectu moti, incolæ oppidi Fontanarum, in diœcesi Divionensi, Illum magnis honoribus prosequi student, suique oppidi præcipuum apud Deum patronum habere cœperunt, præsertim ab anno 1830. Verum quum id Apostolica auctoritate factum fuisse nullimode constet, a SS. Domino nostro Pio Papa IX supplicibus votis postulaverunt, ut sanctum Bernardum, veluti sui oppidi patronum præcipuum confirmare dignaretur Apostolica auctoritate sua, sanando defectus quoscumque, qui in ejus electione admissi fuerunt.

Quoniam vero sanctum Martinum, uti patronum minus secundarium colere consueverunt, ejus festivitatem celebrando die quarta Julii, qua ejus Translatio celebratur, ut id permittere quoque dignaretur, ab eodem SS. Domino humillime exoraverunt.

Sanctitas vero Sua, ad relationem subscripti Sacrorum Rituum Congregationis secretarii, attentis expositis, ac imprimis commendationis officio R^{mi} Ordinarii Divionensis, de informatione et voto requisiti, benigne annuit in omnibus juxta preces, indulsitque ut sanctus Bernardus, Abbas et Ecclesiæ Doctor, amodo colatur præcipuus patronus enunciati oppidi Fontanarum, ejusque festum instituatur sub ritu duplici primæ classis, cum octava et cum omnibus privilegiis sanctis præcipuis locorum patronis competentibus, servatis rubricis, contrariis non obstantibus quibuscumque.

Die decima Augusti, 1866.
Episcopus Portuensis et S. Rufinæ Card. Patrizi
S. R. C. Præfectus.

Locus Sigilli   D. Bartolini S. R. C. secretarius.

Un autre point relatif au culte de saint Bernard dans l'église paroissiale de Fontaines avait été réglé par l'Ordinaire, dès l'année 1823. C'était la translation en cette église, de la confrérie de Saint-Bernard, érigée au XVIIe siècle par Mgr Zamet, évêque de Langres, dans la chapelle des Feuillants.

Ordonnance de Mgr de Boisville, évêque de Dijon, concernant la confrérie de Saint-Bernard.

Jean-François MARTIN DE BOISVILLE, par la miséricorde divine et la grâce du Saint-Siège Apostolique, Évêque de Dijon,

Le sieur curé de Fontaines-les-Dijon et les habitans de cette paroisse nous ayant représenté qu'il existait dans l'église des Feuillans dudit lieu une Confrérie érigée par Mgr Zamet, évêque de Langres, le 22 juillet 1653 en l'honneur de saint Bernard abbé, qui avoit été enrichie de grandes prérogatives et indulgences par la Bulle de N. S. Père le Pape Innocent X, en date du 2 mai, même année 1653, dont la teneur est renfermée dans un livre intitulé *Sommaire de la vie, l'office et les Litanies en l'honneur de saint Bernard*, imprimé à Dijon, chez Pierre Palliot, imprimeur du Roi et libraire, à la Reine de Paix, 1653, avec approbation ;

Lesdits sieurs curé et habitans nous ayant encore représenté que l'église des Religieux Feuillans ayant été détruite par le malheur des temps, ils nous ont supplié de transférer ladite Confrérie dans l'église paroissiale.

Empressé de nous rendre aux vœux des supplians, et de renouveler, réchauffer la dévotion des fidèles envers un saint né dans ledit lieu, l'un des plus grands protecteurs de la France, en l'honneur duquel fut érigée, par les motifs de la piété la plus fervente, une Confrérie dans laquelle le Roi Louis XIV et son auguste Mère se firent inscrire à la tête des associés, en signe de leur reconnaissance et de leur vénération pour les bienfaits immenses que la famille royale et la France attribuaient à la protection du glorieux saint Bernard,

Nous avons tranféré et transférons, et, en tant que de besoin, érigé et érigeons, dans l'église paroissiale de Fontaines-les-Dijon, de notre diocèse, la Confrérie ci-devant érigée en l'honneur de saint Bernard abbé, dans ladite église des Feuillans du même lieu.

Avons de plus confirmé et confirmons le Règlement de ladite Confrérie donné et publié par mon dit Seigneur Zamet, évêque de Langres, le 22e jour du mois de juillet 1653.

Donné à Dijon dans Notre Palais Épiscopal, sous notre seing, le sceau de Nos armes et le contreseing de notre secrétaire, le 23 du mois de janvier 1823.

†Jean-François, *évêque de Dijon,*

par Monseigneur

Landel.

A l'époque où fut ainsi rétablie la confrérie de Saint-Bernard, Fontaines avait pour curé M. Edmond-Jean-Marie Donet.

En 1839, M. Boguet, curé de Fontaines, s'occupa spécialement de cette pieuse association.

Le 14 août, Mgr Rivet lui communiqua plusieurs renseignements relatifs à la confrérie. Dans la lettre qui les accompagnait, le vénéré prélat avait tracé ces lignes :

« Je désire, mon cher curé, que vous m'inscriviez sur le registre que vous ouvrirez, s'il n'est déjà ouvert, à l'effet d'inscrire les confrères et consœurs ; j'ai à cœur de contribuer à honorer S. Bernard, la gloire et le protecteur du diocèse, dont Jésus-Christ et l'Eglise m'ont établi le pasteur.

« Je me propose de célébrer la sainte messe, dans votre église, mardi prochain, 20 août. »

L'année suivante, Mgr Rivet rendait une ordonnance, annonçant de nouveau le rétablissement de la confrérie.

Ordonnance de Mgr Rivet, évêque de Dijon, concernant la confrérie de Saint-Bernard, à Fontaines.
1er août 1840.

François-Victor RIVET, par la miséricorde divine et l'autorité du Saint-Siège Apostolique, évêque de Dijon, à tous ceux qui ces présentes verront, salut et bénédiction en N.-S. J.-C.

S'il n'est pas nécessaire aujourd'hui de prouver aux enfants de l'Eglise combien la dévotion envers les saints est raisonnable, juste et salutaire, il est grandement utile de les exciter à cette dévotion.

La piété envers les saints s'est refroidie comme la piété envers Dieu lui-même, et raviver l'une, s'est vivifier, c'est entretenir l'autre.

C'est donc dans ce but que nous avons rétabli dans l'église de Fontaine-lez-Dijon la confrérie de saint Bernard, autrefois si florissante.

C'est dans ce but également que nous avons fait composer un abrégé de la vie de ce grand saint, une des gloires de la

Bourgogne et de l'Eglise, et rédiger une messe propre et un petit office particulier en son honneur, enfin réviser les statuts de la confrérie. — En rendant à sa sainteté l'hommage, qui lui est dû, les fidèles se sentiront excités à l'imiter, et les prières qu'ils lui adresseront, leur obtiendront la grâce pour y parvenir; afin d'y contribuer d'une manière plus efficace encore,

Nous voulons que la susdite confrérie jouisse, sans restriction aucune, de toutes les faveurs spirituelles accordées à perpétuité par le pape Innocent X, dans sa bulle en date du 2 mai 1653, et proclamée la même année par Mgr Zamet, de sainte mémoire, évêque et duc de Langres.

Nous exhortons tous nos fidèles diocésains à se réunir pour honorer et invoquer leur illustre et saint compatriote.

Puissent sa foi vive, son ardente charité et ses vertus si pures renaître en même temps que son culte dans sa patrie, que nous ne cesserons de recommander à sa puissante protection !

Donné à Dijon, le 1ᵉʳ août 1840.

    † François, *évêque de Dijon*.

    Par mandement,

    Bernard, *secrétaire général*.

A la suite de la publication de cette ordonnance, parut à Dijon, chez Popelain, libraire, Place Saint-Jean, maison Bossuet, 1840, le *Manuel de la confrérie en l'honneur de saint Bernard, abbé de Clairvaux, établie dans l'église paroissiale de Fontaines-lez-Dijon*. Ce petit volume contenait un abrégé de la vie de saint Bernard, l'ordonnance épiscopale plus haut rapportée, un extrait de la bulle d'Innocent X, le règlement nouveau de l'association, la messe et l'office du saint composés par ordre de Mgr Rivet, et d'autres prières. La messe, alors éditée, renferme une prose où l'on s'est inspiré des hymnes du bréviaire cistercien.

Les successeurs de M. Boguet, M. l'abbé Decœur et M. l'abbé Merle, ont entretenu avec zèle le culte de saint Bernard dans la paroisse.

Depuis le décès de M. Merle, un des missionnaires remplit les fonctions curiales. Le titulaire actuel est M. l'abbé Perrot.

L'église de Fontaines possède des reliques de saint Bernard, et le buste, provenant de Molaise, maintes fois mentionné dans cet ouvrage.

Il existe, dans la nef latérale du midi, près de la chapelle de la Sainte-Vierge, des fresques, qui remontent probablement au XV° siècle, comme celles que l'on a heureusement restaurées à la voûte du chœur et du sanctuaire. Mais celles dont nous parlons sont encore recouvertes d'un badigeon, qui commence à tomber. Au dire des anciens du village, elles représentent les funérailles de la B. Alette. Puisse-t-on bientôt rendre à l'art et à la piété ces vieilles peintures murales !

APPENDICE

FRAGMENTA GAUFRIDI

PREMIÈRES PAGES

Les *Fragments* de Geoffroi, moine de Clairvaux et secrétaire de saint Bernard, n'ont jamais été publiés intégralement. Nous avons indiqué, tome I, pages 11-12, où se trouvent les extraits déjà édités. Nous croyons utile, pour achever de documenter notre ouvrage, de faire paraître, dans l'ordre du manuscrit et sans lacune, la partie de ces Fragments relative aux faits que nous avons étudiés. Cette partie comprend les premières pages jusqu'à l'endroit où commencent les événements de la vie monastique de saint Bernard.

Nous reproduisons la copie Bouhier, conservée à la bibliothèque nationale, ms lat., 17639. Le texte ici publié se lit, dans le manuscrit, du folio 2 au folio 6.

La copie Bouhier contient plusieurs leçons évidemment incorrectes. De plus, la ponctuation et les sections des alinéas doivent être révisées.

En effet, dans les premières pages au moins, les Fragments sont assemblés d'une manière confuse; il y des interversions, des répétitions. Geoffroi transcrivit sans doute les renseignements, au fur et à mesure qu'ils lui parvenaient. Amassant des matériaux destinés à être mis en œuvre plus tard, il ne se proposa ni d'établir l'ordre partout, ni d'éviter entièrement les redites. Mais cela constituait un péril pour les copistes, celui de mal saisir les divisions naturelles du texte, et quelquefois on a donné dans cet écueil.

Des numéros indiqueront les divisions qu'il y a réellement lieu d'admettre.

Au-dessous du texte viendront les notes rectificatives nécessaires, avec quelques autres d'un caractère purement explicatif.

MIRACULA SANCTI BERNARDI CLAREVALLENSIS ABBATIS. EX MSS. ABBATIÆ AUREÆ-VALLIS IN LUCEMBURGO.

1. In territorio Lingonensis (1) civitatis situm est castrum nobile quondam et inclitum valde cui Castellio nomen est, multos habens proceres (2) armis strenuos, sed multo magis legalitate præcipuos, inter quos excellebat Tecellinus quidam cognomento Sorus, quo nomine vulgari lingua subrufos et pene flavos appellare solemus. Erat autem vir iste genere nobilis, possessionibus dives, suavis moribus, amator pauperum maximus, summus pietatis cultor et incredibilem habens justitiæ zelum; denique et mirari solebat quod multis onerosum esse videret servare justitiam, et maxime (adversus quos amplius movebatur) quod aut timore aut cupiditate desererent justitiam Dei. Erat quidem miles fortissimus, sed non minori studio laudes ipse fugiebat quam cæteri captare videantur. Numquam armis usus

---

1. Le ms 17639 porte *Lingonis*, mais le manuscrit type, de l'abbaye d'Orval, portait *Lingonensis*. — D' Hüffer, Sources de l'hist. de S. Bernard, Munster, 1886, p. 35, note.

2. A la fin du XI° siècle, Châtillon était — suivant le langage moderne — une ville en même temps épiscopale et ducale. Elle renfermait deux habitations fortifiées, appartenant l'une à l'évêque, l'autre au duc, et ces deux seigneurs s'y transportaient fréquemment. Les nobles chevaliers qui avaient là une résidence, avec des biens ou des droits féodaux, n'étaient point seigneurs du lieu; mais ils étaient les grands du pays.

est nisi aut pro defensione terræ propriæ aut coram domino suo, Duce scilicet Burgundiæ, cui plurimum familiaris et intimus erat (1). Nec aliquando fuit cum eo in bello quin victoria ei proveniret. Erat quidem indigena Castellionis, sed dominus minoris castri cui Fontanæ nomen est, quod famosissimo illi castro Divionis supereminet, in excelsa rupe locatum (2). Huic uxor erat Elisabeth (3) nomine, ex optimo genere Burgundionum, Bernardi de Monte Barro filia, digna tanto genere et tanto viro, imo etiam gloria utriusque.

2. Peperit ergo Elisabeth viro suo non dissimilem tantis parentibus sobolem, Guidonem et Girardum. Dehinc concepit etiam tertium, ista conceptione felicior. Dumque nobili pondere staret onusta, vidit in somnis latrantem sese in utero habere catellum. Cujus territa somnii visione, familiarem sibi semper consiliarium religiosum quemdam virum alloquitur, et somnii ordinem pandit. At ille : Ne timeas, inquit, quoniam magnum quemdam optimumque catellum habes in utero; et qui nascetur ex te, optimus prædicator erit ; nec erit quales sunt canes muti non valentes latrare. Quod sane verbum quia manifeste prophetiæ spiritu dictum sit ipse rei exitus usque hodie manifestat. Nonne enim in terra Tuscanorum, Italicorum, Hispanorum, Aquitanorum, Anglorum, Scotorum, Hybernorum, Suecorumque languidas mentes saucias catelli hujus medicinalis lingua curavit ? Nec omittam eos qui sunt ex Francia et Bur-

1. Tescelin le Saure fut au nombre des familiers des ducs Eudes I et Hugues II. Voir tome I, p. 145.
2. Geoffroi qualifie exactement le château de Fontaines-les-Dijon, en l'appelant « castrum minus ». Cette maison seigneuriale n'avait en effet qu'une importance secondaire ; ses bâtiments étaient peu nombreux, ses dimensions fort restreintes, en comparaison des grands châteaux de l'époque, comme celui que les évêques de Langres possédaient à Châtillon, sur les hauteurs de Saint-Vorles.
3. Le premier renseignement communiqué à Geoffroi concernant le nom de la mère de saint Bernard était inexact. Aucun autre biographe du saint abbé n'a employé ce nom, et Geoffroi lui-même ne l'a point rétabli, à la place de celui d' « Aleth », dans le texte de Guillaume de Saint-Thierri. Comme l'épouse de Gui est appelée Elisabeth, dans l'hagiographie, aurait-on pris le nom de la belle-fille pour celui de la belle-mère ?

gundia Flandriaque et Britannia. In omnem plane terram latrantis catelli hujus sonus exivit et vox ejus usque ad fines orbis terræ (1).

3. Nunc itaque ut ad narrationis ordinem revertamur — cum natus esset, mater primo accipiens et elevans in cœlum quam altius potuit, obtulit Deo fructum uteri sui; quod sane et de cæteris omnibus quoscumque pepererat, facere consuevit, ut editos in lucem offerret protinus Redemptori (2). Verum tamen filium hunc, divino edocta oraculo, tenerius omnibus dilexit; unde et patris sui ei nomen imposuit, Bernardum eum vocans, et ubi paululum crevit, liberalibus eum tradidit studiis imbuendum.

4. Fuit autem puer in his quæ ad litteras pertinebant perspicacissimi ingenii, facilius discens quæcumque a magistris tradebantur, super omnes coætaneos suos; sed ad ea quæ mundi sunt simplicitatis inestimabilis et incredibilis verecundiæ, ita ut loqui coram aliis aut ignotis presentari viris ipsa sibi morte molestius judicaret; denique et conqueri ipse solebat quod multum ei inditæ a natura verecundiæ abstulerit violentia magistrorum.

5. Mater vero, divino ut manifestum est præventa consilio, filios omnes non sæculo sed religioni parabat, sollicita quippe sine deliciis educare eos, vilioribus autem et communibus pascere cibis, ut fierent robustiores nec effeminarentur usu deliciarum.

6. Erat autem in Castellione ecclesia tunc quidem sæcularium canonicorum sed in maxima disciplina viventium, in qua Bernardus est educatus a parvulo. Vigilia

---

1. Ce récit de la vision de la B. Aletté peut être rapproché d'un passage du sermon de Geoffroi pour l'anniversaire de la mort de saint Bernard. Migne, col. 582 C — 584 D.
2. D'après Guillaume de Saint-Thierri, la B. Aletté porta son troisième fils à l'église, afin de l'offrir à Dieu. Migne, col. 228 A. Cf. Jean l'ermite, col. 536-537. Geoffroi a conservé le récit de Guillaume dans l'édition définitive de la *Vita I*.

ergo Dominicæ Nativitatis, dum adhuc puerulus dormiret in domo patris, videbatur sibi videre Virginem parientem et Verbum infans nasci ex ea. Protinus autem pulsatum est ad vigilias, et excitans eum mater induit accurate vestibus canonicalibus (1) et secum pariter ad ecclesiam duxit ut solebat. De qua visione dicere ipse solebat quod eam crederet esse Dominicæ Nativitatis horam, et quod sibi ostensum est, signum fuisse multorum quæ sibi de eadem postmodum Domini Nativitate revelata sunt mysteriorum.

INCIPIT VITA VEL MIRACULA BERNARDI ABBATIS.

7. Somnium vidit mater Helisabeth habere se in utero catellum latrantem, et territa valde religioso cuidam viro conquesta est. At ille : Ne timeas, inquit, quoniam magnum quemdam optimumque catellum habes in utero, et qui nascetur ex te prædicator egregius erit (2).

8. Loquebatur aliquando fratri suo Girardo de conversione ; ille vero, ut prudentissimus in generatione sua, minus intendebat his quæ ab adolescente dicebantur. Repletus autem Bernardus spiritu prophetiæ : Scio, inquit, quod non capiet te sermo meus donec hoc in loco lancea transfigaris, nec morieris utique, sed certe pavebis ; et hoc dicens inter costas ejus digitum applicavit. Paucis denique diebus interpositis, factum est ut prædixit. Hic ergo, cum, vulneratus graviter, captus ab hostibus duceretur, Cisterciensem monachum se esse clamitabat. At illi nihilominus in captionem posuerunt

1. La copie Bouhier porte exactement « vestibus *canonicalibus* ». C'est donc dans une autre copie que se trouve la leçon indiquée par M. l'abbé Vacandard : « vestibus dominicalibus ». Voir notre tome II, p. 9.
2. Le numéro 7 fournit un exemple de ces répétitions qui se remarquent dans les premières pages des Fragments. Voir n° 2. Un titre, que nous avons reproduit, est mis au dessus du texte, comme s'il y avait là le commencement d'une *Vie* de saint Bernard, dont Geoffroi aurait transcrit quelques lignes.

eum, pacem perinde a propinquis ejus obtinere sperantes. Sed curato quam citius vulnere, cum in vinculis ferreis teneretur, visionem vidit, et ipsis a quibus tenebatur intra paucos dies liberandum se fore prædixit. Erant autem quadragesimæ dies, nec multo post, cum in cellario clausus custodiretur, levans manu compedes suas, pedetentim gradiens pervenit ad ostium, sed clausum illud et obseratum invenit ; tenens autem pessulum, continuo ad tactum ejus sera tota cecidit ad pedes ejus. Exiens itaque versus ecclesiam lento tendebat incessu, ut pote compeditus. Ecce vero obvius ei factus est unus ex militibus domini a quo fuerat captus (1), et clamitans a longe, quia tarde venistis ; hoc autem dicebat non quasi reducere vellet eum, sed quia jam in ecclesia illa completa esset vespertina oratio ; unde et adjecit : Festinate tamen, quoniam adhuc privatæ vesperæ cantari incipiunt. Erat autem gradus quidam altior ante ecclesiam, ut non posset sine auxilio compeditus ascendere ; extendens ergo manum, juvit eum prædictus miles, quoniam, disponente Deo, quasi extra se factus quid ageret ignorabat ; cumque eum attraxisset superius, rediens ad cor suum : Quid est hoc, inquit ; et voluit detinere eum, sed jam non valuit (2).

9. Senior frater ejus Guido, cum de conversione loqueretur ei, excusare se cœpit de uxoris vinculo quod solvere non liceret ; promisit tamen in fide et dextram dedit venturum sese cum fratre, si posset ab uxore licentiam obtinere. Ad quem illico frater ait : Ut meliori sis animo, ego quoque in eadem tibi fide promitto

---

1. D'après Guillaume de Saint-Thierri, le chevalier qui rencontra Gérard, échappé de sa prison, était un frère du seigneur de Grancey. Migne, col. 254, B. — Voir aussi les détails ajoutés par Geoffroi, dans le sermon déjà cité, col. 582, C.
2. Il est probable que la tour du château de Grancey, dite de saint Bernard, devait ce nom à l'événement raconté dans le n° 8. Telle était l'opinion de Vignier, mieux renseigné que Chifflet sur ces détails.
Le récit de la conversion de Gérard ne vient nullement ici dans l'ordre chronologique.

ante proximum Pascha aut licentia immo et petitione, aut certe morte ipsius, solvendum te a lege uxoris, et promisit in manu ipsius. Nec multo post factum est uti prædixit, et cœpit juvencula nobilis et decora cum omni instantia lachrymarum, in cubiculo, stupenti viro, pro conversionis licentia supplicare. Ipsa est quæ usque hodie in monasterio Lairicus, quod prope Divionem situm est, perseverat mulier virtutis et multarum in Christo virginum mater (1).

10. Posuit in corde suo ab ipso pueritiæ tempore, præventus gratia et benedictione dulcedinis, carnis spurcitias immaculato calle transire, odiens eam quæ carnalis est tunicam maculatam. Jam vero cum vicesimo appropinquaret ætatis anno, adolescentiæ stimulos sentiens, indigne tulit jam necessarium judicans castigare corpus et subjicere servituti. Extunc ergo cum avunculo suo, Gauderico nomine, sermo ei fuit de conversione; licet nihil certum diffinierint, cogitabat sane, ut dicere ille solebat, eum eligere (locum) in quo maxime mori mundo et fieri tamquam vas perditum posset, ne qua cum de generositate seu ingenii vivacitate adulatio vana extolleret, extollentia condemnaret.

11. Cujus cum desiderium fratribus innotuisset, conati sunt extinguere spiritum, sed non fuit consilium contra consilium Domini. Hortantur eum ad studia litterarum qua maxime via facilius eum detinere posse sperarent. Placuit sermo in oculis ejus, et constituta est dies qua providerent fratres itineri ejus necessaria, et

---

1. La conversion de Gui doit être placée chronologiquement avant celle de Gérard. Nous reviendrons sur ce point tout à l'heure.
Ce qu'il importe de noter ici, c'est le nom du monastère où se retira l'épouse de Gui, en quittant le siècle. Elle entra au prieuré de Larrey près Dijon. Chifflet, avant de connaître les Fragments de Geoffroi, présuma qu'elle avait pris le voile à Jully. Mais il abandonna cette conjecture dès que le manuscrit d'Orval lui eut été communiqué. Ce fut pour rectifier son assertion première, qu'il donna ce passage des Fragments dans ses *Opuscula quatuor*. Il n'y a aucune raison d'affirmer, ni même de supposer que la B. Élisabeth ait jamais fait partie des religieuses de Jully.

sic in Alemanniam proficisceretur. Festinans autem ad constitutum diem et locum, cœpit subito maternam in animo suo imaginem volvere et confundi, quod frustraret spem quam de eo ipsa ceperat, et nihil pro ea ageret a qua tam tenere fuerat educatus. Videns ergo ecclesiam juxta iter, descendit et ingressus in eam flevit amare, in oratione compunctus nimis. Dehinc profectus, ibat ad constitutum locum (1).

12. Ubi jam (2) multos undique collegit, ait quadam die ad fratres suos : Habeo amicum Matisconi, Hugonem de Vitreio, et ipsum opportet adducere, ut sit et ipse unus ex nobis. Erat autem clericus nobilis et jam maturioris ætatis, sæcularibus pariter et ecclesiasticis possessionibus affluens. Cœperunt ergo qui noverant eum, temeritatis arguere ; sed nihilominus ille confidens sine omni hæsitatione festinavit ad ipsum. — Erat autem fama in regione quod Iherosolimam esset iturus ; sic enim ipse fingebat, non in eam in qua fuit, sed in qua Deus est (3), Iherosolimam profecturus. Videns ergo

---

1. Les faits relatés n°ˢ 10 et 11 sont antérieurs, cela est trop évident, à la conversion de Gérard et de Gui, racontée aux n°ˢ 9 et 10.
Le lieu convenu où Bernard et ses frères devaient se rencontrer afin de régler ensemble les préparatifs du départ pour l'Allemagne, n'est pas autre que Grancey. Le doute n'est pas possible à cet égard, après la conférence attentive des n°ˢ 11 et 13. D'ailleurs, le texte de la *vita 1ª* définitivement adopté par Geoffroi (Migne, col. 232, A) rattache au voyage de Grancey les incidents rapportés dans ce n° 11, ainsi que la conversion définitive du jeune gentilhomme. Cf. Sermon de Geoffroi, col. 582, B, C. Ce voyage dut s'accomplir un des premiers jours de l'automne, en 1111. Voir tome II, p. 23 et suivantes.

2. La copie Bouhier porte *non*, mais il faut lire *jam* ou *etiam*. Cf. Migne, col. 528, C.
De plus, dans cette copie, les premiers mots du n° 12 « Ubi jam multos undique collegit » sont reliés à la phrase précédente « Dehinc profectus, ibat ad constitutum locum. » Cet agencement est inacceptable, il rend le texte à peine intelligible, et surtout le sens qu'on en pourrait dégager, ne concorde point avec l'ensemble du récit. Il faut admettre la division que nous avons faite, d'autant plus que la conversion d'Hugues de Mâcon eut lieu lorsque Bernard avait déjà conquis à la milice du cloître ses frères et plusieurs autres parents ou amis. Cf. n° 18, et Migne, col. 234-235.

3. Cette « Jérusalem où Dieu habite » voulait dire le cloître. C'est ainsi que s'exprime saint Bernard dans la lettre LXIV : « Claravallis.. ipsa est Jerusalem, ei quæ in cælis est, tota mentis devotione et conversationis imitatione et cognatione quadam spiritus sociata. »

cum prædictus Hugo, flens et ejulans, in amplexus ejus ruit; sed vir Dei lachrymas ejus penitus non attendebat. Ubi vero paululum respiravit, revelat ei propositum suum, et ecce innovatus est dolor, et fons lachrymarum fluxit uberior, ita ut tota die illa non quiesceret pupilla ejus. Sequenti nocte pariter accubuerunt in angustissimo strato, ita ut vix caperet alterum; nec tunc ergo cessabat a lachrymis Hugo, ita ut argueret eum vir sanctus quod dormire eum non pateretur. Ubi vero obdormivit, videbatur sibi, invocato ex more Spiritu Sancto, habere ad eumdem de conversione sermonem et non deesse voci suæ vocem virtutis. — Mane autem facto, cum rursum fleret Hugo, moleste jam accipiens, cœpit durius objurgare eum. At ille inquit: Non mihi eadem hodie lugendi causa quæ fuit heri; heri enim super vos flebam, hodie vero super meipsum; novi enim conversationem vestram, et (tam) mihi quam vobis conversionem esse necessariam non ignoro. Ad quem Bernardus exultans: Flete, inquit, nunc satis, quoniam optimæ sunt lachrymæ istæ; nolite cessare.— Exhinc cum vidissent eos clerici ambulantes pariter et exultantes simul nec ad momentum ab invicem separari, conati sunt Hugonem avellere a Bernardo, timentes, imo jam aperte cognoscentes quoniam uno spiritu agerentur. Tenentes ergo Hugonem jam nulla ratione pati voluerunt ut vir Dei cum eo de cætero loqueretur. Abiit ergo tristis, sed nihilominus erat adhuc cor ejus fiduciam habens in Domino. — Post aliquot dies sane conventum audiens episcoporum, festinavit illuc, ut Hugonem videret. Clerici vero cum vidissent eum, præter morem torvo oculo respicere et stipare Hugonem undique, ne quis pateret accessus. Sedentibus ergo in campo et colloquentibus episcopis, in medio clericorum juxta Hugonem sedens, loqui ei non poterat propter adstantes; sed tantum flebat uberrime super collum ejus; et ecce inundaverunt aquæ et cœlum dedit pluvias, ita ut, dispersi cum omni festinatione, ad proximum vicum currerent. Sed beatus Hugonem manu tenens : Mecum, inquit, in pluvia stabis; statimque serenitate reddita, soli stabant in campo, et confessus est Hugo juramentum quod fecerat, minime se fore (monachum) usque ad annum; hoc autem fecerat ut deciperet clericos, annuam quippe probationem non ignorans. Ibi confirmato ex integro sodalitio spirituali, redierunt manu sese tenentes alterutrum; et jam desperati omnes, nemo deinceps Hugonem detinere tentavit.

13. Cum (1) Duce fratres sui in obsidione erant coram castro Granceio. Erat sane in eadem obsidione avunculus ejus Gaudericus nomine, miles inclitus, cum quo prius habuerat de conversione sermonem. Ipsa ergo die priusquam Bernardus adveniret, iratus adversus Ducem quod fidem quam pro eo posuerat non liberasset: Non est mihi, inquit, unde ulcisci possim adversum vos; sed scitote quod ab hodie in collo meo clipeus non pendebit. Audientes fratres Bernardi, non ignorant sermonis hujus originem, et tanto amplius timent sibi a conversione fratris, illicoque festinant Castellionem ut accelerent quæ paranda erant itineri fratris. Interea Bernardus adveniens Gaudericum repperit, et confirmato conversionis proposito, accedunt ad patrem ipsius Bernardi, et propositum palam fatentur.

14. Invenit illico Bernardus fratrem suum juniorem, scilicet Bartholomæum, qui necdum militiæ cingulo utebatur, et is continuo fratri avunculoque consensit.

15. Andreas vero, junior et ipse Bernardo sed Bartholomæo senior, et noviter factus miles, in ipso

---

1. La leçon « *Cum* Duce » est donnée par le manuscrit des Bollandistes. D' Hüffer, p. 36. Celle de la copie Bouhier « Eo Duce » est manifestement fautive.
   A partir du n° 13, les conversions successives, mais rapides, des fils de Tescelin et de Gaudri, leur oncle, sont racontées dans l'ordre chronologique.

castro captus tenebatur (1). Ingressus itaque Bernardus ad eum, propositum conversionis suæ revelat, et admonet ut ipse quoque pariter convertatur. In cujus sermonis initio, continuo Andreas exclamavit : Video matrem meam. Bernardus vero, dissimulans interim, cœptum exequebatur de conversione sermonem, et quoniam adolescens erat, laboravit aliquandiu in persuasione, sed tandem respondit Andreas et dixit : Ecce date operam ne quis fratrum nostrorum in sæculo maneat, alioqui scinde me medium, quoniam nec a vobis nec ab illis separari tolerabile est. Videns ille jam motum animum ejus, tunc primum quid fuerit quod de matre dixerat sciscitabatur; ille vero asserebat omnino vidisse se eam super caput ipsius Bernardi. Hinc plane, inquit, nosse potes quam grata sit ei conversio nostra.

16. Exiens itaque jam de Andrea securus, reversos ad obsidionem fratres invenit Guidonem scilicet et Girardum, priores natu et magni animi ac perfecti consilii viros. Hi sane ubi stabilitum esse consilium et publicatum propositum cognoverunt, pleni licet tristitia, nihil tamen deinceps de revocatione machinati sunt, desperantes omnino. At Bernardus invocato Spiritu Sancto cœpit instare opportune importune ut cum eo ipsi quoque salvarent animas suas.

17. Senior itaque frater ejus Guido excusare se cœpit super vinculo uxoris quod solvere non liceret. Persuasit tamen Bernardus ut in fide promitteret et daret ei dextram quod cum eo veniret, si posset uxoris licentiam obtinere, et facta promissione continuo ait Bernardus ad ipsum : Ut meliori sis animo ego quoque in eadem tibi fide promitto ante proximum Pascha aut licentia,

---

1 Suivant ce texte, André avait été fait prisonnier, et était retenu dans l'enceinte du château. Saint Bernard ayant réussi à le voir, le gagna à la vie monastique. Cet incident et quelque rançon peut-être auront facilité l'élargissement immédiat du jeune captif.

immo et petitione aut certe morte ipsius, solvendum te a lege uxoris (1).

18. Dehinc aggreditur et Girardum, sed ille ut prudentissimus in generatione sua minus intendebat his quæ ab adolescente dicebantur (2). Exhinc collegit itaque tantos undique tam ex propinquis et notis quam ex alienis ut triginta fuerint intra paucos dies (3).

19. Quid virilem illum patris animum loquar qui una die sex filios et filios tales videns abire non modo non doluit, sed et gravisus est valde, illud tantum monens ut in omnibus modeste agerent : Quoniam ego, inquit, novi vos, quod aut vix aut numquam possit zelus vester cohiberi.

20. Proficiscentibus itaque fratribus, unus tantum et ipse puerulus remanebat, qui cum parvulis aliis in platea jocabatur. Videns ergo eum senior frater Guido : Ecce, inquit, Nivarde, secure potestis ludere, quoniam terram multam habituri estis. At ille subsannans : Cum maledictione, inquit, fiat hæc distributio, ut vos cœlum habeatis, ego terram. Fugiebat ergo quotidie puer ad fratres suos, volens conversionis eorum socius fieri. Sed quia parvulus erat, remittebant eum et reddebant patri suo. Tandem non ferentes importunitatem ejus, tradunt eum sacerdoti cuidam ut disceret litteras, et ubi paululum crevit, factus est et ipse novitius apud Cistercium, et suscepto post anni spatium habitu, redditus est fratribus in Claravalle.

---

1. Le n° 17 reproduit en abrégé le n° 9.
2. Les détails de la conversion de Gérard sont donnés n° 8 ; Geoffroi indique ici le moment où saint Bernard entreprit cette conquête, plus difficile que les précédentes.
3. C'est à la suite du n° 18 que vient logiquement et chronologiquement le n° 12.

ERRATA

TOME I.

Page 31, ligne 34 : martyr, *corr.* martyre.
Page 36, ligne 7 : on n'a pas d'autres données... *rectifiez* suivant p. 104 et 129.
Page 46, note, dernière ligne, *lisez* Mgr Rey.
Page 48, ligne 14, *corr.* Le terrier de l'an 1500 (voir p. 129) et le testament déjà cité de Pierre Chauchier, en 1545, mentionnent seulement l'existence de la chapelle Monsieur saint Bernard ou oratoire du château.
Page 52, ligne 14 : Lilienfeldt, *corr.* Lilienfeld.
Page 76, ligne 2 de l'inscription n° 3 : suis Bernardi, *corr.* sui Bernardi.
Page 108, ligne 31 : entablenents, *corr.* entablements.
Page 117, ligne 20 : conférence, *corr.* circonférence.
Page 141, avant dernière génération, *corr.* 1re femme X. fille de Richard d'Abbans. Voir tome II, p. 15.
Page 142, *rectifiez et complétez* d'après tome II, p. 16.
Page 143, avant dernière génération, Aclais, *corr.* Aalais.
Page 146, ligne 3, *corr.* Gratoux, entre Chenôve et Longvic.
Page 147, ligne 6, *corr.* Humberge dite de Ricey, par pure conjecture.
Page 155, *rectifiez* d'après tome II, p. 8.
Page 165, note 3, *rectifiez* d'après tome II, p. 22.
Page 178, ligne 3, *corr.* Ceci se passait au commencement de l'automne de 1111. Voir tome II, p. 23 et suivantes.
Page 184, parmi ceux que Bernard emmena à Cîteaux, *ajoutez* Geoffroi d'Aignay. Voir tome II, p. 28.
Même page, ligne 18, *corr.* Ce départ dut s'effectuer en avril 1112.
Page 190, *rectifiez* d'après tome II, p. 31.
Même page, colonne 3, ligne 25, *corr.* Aquitaine.

TOME II.

Page 7, ligne 23 : rédigait, *corr.* rédigeait.
Page 8, ligne 7 : erronnée, *corr.* erronée.

Page 12, ligne 14 : ont put, *corr.* ont pu.
Page 62, ligne 6 : ennoblie, *corr.* anoblie.
Page 128, ligne 6 : émines, *corr.* hémines.
Page 132, lignes 16 et 23, même correction.
Page 173, ligne 6, *corr.* On voit encore, sur la montagne de Saulx-le-Duc, l'emplacement bien net du château, l'entrée creusée dans le roc, et, le long des rochers à pic qui servaient de soutènement, des demi-ronds, creusés aussi dans le roc. *Communication de M. l'abbé Choiset.*
Même page, ligne 8 : Villcomte, *corr.* Villecomte.
Page 189, ligne 18 : créneller, *corr.* créneler.
Page 258, ligne 28 : § 3, *corr.* § 2.
Page 265, ligne 26 : l'avait conservée, *corr.* l'avaient conservée.
Page 266, ligne 8 : de Lastie, *corr.* de Lastic.
Page 296, ligne 29 : colonnel, *corr.* colonel.

TOME III.

Page 8, titre, *lisez* du prieuré.
Page 7, ligne 27 : en 1792, *corr.* en 1791.
Page 10, ligne 30 : codicile, *corr.* codicille.
Page 41, ligne 30 : d'Effyat, *corr.* d'Effiat.
Page 42, ligne 1, même correction.
Page 62, ligne 20 : Coeffier, *corr.* Coiffier.
Page 114, lignes 6 et 7 : qu'avait fait, *corr.* qu'avait faits.

TABLE ANALYTIQUE

DE TOUT L'OUVRAGE

Le chiffre romain indique le volume et le chiffre arabe la page du volume.

Alette (la B.) de Montbard, mère de S. Bernard, I, 13, 45, 147-152, 156, 160-169; III, 189-191; — sa mort et ses funérailles, I, 162-164; — date de sa mort, I, 157; — peintures représentant ses funérailles, III, 186; — son tombeau dans la crypte de Saint-Bénigne, I, 164; II, 23; — translation de ses restes à Clairvaux, I, 165; II, 22, 181; — note philologique sur son nom, II, 32.

Anciens biographes. Voir sources de l'Histoire de S. Bernard, Fragments de Geoffroi.

Armoiries des maisons et personnages suivants :
    Anne d'Autriche, III, 3.
    Arc (d'), II, 210.
    Aubigny (Robert de), II, 189, 208, 272.
    Bailleux (Robert de), II, 16.
    Beire, II, 217.
    Bellegarde (Roger de), III, 32.
    Bellenot (Jean de), II, 183.
    Blaisy. Voir Chaudenay-Blaisy.
    Bouhier, II, 296.
    Byois (Marie de), II, 207, 240.
    Chabot (Catherine), I, 64.
    Châteauneuf, II, 141.
    Chaudenay, II, 141.
    Chaudenay-Blaisy, II, 140, 146, 148, 155.
    Chazan, II, 207.
    Chissey-Buffard, II, 228.
    Chissey-Varanges, II, 229.
    Damas d'Athie, II, 283.
    Dampierre-s-Salon, II, 186.

Dampierre-Chargey, II, 186.
D'Avout, II, 267.
Drées, II, 162.
Du Meix. Voir Villecomte.
Etaules, II, 205, 208.
Feuillants de Fontaines. Voir Prieuré.
Fontaines, II, 189. Voir Saulx-Fontaines.
France, III, 32.
Grancey, II, 217.
Grandson, II, 157.
La Boixière ou Bussière, II, 70.
La Perrière (du Châtillonnais), II, 258.
La Perrière (du Nivernais), II, 148.
Louis XIII, I, 110, 119; III, 3.
Marey-s-Tille, II, 242-244.
Montaigu, II, 157.
Montigny (Fouquet de), II, 258.
Montoillot, II, 218.
Navarre, III, 32.
Prieuré de Fontaines, III, 71.
Rochefort-Pluvault, II, 278.
Rupt, II, 156.
Saffres, II, 70, 217, 219-222.
Saint Bernard, I, 139.
Sauion, II, 17.
Saulx, II, 192, 203, 217.
Saulx-Courtivron (1re maison), II, 217.
Saulx-Courtivron (2me maison), II, 242.
Saulx-Fontaines, II, 32, 64, 96, 128, 144, 168, 200, 202, 212, 215, 216, 217-222.
Saulx-Vantoux. Voir Saulx.
Seigny, II, 256.
Sombernon, II, 218-222.
Vienne, II, 157.
Villecomte, II, 196.

Arrière-neveux de S. Bernard, dans la ligne paternelle : les Sombernon-Fontaines, II, 89; — les Venarey, II, 103, 112; — les Vergy-Blaisy, II, 117; — les Bigot de Broindon, II, 130; — les Chaudenay-Blaisy, II, 139; — les Montoillot-Blaisy, II, 142 ; — les Rochechouart-Chandenier, Pot de Rochechouart, Fuligny-Damas, et des branches des familles de Drées, de Chauvirey, Le Mairet, Courtiamble, Pontailler-Talmay, Crecey, Monestoy, Damas, Nesles, Chazan, Poinceot, II, 158-159; — les Saulx-Fontaines, II, 173; divers seigneurs dits de Domois, de Bellenot, de Mypont, de Maisoncomte, II, 183, 197; de Ruffey-les-Dijon, de Chissey, II, 227; de Mailly, de Coublanc, Frontenay, Hénay, Bouton, II, 232-240; — les Marey-Fontaines, II, 241; les Champlitte-Vonges, Choisey, de Mandres, Calandre, Seigny-Saffres, Cléron-d'Haussonville, Chappes, d'Avout, du Brouillard, de Montigny, d'Aulnay, de Blondefontaine, d'Hallewin de Rochequin, de Fontette, Karandefex, du Boutet, de Brissac du Boutet, de Clermont-Tonnerre, d'Evry, de Divonne, de Perthuis, de la Guiche, de St-Priest, de

Charpin, de Virieu, de Lastic, de Mérode, Montalembert, Meaux, etc., II, 255-271.
— dans la ligne maternelle : les Montbard, Epoisses, Vignes, II, 74-87.

AUTEL DE S. BERNARD, érigé dans le cellier natal, I, 55; sa description, I, 81; III, 42, 81; — il était privilégié, III, 91.

BONVAUX, prieuré, fondé par les seigneurs de Fontaines, II, 106-107; lieu de leur sépulture, ibid. Voir tombes.

BULLE du pape Innocent X, III, 88.

CELLIER NATAL de S. Bernard, I, 24, 45, 47, 132. Voir chambre natale.

CENTENAIRE de la naissance de S. Bernard. Lettre du pape, III, 165; — fêtes, III, 168-177; — personnages présents, ibid.

CHAMBRE NATALE DE S. BERNARD: son emplacement et son authenticité, I, 44-104, 129-132; — elle est mentionnée en 1430, I, 24, 95; II, 251; — érigée en chapelle avant 1500, I, 104, 130; II, 253, 277; — fréquentée par les pèlerins, I, 21, 36-37; II, 285-292; — achetée par les Feuillants en 1613, I, 38, 39; II, 292; III, 10-13, 18; — ornée par les soins de Louis XIII en 1619, I, 40, 48, 54, 56, 57, 105; III, 24, 33; — profanée à la Révolution, I, 43, 60, 87; III, 117-118; — restaurée provisoirement et rendue au culte en 1841, III, 130-134; — restaurée complètement en 1885-1894, III, 161.—
— Inscriptions de la chambre natale, I, 69-79, 113-116; II, 4-7.
— Description de la chambre natale, I, 104-121. — Plan de la chambre natale, I, 102. — Coupe transversale de la chambre natale, I, 108. — Clef de voûte de la chambre natale, I, 110.

CHAPELLE DE N.-D. DE TOUTES GRACES, fondée par Anne d'Autriche, I, 74, 79; dans une salle basse de la tour Mr S. Bernard, I, 103-104.— Inscriptions de cette chapelle, I, 69, 70, 74, 76; 113-115; III, 161. — Description, I, 107-110.

CHAPELLE DE SAINT-BERNARD, ou église des Feuillants. Voir églises des Feuillants (Petite église).
— dans l'église des Feuillants, ne diffère pas de la chambre natale, I, 55. Voir chambre natale.
— dans l'église S. Vorles, à Châtillon-sur-Seine, I, 155.

CHATEAU DE FONTAINES-LES-DIJON: son état au XVe siècle, I, 94-98, 123-128, 129-130; vers 1850, I, 124; en 1881, I, 99; — son histoire, I, 133; II, 189, 247. Voir vues.

CHATILLON-SUR-SEINE : lieu d'origine de la ligne paternelle de saint Bernard, I, 133-144; II, 12-22; — écoles célèbres, I, 151; — culte traditionnel pour S. Bernard, I, 26, 152; III, 80, 178.

CLOCHES du monastère de Fontaines, III, 42, 58, 71.

CONFRÉRIES DE S. BERNARD: ancienne confrérie établie avant 1410, I, 24; — son organisation, II, 249; — détails, II, 264, 287; — nouvelle confrérie, érigée en 1653, dans l'église des Feuillants, III, 88-98; — transférée en l'église paroissiale, au XIXe siècle, III, 182-185.

EGLISES DES FEUILLANTS, à Fontaines.
1° Petite église formée de la chambre natale et d'autres bâtiments, 1614-1618, I, 39, III, 21-22; — ornée intérieurement, 1619-1626, I, 40, 51, 54, 56, 105; — agrandie vers 1750, I, 43; III, 49; — profanée et à moitié démolie en 1793, I, 43, 60-61, 87; III, 118; — rendue au culte en 1841, III, 130-134. Voir chambre natale.
2° Grande église construite sur l'esplanade en avant du château : pose de la première pierre, 1619, I, 40; III, 29-33; opuscule publié à cette occasion, III, 34; — difficultés, ralentissement des travaux, III, 37-41; — abandon de l'entreprise et démolition en 1654, I, 42; III, 45.

EPITAPHES des tombes du prieuré de Bonvaux, II, 111, 198-210; — de l'église des Cordeliers, II, 211-216; — de l'église de Blaisy-Haut,

II, 160-164; — de Jean de Chaudenay, sire de Blaisy, II, 144; — de Jean de Blaisy, abbé de S. Seine, II, 152; — de Geoffroi II de Blaisy, sire de Mauvilly, II, 155; — de Hugues d'Arc, époux de Marie d'Aubigny, II, 209; — de Gui de Rochefort et de Marie Chambellan, son épouse, II, 280.

Feuillants. Note sur la congrégation, I, 65; III, 3.
— monastère de Fontaines. Voir prieuré.
— monastère de Châtillon, I, 42, 152; III, 41.

Figures. Voir les tables particulières en tête de chaque volume.

Fondations établies dans l'église des Feuillants, à Fontaines, I, 49, 50; III, 10-12, 23-29, 37, 42, 59-70.

Fontaines-les-Dijon, seigneurie de Tescelin, père de S. Bernard. Voir lieu de naissance — et château.

Fontaines-les-Dijon (seigneurs de). — 1° parents de saint Bernard: Tescelin-le-Saure (I), I, 133, 145, — les Sombernon-Fontaines, II, 89; — les Saulx-Fontaines, II, 173; — les Marcy-Fontaines, II, 241; — les Champlitte-Vonges et leurs hoirs, II, 251-256; — les Seigny-Saffres, et les Cléron-Saffres, II, 262-265, 281-282; — 2° étrangers à saint Bernard : les Rolin, II, 252, 273-277; — Humbert, abbé de Cîteaux, II, 253, 274; — Laurent Blanchard et ses hoirs, II, 255, 256, 276-278; — les Rochefort-Pluvault, II, 277-283; — les Damas d'Athie, II, 283-293; — Louis de Villers-la-Faye, II, 293; — les de Barville, II, 293; — de Gand, II, 294; — l'abbé de Sennevoy, II, 296; — les Bouhier, II, 296-298.

Fontenay, abbaye. Fondation, II, 82-84; emplacements successifs, II, 84; église, II, 82.

Fragments de Geoffroi, I, 4, 11; III, 187-198.

Frères et sœur de saint Bernard, I, 148, 152, 156, 159, 160, 180-185, 190-196; II, 46, 83, 91, 93, 94.

Gaudri de Touillon, oncle maternel de S. Bernard, I, 175; II, 75; — détails sur son épouse et ses enfants, sur le château de Touillon, ibid.

Image miraculeuse de la sainte Vierge, à Châtillon-sur-Seine, I, 155.

Indulgences concédées aux associés de la Confrérie de Saint-Bernard, III, 88-91; — à ceux qui visitent les églises des Feuillants, III, 96.

Inscriptions de la petite église des Feuillants, I, 64, 65, 69-79, 113-116; II, 4, 7.
— de la grande église, III, 31, 50-57.
— de la cloche donnée par la ville de Dijon, III, 58.
— du reliquaire de S. Bernard, III, 148-150.
— du pavé en mosaïque du sanctuaire natal, III, 161-162.
— de la médaille commémorative du Centenaire, III, 178.
— de la première pierre du monument commémoratif du Centenaire, III, 179.
— tumulaires. Voir épitaphes.

Justice. Débats au sujet des droits de justice entre la ville de Dijon et les seigneurs de Fontaines, II, 191, 246, 274, 282, 286, 293-295; — débats au sujet des mêmes droits entre les seigneurs de Fontaines et les Feuillants, III, 72.

La Roche-Vanneau, fief patronymique, probablement, des La Roche, parents de saint Bernard, II, 156.

Larrey-les-Dijon, prieuré, lieu de retraite choisi par la belle-sœur de S. Bernard, III, 193; — fréquenté par S. Bernard, II, 93.

Lettres de Louis XII, établissant à Fontaines un marché hebdomadaire et une foire annuelle le lundi après la fête de saint Bernard,

II, 279; — de Louis XIII en faveur du prieuré de Fontaines, 1614 et 1617, III, 18, 24; — d'Anne d'Autriche aux Feuillants de Fontaines au moment de la naissance de Louis XIV, III, 84; — de Louis XIV à l'évêque de Langres, concernant la fête de S. Bernard, III, 85; — du duc d'Épernon aux Élus des États, pour aider les Feuillants à toucher une somme donnée par les habitants de Saint-Seine, III, 46; — du pape Léon XIII, autorisant la célébration du Centenaire de S. Bernard, III, 165.

Lieu de naissance de S. Bernard. Ce lieu est Fontaines-les-Dijon, d'après les anciens biographes, I, 3-19; d'après la tradition, I, 19-28; d'après les critiques modernes, I, 3; II, 3, 7.

Ligne paternelle de saint Bernard : ascendante, I, 133-144; II, 21; — descendante, voir arrière-neveux.

— maternelle, II, 73-87.

Maison de sainte Alette, à Fontaines, I, 162.

Maison-forte de Ruffey-les-Dijon, II, 191, 230, 248.

Maison natale de S. Bernard, habitée par les arrière neveux du saint abbé jusqu'en 1463, II, 253; — possédée en partie par les mêmes arrière neveux jusque vers 1580, II, 265; — inhabitée de 1463 à 1614, II, 277, 291; — convertie en un monastère de Feuillants, en 1614, I, 37; III, 10-15; — en partie démolie par les religieux et surtout par les acquéreurs de 1793, III, 48, 117-118; — préservée d'une ruine totale par M. Girault en 1821, III, 125-126; — restaurée en 1841 par M. l'abbé Renault et en 1881 par les missionnaires de S. Bernard, III, 131, 161.

Maisons nobles du même sang que S. Bernard, II, 41-73. Voir arrière neveux.

Manuscrits de la bibliothèque de la Maison de Saint-Bernard : Vie de S. Bernard, par Alain, ms. du XIIIe-XIVe siècle, I, 11. — Inventaire du monastère royal de Saint-Bernard, III, 7.

Missionnaires de S. Bernard, institués en 1880, III, 138; — relèvent avec éclat le culte de saint Bernard par les fêtes de la translation des reliques en 1881, III, 152; et celles du VIIIe centenaire de la naissance du saint abbé, en 1891, III, 163.

Montbard, lieu d'origine de la ligne maternelle de S. Bernard, I, 147; II, 74; — maison de Montbard, II, 74-88.

N.-D. de Châtillon, abbaye, I, 152.

Opuscule de Jean de S. Malachie, III, 34.

Ordonnances : de l'évêque de Langres au sujet de la fête de S. Bernard, III, 81, 82, 87 ; au sujet de la Confrérie de S. Bernard, 91; — de Mgr Rivet, évêque de Dijon, pour la réouverture du sanctuaire natal de saint Bernard, III, 131; — de Mgr Rivet, évêque de Dijon, concernant les Missionnaires de Fontaines, III, 140; — de Mgr de Boisville, évêque de Dijon, concernant la Confrérie de S. Bernard, III, 182 ; — de Mgr Rivet, évêque de Dijon, concernant la Confrérie de S. Bernard, III, 184.

Origines de saint Bernard. Voir Ligne.

Patrons de la paroisse de Fontaines. Décret de la S. C. des Rites, III, 181.

Pèlerinages au berceau de S. Bernard, avant la Révolution, II, 286-292; III, 78-80, 98-102; — au XIXe siècle, III, 135, 137.

Pèlerins : le V. Bénigne Joly, III, 100.

P. Conrad Burger, cistercien, I, 131 ; III, 80.

P. Jean-Conrad Tachler, cistercien, II, 191.

Just de Breteniéres, martyrisé en Corée, III, 135.

Malabaila, III, 79.

Meglinger, I, 52; III, 99.
Ratisbonne, auteur de l'Histoire de S. Bernard, III, 135.
Saint François de Sales, I, 36.
Sainte Jeanne de Chantal, I, 36.
Valladier, I, 50; III, 79.

PLAN de l'église des Feuillants à l'époque de la Révolution, I, 58.
— de l'église des Feuillants, avec indication de l'époque des diverses constructions, I, 102.
— des restes de l'église des Feuillants, après la restauration de 1881-1884, III, 128.
— du clos des Feuillants, III, 112.
— du monastère des Feuillants, à l'époque de la Révolution, III, 112.
— des restes du château de Fontaines, en 1881, I, 99.

PLANCHES. Voir les tables particulières en tête de chaque volume.

PRALON, abbaye. Fondation, II, 95; culte pour S. Bernard, ibid.

PRIEURÉ DE FONTAINES, établi le 18 mars 1614, I, 38; III, 15; — érigé en monastère de fondation royale en juillet 1618, I, 40; III, 24; — finit à la Révolution, III, 113-118. — Désignation des bâtiments, III, 111, 119. Voir plans et vues.

PROCESSION DU 1er MAI, I, 21; II, 287; III, 98, 102.

RÈGLEMENTS de la Confrérie de S. Bernard, III, 92.

RELIQUAIRE de S. Bernard. l'escription, III, 147.

RELIQUES conservées au berceau de S. Bernard. Origine et nature, III, 141; translation, 152.

SAFFRES, ancienne maison, ne doit pas être du même sang que saint Bernard, II, 66-71.

SAINT-AMBROSINIEN, église de Fontaines, I, 29-30, 34, 36, 149; II, 288; III, 181.

SAINT-BÉNIGNE, abbaye. Rapports de S. Bernard avec ce monastère, I, 162-166; II, 94.

SAINT BERNARD, abbé de Clairvaux, né à Fontaines-les-Dijon, I, 3-28; II, 3-7; — plus probablement en 1090, II, 28; — baptisé probablement à S.-Martin-des-Champs, I, 149; — offert à Dieu par sa mère, I, 150; III, 190; — mis aux écoles de Châtillon-sur-Seine, I, 151; — puise une ardente dévotion pour la Sainte Vierge au pied de l'image miraculeuse vénérée à Saint-Vorles, I, 156; — achève ses études, vers 1107, I, 157; — perd sa mère, I, 162; — fait l'expérience des dangers du monde, I, 170-174; — se sent attiré à la vie monastique, I, 174-175; — fait part de son dessein à Gaudri, son oncle maternel, également épris de l'amour du cloître, ibid. — est fixé sur sa vocation en se rendant à Grancey, près de ses frères, I, 179; III, 194; — détermine son oncle et ses frères à le suivre à Cîteaux, ibid. et suiv.; — se retire à Châtillon avec eux et d'autres parents ou amis, I, 182; — fait, à Fontaines, ses adieux à son père, I, 184; — entre à Cîteaux avec ses trente compagnons en avril 1112, II, 23-28; — ses rapports avec Dijon, II, 93; avec Montbard, 83; avec Prâlon, 95.

SAINT-BERNARD (fête de), solennisée anciennement le dimanche après le 20 août, II, 249; — Louis XIII et Louis XIV, de concert avec Mgr Zamet, évêque de Langres, essaient d'élever le 20 août au rang des fêtes obligatoires, III, 81, 85-88; — manière dont la fête de S. Bernard était célébrée au prieuré des Feuillants, III, 29; — part que prenait à cette fête la municipalité dijonnaise, III, 103.

SAINT-BERNARD, village, fondé en 1608 par l'abbaye de Cîteaux, III, 18.

SAINT FRANÇOIS DE SALES. Sa dévotion envers S. Bernard, I, 36; III, 5,

21 ; — ses relations avec les Feuillants, ibid ; — avec Jean de S. Malachie, ibid.

Saint-Martin-des-Champs, église mère de la paroisse de Fontaines, I, 29, 149; III, 181.

Saint-Vorles, église de Châtillon, I, 151-155.

Sceau de Guillaume de Marey, II, 243.
— Hervé de Saffres, II, 219.
— Hervé de Sombernon, II, 218.
— Jean de Marey, II, 243.
— Jean de Saffres, II, 221.
— Richard de Fontaines, II, 220.
— Thomas d'Eguilly, II, 221.
— du Prieuré de Fontaines, III, 70.

Songe de la B. Alette, I, 45, 46, 148; III, 164, 189, 191.

Sources de l'histoire de S. Bernard, I, 4-16 ; III, 187-198.

Tableau (peinture) des personnes inhumées dans la crypte de S. Bénigne, I, 166.
— du maître-autel de la petite église des Feuillants, I, 81.
— de l'autel de S. Bernard, même église, I, 81 ; III, 42.

Tableau synoptique de la famille de S. Bernard, I, 190; II, 31.

Tableau généalogique des Châtillon-Duesme et familles alliées, I, 142; II, 16.
— des Châtillon-La Ferté-sur-Aube et familles alliées, I, 140.
— d'autres Châtillon, I, 144; II, 19.
— des Chaudenay-Blaisy, II, 166, 170.
— des Marey-Fontaines et familles alliées, II, 270.
— des Montbard, II, 86.
— des Ruffey-lès-Dijon, II, 238.
— des Saulx-Fontaines, II, 224.
— des Sombernon-Fontaines, II, 114.
— des Vergy-Blaisy, II, 136.

Tescelin le Saure I, père de S. Bernard, originaire de Châtillon, I, 13, 134, 145-147; se fait moine à Clairvaux, I, 185; II, 180 ; — note philologique sur son nom, II, 38.

Tilchatel, fief patronymique de Robert, évêque de Langres, dit de Châtillon, II, 53-55.

Titres de sainteté de Tescelin, d'Alette et de leurs enfants, I, 193.

Tombes de Agnès de Dampierre, II, 112, 203.
— Alexandre I de Blaisy, II, 161.
— Aalis, dame de Blaisy, II, 162.
— Béatrix de Blaisy, II, 161.
— Calon de Saulx, II, 32, 200.
— Eudes de Domois et Aalis de Saulx, II, 48, 201.
— Garnerot de Blaisy, II, 160.
— Gilles de Fontaines, II, 215.
— Guillaume de Fontaines, II, 96, 202.
— Hugues d'Arc, II, 209.
— Hugues de Fontaines, II, 144, 168, 216.
— Jean II de Fontaines, II, 64, 128, 211.
— Marie de Byois, II, 206, 240.

— Marie de Remilly, II, 80, 213.
— Ponce de Saulx, II, 192, 203.
— Renaud d'Etaules, II, 205, 208.
— Robert d'Aubigny, II, 207, 272.
— Suzanne de Blaisy, II, 163.

Tour M. Saint Bernard, ou grosse Tour, I, 22-24, 45, 94-96, 104, 117, 125, 127, 130; II, 251, 252, 277; III, 21, 47, 111.

Transmissions de la terre de Fontaines, xve-xviiie siècles, II, 300.

Vitæ S. Bernardi, I, 4-19; III, 187-198.

Vues du château de Fontaines au XVe siècle (restitution), I, 128; en 1611 (dessin de Martellange), I, 96.
 — du monastère des Feuillants en 1628, III, 28; vers 1700 (interprétation du dessin d'Israël Silvestre), III, 64.
 — des restes du monastère des Feuillants au XIXe siècle, I, 61, 66.
 — de la maison natale de S. Bernard en 1891, III, 160.
 — du village de Fontaines en 1611 (dessin de Martellange), I, 92; vers 1670 (dessin d'Israël Silvestre), III, 48; en 1891, I, 32.

TABLE ONOMASTIQUE

Cette table est synoptique et analytique: synoptique, car les noms propres de tous les membres d'une même famille sont réunis dans une liste particulière, sous le nom patronymique; — analytique, parce que le classement par famille a permis de distinguer nettement les uns des autres les personnages ayant le même nom propre, et de rapporter à chacun d'eux les indications qui le concernent spécialement.

Pour trouver, par exemple, Barthélemy de Sombernon-Fontaines, on cherchera dans la liste générale: **Sombernon-Fontaines**, puis, dans la liste particulière qui suit cette indication, le nom de Barthélemy.

Cependant les dignitaires, de l'ordre ecclésiastique ou de l'ordre politique, viennent dans la liste générale sous leur nom propre suivi de leur titre officiel. Mais les noms de plusieurs reparaissent dans les listes particulières.

ABRÉVIATIONS

T. A., table analytique. — T. O., table onomastique — Ev., évêque. — Sgr., seigneur. — Ab., abbé ou abbesse. — Ep., épouse. — Ch., chanoine.

A

Aalis la Rousse, II, 187.
Abbans (d') Richard, II, 15.
Abbon, II, 18.
Abélard, I, 5, 170, 171, 174.
Adelaidis, mère de Renier et de Jobert de Châtillon, II, 19.
Adeline, nièce de S. Bernard, I, 165; II, 92.
— ép. d'Aimon le Roux de Châtillon, II, 19, 20.
— ép. en premières noces d'Urric de Lucenay, en deuxièmes noces de Gui de Venarey, II, 104, 115.

Aenor, épouse de Renard de Montbard, I, 161; II, 51, 57.
Aganon, év. d'Autun, II, 76.
Agey (d') Garnier, II, 95, 96.
Aignay (d') Geoffroi, II, 28.
Aigremont (d') Foulques, I, 136.
Aimon, ab. de Flavigny, II, 78.
Alain, év. d'Auxerre, I, 6, 8, 14.
— de Bretagne, II, 93.
Albério de Trois-Fontaines, I, 135, 152; II, 94.
Alette de Montbard, mère de S. Bernard, I, 13, 46; II, 87; III, 189-171. — T. A.
Alexandre, ab. de Citeaux, II, 120.
Alix (le P.), III, 171.

Ambrosinien (saint). évêque et martyr, I, 19, 25, 30-32; II, 97.
Amiel (M⁰ᵉ), III, 142-144.
André, moine de Clairvaux, frère de S. Bernard, T. A. Frères et sœur.
Andriot (Mᵐᵉ), III, 146.
Anglure (d') Marie, II, 51.
Angoulevant (d') Jacquette, II, 171.
Anlezy (d') Anne, II, 65.
Anne d'Autriche, I, 49, 74, 79, 113-115; III, 31, 51, 83, 84.
Ansellus, clericus, II, 13.
Antigny (d', Philippe, II, 143.
Apchon (d') Mgr, III, 105.
Aquitaine (d', Guillaume, I, 190; II, 31.
Arc (d') Gui, II, 209.
— Guillaume, II, 192.
— Hugues, II, 209.
— — fils du précédent, II, 210.
— Jean, ch. de la Sᵗᵉ-Chapelle, II, 187.
— — sgr de Chargey, II, 192, 193.
— — sgr de Saulon, II, 210.
— — frère du précédent, ibid.
— Jeanne, ép d'Eudes de Saulx-Vantoux, II, 205.
— Jeanne, fille de Jean sgr de Chargey, II, 193.
— Marguerite, fille de Jean, sgr de Chargey, ibid.
— Marguerite, dame d'Eguilly, II, 69.
— Marie, II, 193.
— Robert, II, 210.
Arcy-s.-Cure (d') Mabille, II, 86.
Ardier, III, 43.
Aremburge, fille de Hugues II, duc de Bourgogne, religieuse à Larrey, II, 93.
Armand-Cailiat, III, 147.
Arnaud de Bonneval, abbé, I, 5.
Artault Adrien, procureur au Parlement, I, 162.
Asceline, parente de S. Bernard, I, 136; II, 92.
Asnières-en-Montagne (d') Marguerite, ép. de Gérard le Breton, II, 98.
Aubert Georges, mission. de S. Bernard, III, 139, 141.
— Philibert, mission. de Sᵗᵉ Garde, III, 136.
Aubigny-les-Sombernon (d') Guillemette, II, 188, 208-210.
— Marie, II, 188, 209, 210.
— Robert, II, 188, 189, 190, 207-210.
Aulnay (d') Claude, II, 258.
— Edmée, ibid.
— Etienne, ibid.
— Madeleine, ibid.
Autoreille (d') Catherine, II, 231.

B

Baillet Lazare, III, 68.
Bailleux (de) Anselme I, sgr de Duesme, II, 16, 17.
— Anselme II, sgr. de Duesme, ibid.
— Elisabeth, ibid.
— Elya, ibid.
— Guillaume, ibid.
— Jacquette, ibid.
— Robert I, ibid.
— — II, ibid.
— Ada, dame de Bailleux, épouse de Robert I, sgr de Pouilly, ibid.
Bailly (le P.), III, 171.
Baissey (de) Alix, II, 231.
Balz (de) Marie, I, 143.
Baraut Pierre, II, 110.
Barrot Jean, II, 229, 230.
Bar-sur-Seine (de) Barthélemy, I, 124.
— Milon, comte, II, 51.
Barthélemy Coquille, I, 61.
— moine de Clairvaux, frère de S. Bernard, T. A. Frères et sœur.
Barville (de) Jean, II, 293, 300; III, 73.
— Jean-François, ibid.
— Marie, ibid.
Bauffremont (de), II, 52.
— Pierre, II, 275.
Béatrix de Bourgogne, sœur de Robert, év. de Langres, II, 18.
Beaufort (de). Voir Ferrand.
Beaumont (de) Alix, I, 140.
— Gertrude, ibid.
— Hugues, ibid.
— Marguerite, ibid.
Beaune (de) Lucie, I, 140, 161.
— Thibaut, I, 140.
Beauvoir (de) Marie, II, 65.
Bégat Jean, I, 27.

Bellegarde (de) César-Auguste, I, 39.
— Roger, I, 39, 40; III, 30-32, 42.
Bellenot (de) Alix, II, 183.
— Henri, ibid., 225.
— Jean, ibid.
Bénigne Joly (le V.), III, 100.
Berbisey Alix, II, 279.
— Anne, II, 64.
— Etienne, II, 64, 65.
— Jean, II, 63.
— Marguerite, II, 64.
— Perrenot, II, 63-65.
— Thomas, II, 63.
Bérenger Pierre, disciple d'Abélard, I, 174.
Bernard (saint), abbé de Clairvaux. T. A. saint Bernard — I, 158; II, 47, 50, 51, 61, 83-84; III, 189-198.
Bernon (de) Gauthier, II, 20.
Bertrand de Ste Alette, feuillant, III, 43.
Besancenot Claude, III, 64.
Bétemps (l'abbé), III, 129.
Betton, év. de Langres, I, 151; II, 119.
Bidaut, curé de Pothières, III, 145.
Bigorne (de) Jacques II, 174.
— Jean, ibid.
Bigot Dominique, II, 185.
— Lucie, ibid.
— Voir Broindon.
Billocard Etienne, II, 285.
Blaisy (de) Aimon, moine de S. Seine, II, 105.
— Barthélemy, II, 111.
— Garnier, abbé de S. Etienne, II, 119.
— — fils de Ponce, sgr de Blaisy, II, 105, 119-121.
— Guillaume, II, 131.
— Hugues, fils de Barthélemy, II, 111.
— Jean, fils d'Hugues, ibid.
— Marguerite, ép. de Guerric de Vergy, II, 120.
— Ponce, sgr de Blaisy, II, 119, 120.
— Voir Sombernon-Fontaines, Vergy-Blaisy, Chaudenay-Blaisy.
Blanchart Guillemette, II, 277.
— Jean, II, 278.
— Laurent, I, 22, 95, 104, 129, 130; II, 255, 256, 275-278.
Bled (du) Alix, II, 70.

Blondeau, aumôn. de Louis XIII, III, 43.
Blondefontaine (de) Claude, II, 260.
— Jean, ibid.
Boguet (l'abbé), III, 131, 184.
Bolon Etienne, II, 132.
Boisville (Mgr de), III, 132.
Boré, lazariste, I, 32.
Borot Jean, III, 64.
Bossuet Etienne, III, 66.
Bouange (Mgr), III, 142-144, 146.
Boucherat (Nicolas II), abbé de Cîteaux, I, 39; III, 16, 17, 18, 35, 72.
Boudet Michel, év. de Langres, I, 21; III, 102.
Bouesseau Jacquette, II, 287.
Bougaud (l'abbé), I, 166, 167.
Bouhier Antoine-Bernard, II, 298.
— Bénigne, marquis de Lantenay, II, 298, 300.
— Benoît-Bernard, II, 298.
— Claude, 2ᵐᵉ év. de Dijon, II, 296.
— Henri-Bénigne, sgr de Pouilly, II, 296-300; III, 74-75.
— Jean, conseiller au Parlement, I, 11.
— — président, II, 296.
— — 1ᵉʳ évêque de Dijon, III, 104.
— Pierre, III, 60.
Bouhot, Marguerite, II, 154, 166.
— Richard, ibid.
Boulx (de) Evrard, I, 134.
Boulenot Jacquette, III, 64.
Bourbévelle (de) Suzanne, II, 259.
Bourlier (l'abbé), II, 10, 97.
Boutet (du) Alexandre-Joseph-François, II, 260.
— Mᵐᵉ Marie-Caroline-Joséphine, ép. de M. le comte de Brissac, II, 49, 131, 260.
— Octavian, II, 259, 260.
Bouton Adrien, II, 236, 239.
— Christophe, ibid.
Bouvier (Mgr), III, 169.
Boyer (Mgr), III, 169.
Brabant (de) Charlotte, II, 259.
— Claude, ibid.
Brechillet Jean, III, 39, 71.
— Joseph, II, 289.
— Laurent, II, 283.
Bredin Edouard, I, 124.
Brelinquet Denis, III, 65.

Breschard Jean, II, 65.
Bressey (de) Etienne, II, 182, 183, 225.
Bretagne, III, 68.
Bretenières (de) Christian, sup. des Missionn. de S. Bernard, III, 136-141, 180.
— Just, III, 135.
Breuilhélyon (de) René, II, 267.
Bricon (de) Gui ou Guiard, dit Moreir, fils du suivant, II, 60, 61.
— Hugues de La Ferté-s.-Aube, dit de Bricon, ibid.
— Simon, mari de Mathilde de Rochefort-sur-Brevon, frère de Gui Moreir, ibid. Voir Rochefort-s.-Brevon.
Bridat, archiviste, II, 81.
Briel (de) Simon, II, 21.
Broindon (de) Clarembaut Bigot, II, 130, 137.
— Etienne, II, 131, 137, 258.
— Gauthier, II, 130, 137.
—   — fils de Clarembaut, II, 137.
— Gui, II, 130, 137.
— Guillaume Bigot, ibid.
— Jeanne, ibid.
—   — fille d'Etienne, II, 131, 137, 258.
— Laure, II, 130, 137.
— Pierre, II, 131, 137.
— Robert Bigot, II, 127, 137.
Brouillard (du) Antoine, II, 257, 270.
— Bernard, II, 257.
— Erard, ibid.
— Gauthier, ibid.
— Geoffroi, ibid.
— Jeanne, II, 258.
— Pierrette, II, 257, 258, 270.
Brulart, III, 42.
Brulley (du) Marguerite, II, 190.
Brunet (de) Claude, II, 261.
Brunon de Roucy, év. de Langres, I, 151; II, 173.
Buffon (de) Hugues, II, 188, 224.
Bureau Laurent, II, 289.
Burger Conrad, T. A. Pèlerins.
Burteur, vic. may., III, 42, 58.
Burtey, sup. du P. Séminaire, III, 180.
Bussy-le-Grand (de) Burc, il, 106.
Byols (de) Guillaume, II, 149.
— Jean, ibid.
— Marie, II, 149, 206-207.

C

Cafarelli (B^{on}), préfet de l'Aube, I, 159.
Caillet Bernarde, III, 61, 67.
— Jean, III, 62.
Calandre Guillaume, II, 255, 271.
Campana, mission. ap., III, 180.
Cardaillac (de) Christophe-Suzanne, III, 9.
Carnot président, III, 179.
Carra (Mgr), III, 169, 173.
Castello (de) Aimo Jovins, II, 13.
— Ansculfus, ibid.
— Girardus, ibid.
— Odo, ibid.
— Raengerius, ibid.
— Wilencus, ibid.
Castillon (Mgr), III, 163.
Caumont, architecte, I, 89, 110; III, 130, 134.
Caverot (S. E. le cardinal), III, 157, 160, 163.
Cernois (de) Eudes, II, 84.
Césaire (frère). Voir Renard.
Chabeuf Henri, des Sociétés savantes de Dijon, I, 52; II, 2, 101, 151.
Chabot Catherine, I, 39, 63, 64; III, 22.
— Jacques, I, 39, 63.
Chambellan Antoine, ab. de S. Etienne, II, 279.
— Henri, II, 278.
— Marie, II, 277-280.
— Nicolas, II, 287.
Chameroy (de) Herlebaud, II, 48.
Champagne (de) Thibaut, comte, II, 20, 31.
Champlevy (de) Bonne, II, 167.
Champlitte (de) Elisabeth, dame de Grancey, I, 141.
— Etienne, sgr de Vonges, I, 141.
— Eudes I, I, 141; II, 22, 62.
—   — II, I, 141.
—   — III, sgr de La Marche, I, 141.
— François de Pontailler, II, 263.
— Gui I   — sgr de Talmay, I, 141; II, 15.
— Gui II de Pontailler, petit-fils du précédent, II, 15, 153, 166, 197, 228.

— Guillaume I, vic. de Dijon, I, 141.
— — II, — ibid.
— — III, — ibid.; II, 129.
— Hugues, I, 141.
— — sgr de Beire, II, 208.
— Huguette, dame de Vonges, II, 255, 271.
— Jean de Pontailler, sgr de Magny, II, 196.
— Jean, sgr de Vonges, mari d'Odette de Marey, II, 62, 248, 251, 255, 270.
— Jean, fils du précédent, II, 255, 274.
— — sgr de Beire, II, 208.
— Louis, I, 141.
— Oudot, II, 254, 255, 271, 274.
— Simonne de Pontailler, I, 141; II, 62, 192, 224.
— Thomas de Pontailler, II, 284.
Chanlard Hugues, II, 56.
— Ponce, I, 142; II, 16, 17.
Chantal (de) Christophe de Rabutin II, 65.
Chaperon Etienne, II, 137.
Chappes (de) Catherine, II, 267, 270.
— Claudine, ibid.
— Girard, II, 266, 270.
— Jacques, II, 267, 270.
— Jeanne, ibid.
— — fille de Jacques, ibid.
— Marguerite, II, 50, 53, 267.
— Philiberte, II, 267.
Chapuis Louis, lithographe, I, xi.
Charles de S. Bernard. Voir Tixier.
— de S. Paul, feuillant, sup. gén., III, 21.
Charny (de), II, 52.
Charpin (de), II, 266.
Charpy, I, 162; III, 40.
Chartraire de Montigny, Marc-Antoine, III, 42, 58.
Chartrêtes (de) Agnès, II, 189-192, 224.
Chassenage (de) Huguette, II, 170.
Chastellux (de) Strabon, II, 78.
Châteauneuf en Auxois. Voir Chaudenay.
Châteauneuf en Berry (de) Antoine, II, 281.
— Antoinette, ibid.
Châtillon-Guyotte (de) Béatrix, II, 150, 167.

Châtillon-s.-Seine (de) Aganon, I, 142.
— Aimon le Roux, I, 134, 135; II, 18, 19, 20, 21.
— Alix, dame de Duesme, I, 142.
— André, fils d'Hugues, I, 144.
— — — de Nivard II, ibid.
— Gérard, sgr d'Echalot, I, 144; II, 14, 19, 20, 21, 56.
— Girbertus, I, 137.
— Godefroi I, père d'Hugues-Godefroi, II, 19.
— Godefroi II, fils d'Hugues-Godefroi, I, 144; II, 19.
— Godefroi III, I, 144.
— Guillaume, sgr de Duesme, I, 142; II, 14, 16, 17, 21.
— Guillemette, dame de Duesme, I, 142; II, 16, 17.
— Hugues, fils de Godefroi II, I, 144.
— — — d'Hugues, ibid.
— Hugues-Godefroi, I, 134, 135; II, 18, 19, 21, 74.
— Itibiers, fille de Godefroi II, I, 144.
— Jobert, sgr de Duesme, I, 142.
— — le Roux I, sgr de La Ferté-s.-Aube, I, 134-140, 161; II, 13, 18, 21, 46.
— Jobert le Roux II, sgr de La Ferté-s.-Aube, I, 140; II, 95.
— Marguerite, fille d'Aimon le Roux, ép. de Milon de Frolois-Salmaise, II, 19, 20.
— Mathieu, I, 144; II, 19, 21.
— Mathilde, dite de La Ferté-s.-Aube, I, 140.
— Milon, frère de Gérard sgr d'Echalot, II, 18, 19, 20.
— Milon, fils de Gérard sgr d'Echalot, I, 144; II, 19, 20.
— Narjold, II, 21.
— Nivard I, frère de Godefroi II, II, 19.
— — II, fils — I, 144.
— Oudre, fils de Mathieu, I, 144.
— Renaud, II, 46.
— Renier, sgr de Duesme, I, 134, 135, 142; II, 16, 17, 18, 21, 56, 74.
— Robert, clerc, II, 19, 20.
— Simon, I, 137, 142.
— Verricus, I, 137.
Chauchier Pierre, prêtre, I, 21, 48.

Chaudenay (de) Agnès, ab. de Tart, II, 144, 167.
— Agnès, II, 141.
— Alexandrine, religieuse à Larrey, II, 144, 167.
— Colin, père de Gui, II, 140.
— — fils — II, 142, 144, 167.
— Eudes, II, 141, 145, 155.
— Gui, mari de Pétronille de Blaisy. Voir Chaudenay-Blaisy.
— Guillaume, sgr de Chaudenay, II, 141, 145, 146.
— Guillaume, sgr de Châteauneuf, II, 140, 174.
— Huguenin, II, 145.
— Jean, sgr de Chaudenay, II, 140.
— — sgr de Châteauneuf, II, 111, 123, 140.
— Jean, petit-fils du précédent, II, 140, 174.
— Jean, fils de Guillaume sgr de Chaudenay, II, 145, 155.
— Jeanne, II, 145.
— Marguerite, ép. de Guillaume de Vienne, II, 145.
— Poincet, II, 144, 149, 167.
Chaudenay-Blaisy (de) Agnès, fille de Geoffroi II, II, 155, 156, 171.
— Agnès, II, 170.
— Alexandre I, II, 146-149, 161, 163, 166.
— — II, II, 153, 163, 166, 209.
— — III, II, 156, 157, 170.
— — IV, II, 170.
— Alexis, II, 142, 167.
— Béatrix, religieuse à Crisenon, II, 161.
— Claude I, II, 157, 170.
— — II, II, 157, 158, 170.
— Eudes, II, 150, 152, 167.
— Garnerot, II, 160.
— Garnier, II, 171.
— Geoffroi I, sgr de Villecomte, II, 146, 148, 167.
— Geoffroi II, sgr de Mauvilly, II, 139, 153-156, 163, 166, 170.
— Gui, mari de Pétronille de Blaisy, II, 125, 136, 139-143, 166.
— Guillaume, prieur de S. Vivant, II, 150, 167.
— Guillaume, fils de Philibert, Ibid.
— Guillaume, fils de Geoffroi II, II, 156, 171.
— Guillaume, fils de Jean III, II, 170.
— — — de Claude I, II, 170.
— Hugues, II, 156, 157, 170.
— Isabelle, fille de Jean II, II, 153, 166, 254.
— Isabelle, fille de Geoffroi II, II, 155, 156, 170.
— Jacques, II, 155-156.
— Jacquette, II, 170.
— Jean I, II, 140, 142-146, 166.
— — II, II, 153, 163, 166.
— — III, II, 150, 153, 156, 170.
— — IV, II, 154, 156, 166.
— — V, II, 170.
— — ab. de S. Seine, II, 139, 150-152, 167.
— Jean, sgr de Villecomte, II, 149, 167.
— Jeanne, II, 149, 155, 167, 197.
— Marguerite, II, 153, 166.
— Philibert, II, 149, 167.
— Philippe, II, 142, 166.
— —, sgr de Villecomte, 167.
— Suzanne, II, 158, 163, 170.
Chaumelier, III, 64.
Chaumont (de). Voir Marac.
— Emeline (dame de), I, 143.
Chaussin (de) Pétronille dame du lieu, I, 141.
Chauvirey (de) Claudine, II, 170.
— Jean, ibid.
Chavanges (de) Jean, II, 248, 252, 271.
Chazan (de) Bertrand, II, 167.
— Guillaume, II, 149, 207.
— Jacques, II, 149, 167.
— Philippote, II, 167.
Chevalier (l'abbé), mission. ap., III, 167, 176.
Chifflet, I, 12, 95, 135; II, 30, 91, 222.
Chissey (de) Antoinette, II, 236, 239.
— Girard, II, 235, 239.
— Guillemette, II, 228.
— Jean, sgr de Buffard, II, 229.
— — fils du précédent, II, 230.
— — sgr de Varanges, II, 229.
— — fils du précédent, II, 231.
— — sgr du Deschaux, II, 234, 235, 239.

— Jean, fils du précédent, II, 234, 239.
— — sgr de Fangy, II, 236.
— Richard, sgr de Varanges, II, 229.
— — sgr de Fangy, II, 236.
— Simon, II, 234, 236, 239.
Choiseul (de) Guillaume, II, 257.
— Isabelle, II, 155, 156, 171.
— Jeanne, II, 70.
— — dame de Villecomte, II, 167.
— René, II, 267, 270.
— Roline, II, 257, 262, 270.
Choiset (l'abbé), III, 200.
Choisey (de) Jean, II, 209.
— Louis, II, 255, 256, 271.
— Marguerite, II, 255, 271.
— Simonne, ibid.
Chouard Antoinette, III, 65.
— Bonne, ibid.
Cicon (de) Guillaume, II, 264.
Cissey (de) Guillaume, II, 131, 136.
Clefmont (de) la dame, II, 55.
Clément, III, 142.
Clermont-Tonnerre (de) Aynard, II, 260.
— Catherine, ibid.
— Charles-Henri, ibid.
— Jean, ibid.
— II, 266.
Cléron (de) Antoine, II, 265.
— Bernarde, II, 265.
— Claude, II, 264, 270.
— Gui, II, 264, 270.
— Jacqueline, II, 232.
— Joachim, II, 265.
— Othenin, I, 104, 129, 130; II, 66, 232, 241, 262-264, 266, 270, 300.
— Simon, II, 262.
Cléron-d'Haussonville (de), II, 66, 265, 266.
Clugny (de) Jean, III, 64.
Cochin, vic. gén., III, 180.
Coiffier dit Ruzé (Antoine), marquis d'Effiat, I, 50; III, 62.
Colombel Antoine, aumôn. d'Anne d'Autriche, III, 83.
Comar (de), III, 43.
Cossay (de) Charles, II, 65.
— Françoise, ibid.
Cossé-Brissac (de) Christian, II, 260.
— Emmanuel, ibid.

— Fernand, comte, ibid.
— Françoise, ibid.
— Gabrielle, ibid.
— Geneviève, ibid.
— Georges, ibid.
— Henri, ibid.
Coublanc (de) Claude, II, 232, 264.
— Hugues, II, 47.
— Jean, II, 255.
— Pierre, II, 232, 264.
— Raoul, diacre, II, 54.
Courcelles de Pourlans (de) Jacques, II, 73.
— Jeanne, ab., réformatrice de Tart, ibid., 158.
Courtangy (de) Simon, II, 78.
Courtenay (de) Eustachie, I, 141.
Courtépée, I, 55, 124.
Courtiamble (de) Jacques, II, 157.
Cravant (de) Françoise, II, 285, 293.
Crecey (de) Antoinette, II, 254, 271.
— Isabelle, II, 166.
— Jean, sgr de Blaisy, II, 153, 254.
— — sgr de Lantilly, II, 166, 254.
— — fils de Philippe, II, 254, 271.
— Nicolas, II, 166.
— Oudot, II, 166, 254.
— Perronelle, II, 284.
— Philippe, II, 166, 248, 254, 271.
— Robert, II, 254, 271.
Creusot, sculpteur à Dijon, I, 107.
Cromary (de) Othon, II, 209.
Cuigy (de) Nicolas, I, 49; III, 37, 39, 61.
— Roger, III, 61.

D

Damas Guillaume, II, 167.
Damas-d'Athie Bénigne, sœur de Joachim, II, 284.
— Claude, sgr d'Athie, ibid.
— Claudine, ibid.
— Françoise, ibid.
— Guillaume, sgr de Fontaines, I, 124; II, 283-286, 300.
— Jean, II, 284.
— Joachim, sgr de Fontaines, I, 20, 37, 54; II, 284-286, 292-293, 300; III, 12, 13, 60.

Damas de Marcilly, Jeanne, II, 156, 170.
Dampierre-s.-Salon (de) Agnès, II, 185, 186, 188, 203, 224.
— Aimon, ch. de la Ste Chapelle, II, 188.
— Eudes, père d'Agnès, II, 185, 186.
— — sire de Dampierre, II, 186.
— Gauthier, ibid.
— Hugues, II, 185, 186, 245.
— Jeanne, II, 186.
— Richard, II, 107, 175, 186.
— — frère d'Agnès, II, 185, 186.
Danon Noël, III, 63.
D'Arbaumont Jules, II, 64.
Daudon Philippe, entrepreneur, I, 80 ; III, 116.
D'Avout Anne-Marie, II, 267.
— Auguste (le B^{on}). II, 50, 53, 267 ; III, 163, 175.
— Bernard, II, 267.
— Ferdinand, ibid.
— Jacques, II, 52.
— Jean, II, 267.
— Louis-Nicolas, maréchal, prince d'Eckmühl, II, 267.
— Pierre, sgr de Tormassin, II, 50, 53, 267.
Decœur, curé de Fontaines, III, 185.
Deffend (du) Isabelle, II, 205.
De Gand Catherine, II, 295.
— Charles, chevalier de l'Ordre de S. Jean de Jérusalem, ibid.
— Marguerite, II, 295, 296, 300 ; III, 74.
— Rémond, II, 294 ; III, 72.
Degré Pierre, architecte, I, 1, 62, 107.
Devosge, peintre, I, 81.
Didon (le P.), III, 171, 173.
Digeon, II, 205.
Digoine (de) Philippine, II, 257.
Divonne (de), II, 266.
Dodo de Mundivilla, II, 13.
Domois (de) Adeline, II, 182, 225.
— Eudes, II, 182, 201, 225.
— Guillaume, II, 182, 225.
— Guillemette dite Dannot, ibid.
— Guiot, ibid.
Donat (le P.), III, 171.
Donet, curé de Fontaines, III, 184.
Dorgo Claudine, III, 58.
Dougault (de) Charlotte, II, 294.
Drambon (de) Aimon, II, 193.

— Jeanne, ibid., 224.
Drées (de) Aalis, dame de Blaisy, II, 147, 153, 162, 166.
— Barnuin, II, 71, 72.
— Guillaume, II, 163.
— — sgr de Gissey, II, 72, 73.
— Hugues, II, 163.
— Jean, II, 162, 220.
— — écuyer, ibid.
— — aïeul du précédent, II, 163.
— Louise, II, 73.
— Marie, II, 72.
— Robert, II, 163.
Drey Claude, ch. de la Ste Chapelle, III, 69.
Drivon Pierre, feuillant, III, 112-115.
Du Bouchet, historiographe, II, 81.
Duboz Hugues, II, 284.
— Jeanne, ibid.
Ducellier (Mgr), III, 169.
Duchesne, sculpteur, I, 89.
— historiographe, II, 120, 122.
Duchol Anne, II, 239.
Duesme (de) Alix. Voir Châtillon.
— Anselme I.
— — II. } Voir Bailleux.
— Elisabeth.
— Elya.
— Guillaume I. Voir Châtillon.
— — II. Voir Bailleux.
— Guillemette. Voir Châtillon.
— Jacquette. Voir Bailleux.
— Jobert. Voir Châtillon.
— Marguerite, dame de Duesme, fille de Ponce Chanlard, sgr de Saulon, et de Guillemette de Châtillon, II, 16, 17.
— Renier. Voir Châtillon.
Dugay Jean, III, 62.
Dumay Gabriel, I, 165 ; III, 163.
Dumont Bernard, III, 180.
— Jean, publiciste, I, 52.
Duncey (de) Hugues, II, 84.
Dunvilla (de) Thibaut, I, 144.

E

Effiat (d') marquis. Voir Coiffier.
Eguilly (d') Hervé III de Saffres, sgr d'Eguilly, II, 69.

— Othe, II, 69.
— Thomas, II, 69, 220.
Elisabeth (la B.), ép. de Gui, frère de S. Bernard, I, 185; II, 91, 94, 95; III, 193.
Emili Paolo, historien, I, 17.
Epernon (d') Bernard de Nogaret, duc, III, 46, 86, 107.
Epiry (d') Bernard, I, 137.
— Guillaume, I, 137.
— Richard, I, 137.
Eringes (d') Galon, II, 75.
Ermengarde d'Anjou, II, 93, 94.
— ép. de Gérard de Châtillon, II, 19, 20.
Eslobart (d') Charles, II, 259.
Eskil archevêq. de Lund, I, 6, 9.
Essey (d') Ancelin, II, 266.
Etampes (d') Alixant, II, 50.
Etaules (d') Renaud, II, 205.
Etaules-Yonne (d') Jeanne, II, 52.
Etienne, év. d'Autun, II, 75, 84.
— de Bourbon, I, 25; II, 90, 180.
— de Lexington, I, 165.
— Harding (saint), I, 190; II, 27.
Eudes I, duc de Bourgogne, I, 145, 146.
— II,   —   II, 59.
— III,   —   I, 140; II, 22, 78, 110.
— IV,   —   II, 146.
Eudes, doyen de la Chrétienté, II, 179.
Eugène III, pape, II, 82.
Evrard, ab. de Fontenay, II, 50.
Evry (d'), II, 266.

F

Fava (Mgr), III, 169.
Ferrand Michel, III, 9, 13, 63.
Fèvret Charles de S. Mesmin, I, 195.
— Claudine, ab. de N. D. de Tart, I, 193.
Filzjan Etienne, III, 68.
Firens Pierre, graveur, III, 15.
Fleutelot André, III, 67.
— François, III, 61, 67.
Fleurey (de) Huguenin, II, 184.
Fleury (de) Catherine, II, 261.
Florigny (de) Robert, II, 156, 171.
Foisset Paul, I, 112.

— Sylvestre (l'abbé), I, 89; III, 127, 132.
— Théophile, III, 127.
Fontaines - en - Duesmois (de) Hervé, II, 78.
Fontaines-lès-Dijon (de) Tescelin. Voir Tescelin le Saure I.
— Voir Sombernon - Fontaines, Saulx-Fontaines, Marcy-Fontaines.
Fontette (de) André, II, 261.
— Guillaume, ibid.
— Jean, II, 73, 261.
— — frère de Pierre, II, 261.
— Jeanne, ibid.
— Pierre, ab. de S. Seine, ibid.
Foresti, historien, I, 17.
Fossé (du) Aimon, II, 129.
— Gui, II, 127, 129, 130.
Foulon (S. E. le cardinal), III, 169, 174.
Foulques d'Anjou, II, 93.
Four (du) Erard, II, 257.
— Marguerite, ibid.
Fournier, curé de Pouilly, III, 167.
Fournier-Faucher, III, 180.
Fouvent (de) Clémence, I, 140.
François de Sales (saint), I, 36; III, 5, 21. — T. A.
Françoise de S. Bernard. Voir Hurault.
Frérot, vic. gén., III, 180.
Frites (de) Guillaume, II, 186.
Frolois (de) Gaudin, II, 76.
— Marguerite, II, 49.
— Milon, II, 174.
Frolois-Salmaise (de) Elisabeth, II, 19.
— Gérard, II, 19.
— Milon, mari de Marguerite de Châtillon, II, 19, 89.
— Milon, fils du précédent, ibid.
— Ponce, II, 19, 20.
Frontenay (de) Jean Mellet, II, 233.
Fyot, vic. gén., III, 81.

G

Gagne, doyen, III, 71, 146.
Gaillard, famille noble de Châtillon-s.-Seine, I, 42.
Gaillemin, prieur d'Hautecombe, III, 170, 178.

Garibaldi Giuseppe, III, 137.
Garnier, doyen de la Chrétienté, II, 180.
Garnier Joseph, archiviste de Dijon, I, 2 ; II, 11.
Gassot Robert, ab. de Clairvaux, III, 146.
Gauthier, év. de Langres, II, 121.
Gauthier Pierrette, III, 64.
Gautier Léon, I, 47, 158.
Gellain Louis, dit Louis des Anges, religieux feuillant, I, 35, 39, 53, 54, 106 ; III, 36, 45, 48, 65, 69, 103.
Genreau, prieur de Bonvaux, III, 109.
Geoffroi d'Auxerre, moine de Clairvaux et secrétaire de S. Bernard, I, 5, 6, 7, 8, 9, 14, 15, 16 ; III, 187.
Gérard Henri, propriétaire à Fontaines, I, 22 ; III, 163.
Gérard le Roux, II, 187.
Gérard, moine de Clairvaux, frère de S. Bernard. T.A. Frères et sœur. II, 29, 51, 93, 94 ; III, 191, 198.
Gertrude, ép. de Godefroi II de Châtillon, I, 114.
Gestet, III, 64.
Geyer (de), le P. sup. des Jésuites, III, 171.
Gigot Élisabeth, III, 66.
Giraldus Balbus, II, 18.
Girard Bolon, maire de Fontaines, I 23, 95 ; II, 252.
Girault Claude-Xavier, I, 61, 69-73, 87-89 ; II, 6 ; III, 125-127.
— Louis, I, 87.
— (Mme), I, 132 ; III, 127, 129, 130.
Gissey (de) Alix, II, 70.
Godefroi, év. de Langres. Voir La Roche-Vanneau.
Gonindard (Mgr), III, 169, 173.
Gontaut-Biron (de) Théodore, II, 260.
Gonthier Bernard, III, 67.
Gontier, vic. gén., III, 90.
Gonzague (de), II, 205.
Gouvenain (de), III, 63.
Goux (Mgr), III, 169.
Grancey (de) Agnès, fille d'Urric, sgr de Lucenay, II, 104.
— Ameline, petite fille de Calon, sgr de S. Julien, II, 178, 179, 225.
— Barthélemy le Chanjon, frère d'Ameline, II, 178, 179, 186.
— Calon, père d'Hugues sénéchal, I, 134 ; II, 48.
— Calon, fils d'Hugues, sgr de Lucenay, II, 104.
— Calon, petit-fils d'Hugues, sgr de S. Julien, II, 179.
— Calon, fils d'Urric, sgr de Lucenay, II, 104.
— Eléonore, dame de Pontailler, I, 141.
— Eudes I, fils de Renaud II, sgr de Grancey, puis templier, II, 49.
— Eudes III, I, 141.
— — mari de Mahaut de Noyers, II, 50.
— Eve, personnage incertain, I, 135 ; II, 45.
— Gérard, II, 46.
— — frère de Renaud I, II, 48.
— Gui, II, 46.
— — comte de Saulx, mari de Ligiarde, I, 135 ; II, 45-48. Voir Saulx.
— Gui, sgr de Lucenay, frère de Renaud I, I, 178 ; II, 48.
— Guillaume, sgr de Larrey, II, 242.
— Hugues, sénéchal, sgr de Lucenay, I, 134 ; II, 46, 56.
— Hugues le Chanjon, fils de Calon sgr de S. Julien, II, 179.
— Hugues, fils de Calon sgr de Lucenay, II, 104.
— Jobert, fils d'Hugues sénéchal, II, 49.
— Milon, fils du précédent, ab. de S. Etienne, II, 121.
— Pierre, ab. de S. Bénigne, fils d'Eudes I, II, 49, 101.
— Ponce, dit de Frolois, connétable, fils d'Eudes I, II, 49.
— Rémond, fils de Calon sgr de Lucenay, II, 104.
— Renaud I, mari de Letvide, I, 178 ; II, 47, 48, 74.
— Renaud II, fils du précédent, mari d'Agnès, II, 48, 49.
— Renaud III, fils de Renaud II, II, 49.
— Renaud IV, fils d'Eudes I, ibid.
— Simonne, II, 141, 145.
— Urric, fils de Calon, sgr de Lucenay, II, 104.
Grandson (de) Jean, II, 157.

— Jeanne, ibid., 170.
Granges (des) Perrenotte, II, 197.
Greppi, II, 265.
Grignon (de la Motte de) Alixant, II, 104.
— Bernard, ab. de Fontenay, II, 14, 100.
— Jean, mari de Marguerite, dame des Laumes, II, 164.
— Jean, fils du précédent, ibid.
— Olivier, II, 57, 106.
Grignon (M^r), III, 70.
Guéniard Eugène, clerc, III, 133.
Guérin, curé de Genlis, III, 152.
Guerric I, abbé d'Igny, I, 6.
Gui, ab. de Molesme, II, 75, 84.
— curé de Plombières, II, 185.
— de Mauvoisin, II, 80.
— Garreau, II, 95, 96.
— moine de Clairvaux, frère de S. Bernard. T. A. Frères et sœur. — I, 184; II, 92.
Gui, prieur de Mont-S.-Jean, II, 144.
Guibaudet François, III, 67, 76.
Guillot Catherine, III, 65.
— Jeanne, ibid.
Guignard Philippe, bibliothécaire de Dijon, I, 2, 91, 131; II, 11; III, 136.
Guillaume, ab. de Moutiers-S.-Jean, II, 78.
Guillaume, ab. de S. Bénigne, I, 151, 166.
Guillaume de Champeaux, I, 159; II, 82.
Guillaume de S. Thierri, abbé, I, 5, 14, 15, 178.
Guillaume le Breton, I, 153.
Guillaume Flammeng, II, 32.
Guilleno, év. de Langres, I, 152.
Gurgy (de) Hildegarius, I, 161.
Gutolfe, cistercien d'Autriche, I, 17.
Guyton (Dom), I, 158.

H

Halinard, ab. de S. Bénigne, I, 151.
Hallewin de Rochequin (d') Alexandre, II, 260.
— Catherine, ibid.
— Claire, II, 73, 260, 261.
— Edmée, II, 261.
— Engilbert, ibid.

— Hugues, ibid.
— Jacques, ibid.
— Jeanne, II, 260, 261.
— Pierre II, 260, 261, 270.
Hartman Schedel, chroniqueur, I, 17.
Hénay (de) Sébastien, II, 232-233.
Henri III, roi de France, III, 4.
— **IV**, — III, 25.
Henri Marc, II, 198.
Henri Petitjean. Voir Ruffey-les-Dijon.
Herbert, ab. de S. Etienne, II, 93.
Hermentrude, nièce d'Aimon-le-Roux de Châtillon, II, 18.
Héron, curé de N.-D. de Beaune, III, 152.
Hombeline (sainte), sœur de S. Bernard, T. A. Frères et sœur.
Hüffer Georges, auteur d'Etudes sur S. Bernard, I, 3, 4, 6, 9, 11, 15.
Hugues II, duc de Bourgogne, I, 145, 146, 177; II, 22.
Hugues III, duc de Bourgogne, II, 99, 109, 173.
Hugues IV, duc de Bourgogne, I, 140; II, 109, 182.
Hugues V, duc de Bourgogne, II, 189, 190.
Hugues, doyen de S. Seine, II, 105.
Hugues-Béraud, ab. de S. Bénigne, II, 93, 94.
Hulst (d') Mgr, III, 156, 157, 159.
Humberge (de Riccy ?) aïeule maternelle de S. Bernard, I, 147; II, 46, 74.
Humbert, ab. de Citeaux, II, 253, 254, 274.
Hurault Françoise, dame de Maisons, III, 8-15, 59.

I

Ibled, notaire, III, 163.
Innocent X, pape, III, 88.
Isaac de l'Etoile, ab., II, 3.
— le Bon, év. de Langres, I, 151.
Israël Silvestre, III, 47.

J

Jachiet, Nicolas, II, 264, 281.
Jacotot Bénigne, III, 63.

— Catherine, III, 62.
Jacques, doyen de la Chrétienté, II, 178.
Jarenton, ab. de S. Bénigne, I, 163, 166.
Jaricot (Melle), III, 129.
Jaucourt (de) Jeanne, II, 153, 166.
Jean, ab. de Reigny, II, 78.
— damoiseau, II, 109, 112.
Jean de S. Benoît, feuillant, III, 37.
— de S. Joseph, — III, 63.
— de S. Lazare, — III, 45.
— de S. Malachie, — I, 41, 42, 48, 51, 73, 106, 118, ; III, 7, 20-43, 37, 51, 53, 110.
Jean de S. Séverin, feuillant, I, 38, 54 ; III, 11-20.
Jean de Saulx, sire de Courtivron (2e maison), II, 242.
Jean, doyen de la Ste Chapelle, II, 179-180.
Jean le Bealet, de Beaune, II, 187.
Jean l'Ermite, I, 8, 14, 18, 157 ; II, 23, 27.
Jean-Jacques de Ste Scolastique, feuillant, I, 37 ; III, 10, 12.
Jean-Louis de S. François, feuillant, III, 112.
Jean-sans-Peur, duc de Bourgogne, I, 24.
Jeanne de Chantal (sainte) I, 36 ; II, 64. Voir Chantal.
Jeannin (Mgr), III, 169.
Jérome, curé de Sainte-Colombe, III, 146.
Jobin (l'abbé), I, 2, 159 ; II, 74.
Jocerand, év. de Langres, II, 93.
Joinville (de) Guillaume, év. de Langres, II, 55, 106.
Joliet Bernard (Dom), III, 171.
— Henri, III, 163, 180.
Joyot, ép. de Lambert de Rouvres, II, 183.
Juigné (de), II, 155.
Juilly, négociant à Châtillon-s-Seine, I, 11.

K

Kafandefex (de) Jean, II, 73, 259.
— Jean-Pierre, II, 73, 260.

— Marie, II, 259-260.
Kolweis Mathieu, ab. de Lilienfeld, III, 99.

L

La Barre (de) Nicolas, III, 70.
La Barrière (de) Jean, I, 65 ; III, 3-5.
La Boixière (de) Béatrix, II, 69.
— Simon, ch. de Langres, ibid.
La Bretenière (de) André, II, 105.
La Chaume (de) Agnès, II, 209.
— Philippe, II, 188, 196, 209.
La Cour (de) Anne-Augustine, II, 298.
La Ferté-Gaucher (de) André, II, 20.
La Ferté-s-Aube (de) Erlebaud, II, 60.
— Hugues, dit de Bricon. Voir Bricon.
— Jobert le Roux 1. Voir Châtillon.
— — II. Ibid.
— Mathilde. Ibid.
— Sibylle, I, 141 ; II, 22, 62.
Lagrange (Mgr), III, 169.
La Guiche (de), II, 266.
Laignes (de) Verricus, personnage incertain, I, 137, 138.
Lainé, mission., III, 180, 181.
La Madeleine (de) Catherine, II, 282.
Lamey (Dom), III, 171.
La Michodière (de) Aimée, ab. des Bernardines de Dijon, II, 63.
— Henri, II, 64.
— Marthe, III, 68.
Lamy, curé de Chaumont-le-Bois, III, 145.
Landes (de) Marie, II, 274.
Langénieux (S. E. le cardinal), III, 169, 173.
La Perrière (de) Catherine, II, 257.
— en Nivernais (de) Huguette, II, 148, 167.
Lapérouse, I, 26, 27,
La Place (de), II, 42.
La Plectiere (de) Marguerite, II, 248.
La Roche (de), Gifard, II, 78.
— Thibaut, I, 140.
La Roche-en-Brenil (de), Ganthier, II, 57.
— Gui, ibid.
— Jean, ibid.

La Roche-Vanneau (de), Agañon, sénéchal, I, 161 ; II, 56.
— Agnès, ab. du Puits-d'Orbe, ibid.
— Gauthier, connétable, I, 134, 136, 161 ; II, 56, 57, 59, 86.
— — sgr de la Roche-Vanneau, II, 58.
— Godefroi, év. de Langres, I, 6, 8, 15, 136, 161, 184; II, 21, 56, 58, 60, 83, 84, 95.
— Guillaume, sgr de la Roche-Vanneau, II, 58.
— Nivard, I, 161 ; II, 56, 57, 83.
— Renaud, oncle d'Agañon, I, 161; II, 56.
— Renier, frère de l'év. de Langres, I, 136, 161; II, 49, 56, 57, 58, 59, 83, 86, 95.
— —, sgr de la Roche-Vanneau, II, 57.
Larue (Mgr), III, 169.
La Sablonnière (de) Mme, II, 289.
Lastic (de), II, 266.
La Thieullière (de), Guillaume, II, 170.
La Tour (de), Hugues, II, 78.
— d'Auvergne, II, 158, 170.
— de Semur, II, 103.
Latrecey (de) Isabelle, II, 144, 167.
Lavielle, mission., III, 180.
Lebaut Oudette. Voir Mme Girault.
Le Blond Jean, II, 275, 276.
Le Bourcet Jean, verrier de Dijon, I, 25 — avait posé à l'église paroissiale de Fontaines une verrière représentant la Vierge-Mère, S. Ambrosinien et S. Bernard.
Le Bron de Vexela, Mme Anna, II, 267.
Leclercq (le P.), III, 171, 173.
Le Compasseur Bénigne, vic. may., III, 42, 58.
Lecot (Mgr), III, 163-167, 169, 175, 176.
Legendre, III, 43.
Legrand, jésuite, I, 26, 137, 152, 155, 164, 173.
Legrand Mme, II, 289.
Lelong (Mgr), III, 169.
Le Mairet Charlotte, II, 170.
— Guillaume, ibid.
— Jean, ibid.
— Jeanne, ibid.
— Mile, ibid.
Leneuf, mission., III, 180.
Le Normant Guillaume, II, 65.

— Odette, II, 63-65.
Léon XIII, pape, III, 164, 165, 177, 179.
Lépine Frédéric, I, 59, 124; II, 262.
Leroux, ch., III, 180.
Le Roy (Dom), I, 164, 165, 166; II, 22.
Lévis (de) Marie, II, 275.
Ligiarde, comtesse de Saulx, I, 135; II, 46.
Lignières (de) Marguerite, II, 145.
L'Isle-sur-Serein (de) Anséric, II, 74.
— Milon, ibid.
Louis XII, roi de France, II, 279.
Louis XIII, roi de France, I, 40, 49, 57, 65, 75; III, 15, 18, 23, 24, 31, 43, 51, 61, 81, 106.
Louis XIV, roi de France, III, 44, 63, 83, 85, 86.

M

Mabillon, II, 25, 30.
Mâcon (de) Hugues, ab. de Pontigny, I, 162, 184.
Magnien Françoise, III, 65.
Mailleroncourt (de) Pierre, II, 232.
Mailly (de) Charles, II, 233.
— Claudine, ibid.
— Jean, ibid.
— Simon, ibid.
Maisey (de) Raoul, II, 20.
Maizières (de) Anne, III, 42, 58.
Maisoncomte (de) Jean, II, 197, 225.
Malaballa, feuillant italien, I, 20, 31, 51, 155; III, 79.
Maligny en Tonnerrois (de) Gauthier, II, 20.
— Gui, ibid.
— Hervé, ibid.
Mandat-Grancey (de) Laurence, II, 260.
Mandres (de) Louis, II, 271.
— Thomas, II, 255, 271.
Marac (de) Guillaume, I, 143 ; II, 53.
— Etienne I, ibid.
— — II, ibid.
— Evrard, ibid.
— Hugues, ch. de Langres, ibid.
— Jobert, dit de Chaumont, ibid.
— Milon, sgr de Chaumont, ibid.
— — dit de Bricon, ibid.

— Renier I, dit de Marac et de Chaumont, ibid.
— Renier II, ibid.
— Simon, dit de Bricon, ibid.
— Urric, ibid.
Marcennay (de) Gui, II, 18.
Marcilly (de) Catherine, II, 260.
Marey-s-Tille (de) Aalis, II, 245.
— Alexandre, I, 23, 94; II, 247, 250, 251, 252, 254, 270, 300.
— Amyotte, II, 65, 247, 248, 251, 256, 270.
— Aymonin, II, 244.
— Bernard, I, 23, 94; II, 90. 247, 251-254, 270, 277, 300.
— Eudes le Piz, II, 244.
— Gérard, II, 241, 243, 248.
— Guillaume, mari de Marie de Saulx-Fontaines, II, 62, 65, 90, 197, 224, 241-248, 251, 270.
— Guiotte, religieuse à Tart, II, 242.
— Jean dit Beauvau, II, 244, 245.
— — châtelain d'Apremont, II, 243, 244.
— Marguerite, religieuse à Tart, II, 242.
— — fille de Pierre de Beauveau, II, 245.
— Odette, II, 62, 247, 255, 271, 300.
— Perrenotte, I, 23; II, 166, 247, 251, 252, 254, 271, 300.
— Philippe, II, 65, 69, 241, 243, 244.
— Pierre, dit Beauvau, II, 245.
— Pierrette, II, 242.
— Richard, II, 244.
— Simon, II, 245.
Marguerite, dame des Laumes, II, 104, 112.
Marguerite de Flandres, duchesse de Bourgogne, II, 244.
Marigny-en-Champagne (de) Alixande, II, 80.
Marigny-sur-Ouche (de) Aimon, II, 111.
— Alix, II, 174.
— Guillaume I, père d'Aimon, II, 96.
— — II, fils — II, 111, 174.
— Guillaume III, II, 174.
Marpot (Mgr), III, 155, 169.
Martellange Etienne, I, 68, 96.

Martial de S. Bernard, feuillant, I, 37; III, 10, 13.
Massé (le P.), III, 171, 176.
Massol Anne, I, 49; III, 37.
Mathey Claude, III, 66.
Maubert (l'abbé), curé de Montbard, I, 11.
Mayet Odet-Antoine, feuillant, III, 112-116.
Meaux (de), II, 266.
Meglinger Joseph, cistercien, I, 52, 57; III, 99.
Meix (du) Geoffroi, II, 149, 167, 194-197, 225.
— Guillemette, II, 197, 225.
Mélisende, reine de Jérusalem, II, 93.
Mello d'Epoisses (de) Dreux le Jeune, II, 80, 81, 86.
— — fils du précédent, II, 80.
— Guillaume, — de Dreux le Jeune, ibid.
— Isabelle, fille — ibid.
Menans (de) Sibylle, II, 207.
Merceret Claude-René, curé de Fontaines, I, 30.
Merle, curé de Fontaines, I, 2, 30, 32, 90, 196; III, 138.
Mérode (de), II, 266.
Milon, ab. de S. Etienne. Voir Grancey.
Minot (de) Alix, II, 129.
— Foulques, II, 174.
— Gauthier, II, 48.
— — mari de Sibylle de Saux, II, 174.
— — fils du précédent, ibid.
Moisey (de) Jeanne, II, 227-228.
Moisy (de) Philiberte, II, 264, 265.
Molesme (de) Godefroi, I, 134.
Monestoy (de) Huguenin, II, 171.
— Philippe, II, 156, 171.
Montalembert (de), II, 266.
Montaigu (de) Alexandre, frère d'Eudes III, duc de B., II, 57.
— — sire de Sombernon, II, 143, 185.
— Catherine, II, 157, 170.
Montaudon Antoine, feuillant, III, 112-113.
Montbard (de) Aénor, fille d'André I, II, 87.
— Alette, mère de S. Bernard. Voir Alette T. A, et T.

— André, frère d'Alette, grand-maître du Temple, I, 161 ; II, 75, 83, 87.
— André I, sgr de Montbard, II, 57, 77, 78, 86.
— André II, sgr de Moutbard, II, 86.
— — III, sgr d'Epoisses, II, 77, 80, 81, 86.
— Bernard I, sgr de Montbard, aïeul de S. Bernard, I, 13, 147, 148; II, 74, 86; III, 189.
— Bernard II, sgr de Montbard, II, 83, 86.
— — III, sgr d'Epoisses, II, 77, 87.
— — sgr de Vic-de-Chassenay, II, 87.
— Elvide, dame de Lormes, II, 81, 86.
— — dame d'Epoisses, II, 80, 86.
— Etienne, archidiacre de Langres, II, 87.
— Gaudri, sgr de Touillon, moine de Clairvaux, T. A. — I, 161, 177, 179, 184 ; II, 29, 75-77.
— Gui, ch. de Langres, II, 87.
— Jean, sgr de Vignes, ibid.
— Milesende ou Mélisende, II, 57, 83, 86.
— Milon, moine de Clairvaux, I, 161, 184 ; II, 29, 83, 87.
— Milon, fils de Renard, II, 87.
— Renard, sgr de Montbard, frère d'Alette I, 145, 161 ; II, 29, 51, 75, 86.
Montbellard (de) Catherine, II, 256.
Montgaillard (de) Bernard, feuillant, III, 4.
Montgommery (de) Robert, II, 263.
Montigny (de) Antoine, II, 258, 259, 270.
— Charlotte, II, 73, 259, 260.
— Fouquet, II, 131, 258.
— Jacques, II, 259, 270.
— Jeanne, ibid.
— Marguerite, II, 73, 259, 260, 270.
— Pierre, II, 259.
Montigny-Montfort (de) Hugues, II, 75.
Montmorency (de) Henriette, II, 260.
Montoillot (de) Agnès, II, 142.
— Aimonin, II, 188, 224.
— Ameline, II, 142.
— Garnier de Sombernon, sgr de Montoillot, II, 111, 142.
— Gauthier, sgr du lieu, mari d'Agnès de Blaisy, II, 125, 126, 136, 142.
— — sgr de Commarin, II, 142.

— Pierre ou Perrin, II, 143, 144, 218.
Montormentier (de) Guigonne, II, 261.
— Jean, II, 267.
Montréal (de) Anséric, II, 77, 78,
— — fils du précédent, I, 140.
— Elvide, II, 77, 80, 86.
Mont-St-Jean (de) Emeline, dame de Blaisy, II, 120.
— Guillaume, II, 111.
— Hugues, II, 20.
— Ponce, II, 52.
— Reine, dite d'Ancy-le-Franc, II, 141, 145.
Morel Prudence, III, 66.
Morelot, ch., III, 155.
Mouchotte, III, 142.

N

Nesle, auteur du *Voyage d'un touriste*, I, 18.
Nesles (de) Oudot, II, 167.
Nicolas de S. Pierre, feuillant, III, 63.
Nivard, ab. de S. Seine. Voir Sombernon-Fontaines.
Nivard, archidiacre de Beaune. Voir Vergy-Blaisy.
Nivard, moine de Clairvaux, frère de S. Bernard, T.A. Frères et sœur. - II, 51 ; III, 198.
Nogaret, architecte, I, 59, 60, 67, 118 ; III, 115, 119.
Nogent-les-Montbard (de) Tescelin, II, 100.
— Gui, ibid.
Norlot Gabriel, III, 67.
Normand, III, 117.
Normant Elisabeth-Charlotte, II, 298.
Noyers (de) Ithier. Voir Prey.
— Louis, sgr d'Antigny, II, 157.
— Mahaut, II, 50.
— Milon, II, 51.
— — VII, II, 50.
— — maréchal, ibid.
— Sibylle, II, 52.

O

Odebert Pierre, III, 61, 63.
Odot le Bediet, de Dijon, I, 23; II, 252.
Oigny (d') Marguerite, II, 144, 166.
Oiselet (d') Madeleine, II, 261.
Onay (d') Isabelle, II, 133.
— Perrin, ibid.
Ormoy (d') Thibaut, II. 48.
Oury (Mgr), III, 163, 167, 168, 169, 172, 177, 179.

P

Pailly (du) Guillaume, II, 210.
Paleau (de) Hugues, I, 141.
Paradin Guillaume, I, 22, 36, 137; II, 71.
Pasques (de) Renaud, II, 105.
Pateau (de) Hugues, II, 181.
— Renier, ibid.
Paul V, pape, I, 65.
Paulin (Dom) ab. de Frigolet, III, 171.
Perraud (Mgr), III, 155, 169, 173.
Perron Alais, II, 248, 251.
— Jean, II, 231.
— Jeanne, II, 231.
Perrot. mission., III, 186.
Perthuis (de), II, 266.
Pesmes (de) Aimon, 2ᵉ mari de Marguerite de Duesme, II, 16, 17.
— Gérard, ibid.
— Guillaume, sgr du lieu, ibid.
— Poinçard, dit de Duesme et de Saulon, sgr de Montrambert, ibid.
Petit Ernest, auteur d'une Hist. des ducs de Bourgogne, I, 139; II, 74.
Philandrier Guillaume, I, 27.
Philippe de S. Joseph, bernardin italien, I, 53.
Philippe le Bon, duc de Bourgogne, I, 25; II, 251.
Philippe le Hardi, duc de Bourgogne, II, 154.
Pierre, ab. de S. Bénigne. Voir Grancey.
Pierre de S. Bernard, feuillant, III, 108.
Pierre (de) Guillaume, II, 133.

Piget, III, 42.
Pignaullet Jean, de Fontaines, I, 24.
Pillot, vic. gén., III, 145.
Piolin (Dom), bénédictin, I, 6.
Planay (de) Hugues, II, 84.
Platina, historien, I, 17.
Poiblanc (l'abbé), III, 136-141, 167.
Poinceot d'Eguilly Agnès, II, 232.
— Chrétienne, ibid.
— Jeanne, II, 232, 238.
— de Saint-Seine, Guillaume, II, 246.
— de Thenissey, Guillaume, II, 170.
Poisot, III, 155.
Poisy (de) Barthélemy, II, 86.
— Tescelin, I, 134.
Ponce, ab. de Clairvaux, I, 8.
Poncet Gaspard, III, 151.
Pontailler. Voir Champlitte.
Porcelet André, III, 62.
— Jean, ibid.
— Louise, III, 64.
Pot de Rochechouart, Christophe, II, 158, 164.
— François, ibid.
— Jean, II, 164.
Pothières (de) Renier, II, 20, 61, 84.
Prangey (de) Gui, II, 154.
— Hugues, II, 192.
— Isabelle, II, 154, 166, 170.
Prey (de) Artaud, II, 51.
— Bure, II, 51, 52.
— Catherine, II, 52.
— Gui, II, 51.
— Guillaume dit Grosbras, II, 51.
— Hugues, II, 50, 51.
— Ithier de Noyers, sgr de Prey, ibid.
— Landri, ibid.
Puiset (du) Hugues, comte de Bar-s.-Seine, II, 61.
— Marguerite, fille du précédent, dame de Rochefort-s.-Brevon, ibid.
— Milon, comte de Bar-s.-Seine, fils d'Hugues, II, 79, 110.

R

Raconnay (de) Guillaume, II, 190.
Ragot Hugues, II, 277.
Ramousset, vic. gén., III, 180.

Rans (de) Agnès, I, 141.
— Eudes, II, 104.
— Poinsard, ibid.
Raoul Chainsot, prieur de Couches, II, 144
Ratisbonne (l'abbé), III, 135.
Ravart, III, 64.
Rebourg Jean, III, 103.
— Nicolas, II, 289.
Remilly (de) Guillaume, II, 187.
— Marie, ibid., 213, 224.
Renard dit Frère Césaire, moine de Clairvaux, III, 141.
Renault (l'abbé), I, 46, 61, 63, 89, 90, 91, 123, 124 ; III, 127-138, 147.
Renier Salvator, II, 47.
Réon (de) Falcon, II, 183.
Rey (Mgr), év. de Dijon, I, 46 ; III, 128, 129.
Ricey (de) Bernard, II, 84.
— Narjold, dit de Montbard, fils du précédent, II, 83-84.
Richard, mission., III, 180.
Ripault Charles, III, 9.
Rivet (Mgr), I, 167 ; III, 129, 130-132, 137, 139, 140, 145, 160, 162, 163.
Robée Agnès, II, 267.
— Louis, ibid.
Robelin le Guerrier, II, 242.
— Marie, III, 64.
Robert I, duc de Bourgogne, II, 74.
— de Bourgogne, év. de Langres, II, 18, 47.
— de Châtillon, év. de Langres. Voir Tilchâtel.
— ab. de la Maison-Dieu, I, 9, 18, 147, 161, 162, 184 ; II, 29, 30.
— doyen de la S¹ᵉ Chapelle, II, 179.
Robot Odette, II, 278.
Rochechouart-Chandenier (de) Antoinette, II, 72.
— Christophe, II, 158, 170.
— Claude, ibid.
— Gabrielle, ép. de François Pot, ibid., 163.
— Philippe, ibid.
— René, ibid.
Rochefort-Pluvault (de) Charlotte, II, 281.

— Claude, II, 265, 281, 282, 300.
— — fils du précédent, II, 282.
— Gui, chancelier, II, 277-280, 300.
— Guillaume, frère de Gui, II, 278.
— Hélène, II, 293, 300.
— Jean, fils de Gui, II, 280, 300.
— — fils du précédent, II, 281.
— Joachim, II, 282, 300.
— René, II, 281.
Rochefort-sur-Brevon (de) Garnier, év. de Langres, II, 61.
— Gaucher, sgr du Puiset, frère des év. Gui et Jean, ibid.
— Gui, év. de Langres, ibid.
— Jean, — ibid. et 69.
— Mathilde, ép. de Simon de Bricon, bisaïeule des év. Gui et Jean, ibid.
— Pierre, ibid.
— Robert, fils de Gaucher, ibid.
— Simon, père des év. Gui et Jean, ibid.
Rocourt (Dom Louis-Marie), I, 158 ; III, 145, 146.
Roger de S. Lary. Voir Bellegarde.
Rolin Antoine, II, 274, 275.
— Colette, II, 275.
— François, sgr de Beauchamp, I, 104, 129, 130 ; II, 275-277.
— Guillaume, II, 254, 274, 275.
— Isabeau, II, 275.
— Jean, év. de Chalon, d'Autun, I, 23, 95 ; II, 252, 273, 274, 300.
— Marguerite, II, 275, 277.
— Nicolas, chancelier, II, 252, 273, 274, 300.
Roocourt (de) Gauthier, II, 104.
Rouard (l'abbé), III, 139, 141, 180.
Rougemont - Fr.- Comté (de) Jean, II, 210.
— lès-Montbard (de) Guillaume, II, 78.
Rousselon (l'abbé), III, 129.
Rouvray (de) Claude, II, 236.
Rouvres-lès-Dijon (de) Lambert, II, 183, 225.
— Perreau, ibid.
Rouvres-s.-Aube (de) Gérard, II, 48.
Ruffey-les-Dijon (de) Alexandre, II, 233, 236, 238.
— Antoine, II, 232, 238.
— Antoinette, II, 233, 238.

— Catherine, II, 232, 238, 264.
— Etienne, II, 231, 238, 257, 270.
— Etiennette, II, 231, 233, 239.
— Gui Petitjean, dit de Trouhans et de Ruffey, II, 228-229, 238.
— Guillaume, II, 229-231, 238.
— Guillemette, II, 229, 239.
— Henri Petitjean, de Trouhans, mari d'Agnès de Fontaines, II, 62, 90, 195, 196, 224, 227-228, 238.
— Henriette, fille de Gui, II, 229, 239.
— — fille de Nicolas, II, 231, 234, 239.
— Jean de Ruffey, II, 231, 233, 238.
— — sgr de Collonges, II, 232, 234, 238.
— — curé de Membrey, II, 233, 236, 238.
— Jeanne, dame de Mailly, II, 231, 233, 234, 235, 236, 239.
— — dame de Collonges, II, 232, 238.
— Marguerite, II, 229, 230, 239.
— Marie, relig. à Molaise, II, 229, 230, 239.
— Nicolas I, sgr de Ruffey, II, 229-231, 238.
— — II, II, 231, 233, 234, 238.
— Pierre, II, 232, 238.
— Philippe, ibid.
Rupt (de) Jeanne, II, 154-156, 166, 170.

S

Saffres (de) Abba, II, 67.
— Etienne, II, 67.
— — sgr de Vellerot, II, 69.
— Gauthier, II, 67.
— — sgr de Drées, fils d'Hervé I, II, 68, 72.
— Gui I, fils aîné d'Hervé II, II, 69, 220.
— — II, fils aîné d'Hervé IV, II, 70.
— Hervé I, sgr de Saffres, II, 67.
— — II, — fils du précédent, II, 68, 179.
— Hervé III, sgr d'Eguilly, — II, 69.
— — IV, sgr de Saffres, fils de Gui I, II, 69, 70.
— Hervé V, ch. de Langres, fils d'Hervé IV, II, 70.
— Hervé VI, sgr de Saffres, fils de Gui II, ibid.

— Hugues, clerc, II, 69.
— Isabelle, fille de Jean, fils d'Hervé VI, II, 65, 66, 70, 170, 256.
— — dame de Beiré, II, 208.
— Jean, II, 67.
— — sgr de Champrenaud, II, 69.
— — ch. de Langres, fils d'Hervé IV, II, 70.
— — fils d'Hervé VI, ibid. et 220.
— Marguerite, fille de Simon, II, 131.
— Othon, sgr de Beire, II, 67.
— Robert, sgr de Saffres, II, 66, 67.
— — sgr de Beire, II, 208.
— Simon, fils de Gui II, II, 70.
Saint-Baussant (de) Warin, II, 266.
Saint-Denis, chapelle, à Fontaines, I, 22.
Sainte-Croix (de) Jean, II, 134.
Sainte-Garde (de) missionnaires, III, 136.
Saint-Germain-de-Crais, village, II, 75.
Saint-Julien (de) Jean Vivien, II, 192.
— Jeanne, II, 193.
Saint-Julien de Baleure, I, 137; II, 71.
Saint-Martin. T. A.
Saint-Priest (de), II, 266.
Saint-Seine-sur-Vingeanne (de) Jeanne, II, 209.
Saint-Vérain (de) Jeanne, II, 155.
Saint-Vorles. T. A.
Salins (de) Antoinette, II, 236, 239.
— Guigonne, II, 274.
— Marguerite, II, 230.
Salives (de) Calon, II, 20.
— Henri, II, 126, 127.
— Thibaut, I, 144.
Sans de Ste Catherine, feuillant, III, 13, 60, 79.
Saquespée Nicolas, II, 267.
Sardin, curé d'Auxonne, I, 90; III, 152.
Sartorius, I, 138.
Satabin (le P.) S. J., II, 4.
Saudon (de) Guillaume, II, 185.
— Jobert, ibid.
Saulon (de) Catherine, dame de Pontailler, I, 141; II, 15.
Saulx (de) Dameron, II, 140, 174.
— Barthélemy, II, 204.
— Eble, comte, I, 135; II, 46.
— Eudes, sgr de Vantoux, II, 192, 193, 205.

— Gauthier, sgr de Courtivron, II, 217.
— Gérard, sgr de Vernot, II, 123, 174, 195.
— Gui, dit de Grancey, comte, père d'Eble, I, 135, 178; II, 45-48, 120.
— — comte, fils d'Eble, II, 173.
— — sgr de Saulx, fils d'Othon, II, 123, 174, 175, 204.
— Guillaume le Roux, sgr de Fontaines. Voir Saulx-Fontaines.
— Hugues, ch. de Langres, II, 174.
— Jacques, II, 204.
— Jean, doyen de Langres, II, 174.
— — sgr d'Orain, mari de Marguerite de Tavannes, II, 205.
— Othon, II, 174.
— Philippine, ép. de Richard de Fontaines, II, 195, 224
— Ponce, sgr de Vantoux, II, 203-205.
— Sibylle, II, 129, 174.
Saulx-Fontaines (de) Aalis, II, 175, 176, 182, 201, 225.
— Agnès, fille de Gilles, II, 189, 225.
— — fille de Jean III, II, 62, 90, 194-196, 224, 238. Voir Rufley-lès-Dijon.
— Caion, I, 26; II, 68, 90, 175-182, 200, 217, 224.
— Dannot, II, 188, 190, 224.
— Gilles, II, 188, 189, 215, 224.
— Gui, II, 189, 191, 192, 224.
— Guillaume le Roux, mari de Belote de Fontaines, II, 45, 91, 99, 100, 107, 114, 129, 140, 174-177, 217, 224.
— Guillaume, sgr d'Aubigny, II, 181, 184-189, 202, 224.
— Huguenin, I, 141; II, 62, 189, 191, 192, 216, 224.
— Isabelle, II, 192-197, 225.
— Jean I, II, 175-177, 224.
— — II, II, 181, 184-189, 211-213, 224.
— — III, II, 192-197, 224.
— Jeanne, religieuse à Larrey, II, 192-197, 225.
— Jeanne, fille de Jean III, II, 194-196, 224.
— Marguerite, II, 188-190, 224.
— — fille de Gilles, II, 189.
— Marie, ép. de Guillaume de Marey, II, 62, 65, 90, 197, 245-247, 270. Voir Marey-Fontaines.
— Othon, II, 175, 177-179, 225.
— Richard, II, 192-197, 220, 224.
- Robert, II, 192-194, 224.
Saulx-Tavannes (de) Gaspard, II, 205.
Sautot Claude, III, 142.
— Marie-Anne, ibid.
Savot Claudine, III 66.
— Jacques, ibid.
Schnider Edmond, cistercien, abbé, I, 52; III, 99.
Schwach, maitre de chapelle, III, 155.
Seignelay (de) Bouchard, II, 87.
— Guillaume, év. d'Auxerre, de Paris, ibid.
— Manassès, év. d'Orléans, ibid.
Seigny (de) Guiot, II, 256.
— Huguenin, II, 131.
— Huot, II, 104.
— Isabelle, II, 131, 137, 258.
Seigny-Saffres (de) Anne, fille d'Antoine, II, 256, 257, 270.
— Anne, fille de Pierre, II, 262, 266.
— Antoine, sgr de Saffres, II, 65, 248, 251, 256.
— Guillemette, II, 262, 267.
— Huot, époux d'Isabelle de Saffres, II, 65, 156, 170, 256.
— Jean, II, 256, 270.
— Jeanne, fille d'Antoine, II, 256, 257.
— — ainée, fille de Pierre, II, 262, 266, 267.
— — puinée, fille de Pierre, II, 262, 267.
— Marguerite, II, 262, 267.
— Marie, fille d'Antoine, II, 231, 232, 270.
— Marie, fille de Pierre, II, 66, 262-264, 270.
— Pierre, II, 256, 257, 261-263, 270, 275, 276, 300.
Selmersheim, architecte, I, 62, 107; III, 161.
Sennevoy (de) Antoine, ab. de S. Symphorien d'Autun, II, 296, 300.
Senoncourt (de) Antoine, III, 36.
Serney (de) Elisabeth, III, 62.
Sibylle de Bourgogne, II, 77.

Siry (de) Jeanne, III, 70.
Sombernon (de) Albert, II, 119.
— Barthélemy. Voir Sombernon-Fontaines.
— Garnier, sgr de Sombernon, II, 89, 95, 119.
— —, sgr de Montoillot. Voir Montoillot.
— Gauthier, fils de Gui II, II, 101, 105, 111.
— Gui I, II, 89.
— — II, fils de Garnier, sgr de Sombernon, II, 95, 96, 99.
— — dit de Coyon, II, 178.
— Hervé I, II, 95, 96.
— — II, fils de Gauthier, II, 142, 176, 177, 218.
Sombernon-Fontaines (de) Barthélemy I, I, 185; II, 20, 21, 67, 89, 91, 92, 95, 96, 115, 120, 121.
— — II, dit de Fontaines et de Blaisy, II, 99, 104-112, 115.
— Belotte, ép. de Guillaume de Saulx, II, 45, 91, 99, 100, 107, 115, 175, 224. Voir Saulx-Fontaines.
— Calon, sgr de Fontaines, II, 91, 97-99, 115, 175.
— Garnier de Fontaines, sgr de Blaisy, II, 91, 98, 99, 102, 104-112, 115, 117, 118, 124.
— Gérard le Breton, II, 91, 97-100, 105, 115.
— Gertrude, II, 99, 104, 112, 115.
— Nivard, ab. de S. Seine, II, 91, 97, 100-103, 105, 111, 115, 117, 118.
— Pétronille, ép. de Gui de Blaisy, II, 99, 104, 108, 115, 117, 118, 124, 136. Voir Vergy-Blaisy.
— Tescelin le Saure II, II, 14, 91, 97-99, 115, 120.
Sonnois (Mgr), III, 169, 175.
Sousseller Bénigne, III, 67.
Souvert, III, 68.
Suavus, moine de Molesme, II, 47.
Suisse Charles, architecte à Dijon, I, 166.
Sylvestre (le P.), III, 171, 173.
Symon le Rupt, de Dole, III, 39.

T

Tachler. T. A. Pèlerins.
Talaru (de) Gaspard, II, 277.
— Jocerand, ibid.
Tchamourdjian Dérolants, érudit arménien, I, 32.
Tescelin le Saure I T. A. — I, 135, 136, 137; II, 12-14, 46, 83, 89.
— II. Voir Sombernon-Fontaines.
Tescellinus Rufus, I, 145.
Thianges (de) Elvide, II, 69.
— Jeanne, II, 65, 69, 241.
Thil-s.-Beurry (de) Yolande, II, 154, 166.
Thoires (de) Hugues, II, 21.
Thomas, curé de N.-D. de Dijon, III, 180.
Thomassin, vic. gén., III, 129, 131.
Tilchatel (de) Aimon, II, 56.
— Gillette, dame de Saffres, II, 68.
— Gui, frère de l'év. de Langres, II, 55.
— — neveu — II, 54, 55.
— Guillaume, père — II, 55.
— Hugues, neveu — II, 54, 55.
— Isabelle, II, 210.
— Jean, neveu de Gillette, II, 68.
— Robert, év. de Langres, vulgairement dit de Châtillon, II, 53-55.
Tintry (de) Gérard, II, 205.
— Jean, ibid.
Tixier (du) Amos, sgr de Maisons, III, 8.
— Anne, ép. de Michel Ferrand, III, 9, 63.
— Charles, dit de S. Bernard, feuillant, III, 8, 10, 11, 14.
— Elisabeth, religieuse à Ste Claire de Verdun, III, 9.
— Madeleine, ibid.
— Marie, ép. de Charles Ripault, puis religieuse, ibid.
Tonneller Marguerite, III, 66.
Touillon (de) Gaudri, II, 75-77. Voir Montbard.
— Gauthier, ibid.
— Gui, ibid.
— Lambert, ibid.
Trainel (de) Garnier, I, 140.

— Gillette, ibid.
— Jean, II, 145.
Trappistes. Voir la liste donnée, III, 169-171.
Tremblay (du) Jeanne, II, 166.
Tridon (l'abbé), I, 26.
— curé de Thoires, III, 145.
Troubans. Voir Ruffey-lès-Dijon.
Turinaz (Mgr), III, 169, 175.

U

Usie (d') Jeanne, II, 230.

V

Vacandard (l'abbé), I, 3, 6, 174; II, 7.
Vaite (de) Catherine, II, 228-230.
— Jean, ibid.
Valladier André, abbé, I, 50; III, 79.
Vallerot (de) Jeanne, II, 137.
Varanges (de) Guillaume, II, 229.
Veilan (de) Antoine, II, 258.
Vellepello (de), III, 61.
Venarey (de) Garnier le Busenet, II, 109, 112, 115.
— Gui I, sgr de Venarey, fils d'Osmond I, II, 97, 98, 103, 104, 115, 118.
— — fils du précédent, II, 115.
— Guillaume le Busenet, frère de Garnier, II, 109, 112, 115.
— — fils de Gui I, II, 115.
— Hugues, fils de Gui I, II, 115.
— Osmond I, gendre de Barthélemy I de Sombernon-Fontaines, II, 97, 103, 115.
— Osmond, fils de Gui I, II, 115.
Venot, vic. may., III, 42, 60.
Vergy (de) Alix, duchesse de Bourgogne, I, 140, 147; II, 22.
— Elisabeth, II, 119, 122.
— Guerric, mari de Marguerite de Blaisy, II, 120. Voir Vergy-Blaisy.
— Gui, sgr de Vergy, I, 140.
— —, sgr de Mirebeau, ibid.
— Guillaume, ibid.
— Henri, ibid.
— Hugues, ibid.
— Huon, II, 174.
— Raoul, II, 121, 122.

— Simon, I, 140.
— Simonette, ibid.
Vergy-Blaisy (de) Aalis, II, 127, 129, 130, 137.
— Agnès, ép. de Gauthier de Montoillot, II, 125, 136, 142. Voir Montoillot.
— Aimon, II, 105, 120.
— Ameline, II, 120.
— Amiot, II, 132, 136.
— Eudes, ibid.
— Flore, II, 120.
— Garnier de Blaisy, neveu de Garnier de Fontaines, II, 109, 117, 118, 123-125, 127, 136.
— Garnier, fils d'Hugues, II, 127, 128, 136.
— Gertrude, II, 117, 120, 127 (où il faut lire : « Le mariage de Gertrude de Blaisy avec Henri de Salives est d'autant plus vraisemblable que Garnier, *frère* de Gertrude, etc.), 137.
— Guerric de Vergy, mari de Marguerite de Blaisy, II, 120, 122.
— Guerric, fils du précédent, II, 120.
— Gui, sgr de Blaisy, mari de Pétronille de Fontaines, II, 105, 108, 112, 114, 117, 118, 120, 121, 123, 136.
— Gui, ch. de Vergy, II, 127, 128, 129, 137.
— Guillaume, II, 120.
— — fils de Jean de Véronnes, II, 131-132.
— Hugues, II, 127-129, 136, 184.
— — fils du précédent, II, 128, 136.
— Jacques, II, 133.
— Jacquette, II, 117, 137.
— Jean, II, 128, 136.
— Jeannette, fille d'Hugues, ibid.
— — fille de Ponce II, II, 132, 136.
— Nivard, archidiacre de Beaune, II, 117, 123, 126, 137.
— Perreau, II, 128, 131, 136, 184.
— Pétronille ép. de Gui de Chaudenay, II, 125, 136, 139-142, 166. Voir Chaudenay-Blaisy.
— Ponce I, II, 109, 117, 118, 123, 125-127, 136.
— Ponce II, II, 132, 136.

— Robert, II, 133.
— Simonne, II, 127, 130, 137.
— Yolande, II, 127, 137.
Véronnes (de) Jean, II, 131.
Verreau, III, 77.
Viard (Mgr), III, 155, 159.
Vienne (de) Guillaume, sgr de Roulans, II, 145.
— —, ab. de S. Seine, archev. de Rouen, ibid., 151.
— Jean, amiral, ibid.
— Jeanne, II, 157.
Vignier, I, 12; III, 192.
Vignory (de) Gauthier, II, 110.
— Gui, II, 18, 56.
Ville (de) Guiard, II, 21.
Villeneuve (de), III, 61.
Villers-la-Faye (de) Louis, II, 292, 293, 300.

Vincent de Beauvais, I, 17; II, 26.
Vinglos (de) Bonaventure, II, 232.
— Christophe, ibid.
Vintimille (de) Mgr, III, 157.
Violet, chantre de la Ste Chapelle, II, 23; III, 42.
Viollet-le-Duc, I, 101, 166.
Virieu (de), II, 266.
Vyart Pierre, de Dijon, III, 39.

W

Waitz, paléographe, I, 5, 10, 11.
Wyart (Dom Sébastien), III, 169, 176.

Z

Zamet (Sébastien), év. de Langres, I, 40, 79; III, 33, 85, 86, 91, 95.

Les chartes publiées dans le tome II renferment plusieurs noms que l'on n'a point insérés dans la table onomastique, parce que les personnes qu'ils désignent ont paru trop inconnues ou trop peu importantes au point de vue historique. Voici d'ailleurs l'indication des pages où se trouvent les chartes.

Tome II, p. 18, 20-21, 47-48, 54, 56, 57-58, 59, 61, 78, 100, 106, 109, 117, 120-121, 123, 142, 174-175, 176, 178, 180, 182, 184, 185-186, 187.